中國学術思想 研究輯刊

十四編

林慶彰 主編

第8冊

賈誼晁錯政論思想比較研究

徐麗霞 著

花木蘭文化出版社

國家圖書館出版品預行編目資料

賈誼晁錯政論思想比較研究／徐麗霞 著 — 初版 — 新北市：
花木蘭文化出版社，2012〔民101〕
序 2+ 目 2+248 面；19×26 公分
（中國學術思想研究輯刊 十四編；第 8 冊）
ISBN：978-986-322-018-3（精裝）
1.（漢）賈誼 2.（漢）晁錯 3. 政治思想 4. 比較研究
030.8   101015188

ISBN-978-986-322-018-3

中國學術思想研究輯刊
十四編 第 八 冊   ISBN：978-986-322-018-3

賈誼晁錯政論思想比較研究

作　　者　徐麗霞
主　　編　林慶彰
總 編 輯　杜潔祥
出　　版　花木蘭文化出版社
發 行 所　花木蘭文化出版社
發 行 人　高小娟
聯絡地址　新北市永和區中正路五九五號七樓
　　　　　電話：02-2923-1455 ／傳眞：02-2923-1452
網　　址　http://www.huamulan.tw 信箱 sut81518@gmail.com
印　　刷　普羅文化出版廣告事業
封面設計　劉開工作室
初　　版　2012 年 9 月
定　　價　十四編 34 冊（精裝）新台幣 56,000 元　　版權所有·請勿翻印

賈誼晁錯政論思想比較研究

徐麗霞　著

作者簡介

徐麗霞，臺灣臺北縣板橋市人，1949 年生，臺灣師範大學國文系學士、碩士、博士。曾任教於私立亞東工專（今亞東技術學院）、臺北醫學院（今臺北醫科大學）等大專院校，現專職於私立銘傳大學應用中國文學系，講授中國文學史、臺灣文學等課程。參與黃文吉主編，丁原基、徐麗霞、周彥文、周益忠、馮永敏合注《中國文學史參考作品選》；撰有《賈誼與晁錯政論思想比較研究》、《板橋行腳：古蹟與宗教》、《林本源園邸細賞系列叢書三：匾聯之美》等專書；並於《中國語文月刊》發表多篇單篇論文。

提　　要

　　斯篇論文之撰述，旨於敘述比較賈誼、晁錯之政論思想，說明每一政論思想產生之背景以及該政論思想之內容、思想成分、影響。所謂「政論思想」也者，乃指思想家或政治思想家，針對某實際存在之政治問題主動貢獻建言，內容包括批評、理論與實行辦法等等；其性質類似政策，其範疇小於一般之「政治思想」，而較傳統「政論」廣泛。本篇論文即本上述標準，取賈誼、晁錯有關政論思想以為研究，凡莫與相偶之孤文單著，因不中程式，無從比較，概捨而不論也。

　　本篇論文共分四大部分：前論、本論、餘論暨附錄。（1）前論：包括緒論及思想概述兩章；首章敘述寫作之因由、方法、體例等；次章敘述賈誼、晁錯之整體思想，蓋思想家之整體思想為其政論思想之基礎也。（2）本論：包括藩國政論思想、經濟政論思想、邊防政論思想三章；每章皆由時代背景、賈誼政論思想、晁錯政論思想、比較四節組合成篇，蓋政論思想既針對政治問題而討論，則不能脫離現實環境之影響，唯求諸外在因素嬗變之迹，始克得其正確客觀之結果，而藩國、經濟、邊防雖交互連帶、集體變動，顧亦自為流衍，有單獨形勢者存焉，宜條綱縷，務為周全，故時代背景分別說明。（3）餘論：包括影響及總論二章；影響一章，就當代採納，後代承繼與賈誼、晁錯生死兩方面闡述，以見其政論影響深鉅也。總論則總結歸納，以提綱挈領。（4）附錄：列有近人研究論文目錄一覽表、主要參考書目；蒐集排比相關資料，藉供參考焉。

　　至於賈誼、晁錯政論思想之內容撮其大要，蓋：（1）賈誼、晁錯之政論思想，乃因應劉漢政局之環境需要而產生，乃高祖以來無為政策之反動，武帝大一統事業之建立，端賴二人為之掃除障礙，奠定礎石也。（2）賈誼、晁錯之政論思想，植基於雜家本質之學術思想，第賈誼儒主法輔，晁錯法主儒輔，互有同異。故賈誼體大，重總目標之策劃，其實行方法一奉儒家德禮教化為圭臬，而翼以法家數術，改革手段較溫和，為理想派改革家。晁錯思精，重逐一事件之處理，以法家刑賞為主，而翼以儒家德教，改革手段較急切，為實務派改革家。

自　序

　　賈誼、晁錯，汪濊通達士也，沈浸六經百子之書，以資世用焉。漢初無為，典制未備，百廢待舉；文景之際，國事猶搶攘，強臣內偪，諸王外迫，而夷狄虎視於北境，漢室之不絕如縷；二人獨能洞見機先，發大有為之論，殫精竭力，為國謀劃。賈誼有改制度，興禮樂之議，足以更始天命，建帝國典範，乃漢世改制論之先河也。惜乎天下未洽，文帝逡巡辭讓不敢。其後，終至抑廢死，然班孟堅曰：「追觀孝文玄默躬行以移風俗，誼之所陳略施行也。」文帝於封帝子、析王國、遣列侯、開藉田，皆用賈誼策也，至於守邊備塞、貴粟、徙民等諸富國自強之實務，率采晁錯術。景帝立，晁錯侵削王國，以尊天子，以安宗廟，景帝用其謀而殺其身。二人之言見行而身卒不顯者，時勢然也。

　　昔王夫之《讀通鑑論》曰：「設身於古之時勢，為己所躬逢；研慮於古之謀為，為己之所身任。取古人宗社之安危，代為之憂患，而己之去危以即安者在矣；取古昔民情之利病，代為之斟酌，而今之興利以除害者在矣。得可資，失亦可資也，同可資，異亦可資也，故治之所資，惟在一心。」旨哉斯言也！余讀漢初事迹，觀乎賈誼、晁錯，慨然有所得於一二，是以有論云。夫得天下易，治天下難，而開創典制尤其難，漢興六十餘年間，由殘破而小康而富實而大庶，勢異局遷，曾不旋踵，可謂日新而歲不同矣，所以得力者，銳意於無為耳，然治道非一術，隨世而備制，因革損益，要在通其變，以仁義馭政而已，何必務無為始曰寬儉，用法術則曰苛急？文景無為而弊竇萌生，武帝崇儒而吏治嚴峻，斯為一證也。經濟漸甦，躁進逐利之風朋興，純樸守禮之性斲喪，彝倫斁敗，日以沉瀯，帝后雖自衣皁綈，奈何豪民牆屋被文繡

耶？至於朝廷之間臣節未備，而社會之中貧富懸絕，內亂不靖，外侮踵至，此當變之時也，賈誼、晁錯之有爲思想所以應變而生也，斯爲二證也。第愚者每闇於見幾，固步自封，罔知變革，乃遂結黨營私，呴呭忌謗，而賈誼、晁錯卒以廢死。唯群小之口詎能杜塞滔滔之時代洪流？武帝時，前仆後繼、死而無悔者，司空城且安得禁歟！於是改制垂統，大有爲之帝國體制確立，斯爲三證也。噫！撫昔鑒今，心頗戚戚焉，世之治者追慕三代漢唐，不如退而更化。惟嬴秦行之大驟，乃暴起而暴滅，漢初諸帝代以漸進，歷數百年而後墜，此文帝之大睿智，賈誼、晁錯所難望其項背也。凡危激憤懣之士，情切而憂深，宜三思之！或曰：晁錯憂國危君，眞愚者也（宋何去非語，見《古今人物論》九卷引）；賈誼駮濫深刻，才高而不正，君子惡之（宋司馬光語，見《司馬文正公傳家集》卷六十五）。哀哉！成敗有數，奈何欲責全古人耶？痛哭一，流涕三，太息六，賈誼之於國用心良苦也。晁錯曰：「固也，不如此，天子不尊，宗廟不安。」此不啻「自反而縮，雖千萬人，吾往矣。」（《孟子·告子篇》語）赴死如歸，義無反顧，讀之懍然，彼爲一身謀或愚，爲天下謀則忠，吾人又安可舍天下而用一身哉？唐李元賓曰：「用至忠之略，與必敗之勢異也。」誠然。

余自入高庠，初辱承　林師耀曾指導，研讀《周禮》地官，三年而師體違和，乃復辱承　黃師錦鋐耳提面命、教誨匡正以作斯篇，綿歷年所，今幸於完成，不勝感禱之至。檮昧疏淺，闕漏謬誤多有之，博雅君子，不吝垂教焉。

中華民國七十七年歲次戊辰仲春

徐麗霞　謹序於國立臺灣師範大學

目 次

第一章 緒 論

　　秦漢爲中國政治之大變局，廢封建，立郡縣，天下一統，不復貴族階級，以至於清末，遂成定制。其事則開基於秦，大成於漢，秦始皇嬴政與漢武帝劉徹爲關鍵之帝王，而賈誼與晁錯爲關鍵之政治思想家也。

　　溯自晚周以降，天下當定於一，早已騰播遊士之口，天下觀念代替國家觀念，尙賢貴功代替世卿世祿，《史記·春申君傳》云：「淮北地邊齊，其事急，請以爲郡便。」據〈匈奴傳〉，趙武靈王置雲中、鴈門、代郡，燕置上谷、漁陽、右北平、遼東、遼西郡，以備胡。然則秦并六國，爲郡縣，集權中央者，庶幾因勢以完成之也。曩之分崩離析至此底定，政出天子。始皇令曰：「天下大定，今名號不更，無以稱成功，傳後世，其議帝號。」〔註1〕何故？天下既已統一，當開擘制度，整齊文物，以恢宏國家格局，一方面與新帝國之功業相稱，一方面與新時代之精神契合也。故既議帝號曰皇帝；又推五德之傳，水德：色黑、數六、改年始、任刑法；再分三十六郡，置守、尉、監，一法度衡石丈尺、車同軌、書同文字，爲宮室、興馳道、築長城、封禪泰山、巡行四海、北征南討；前者爲建立新帝國行政之理論根據，後者爲推展新帝國行政之實際政策：一言以蔽之，要歸乎創立大一統制度與大一統時代結合，用爲萬世子孫法則也。《嶧山刻石》曰：

> 皇帝臨位，作制明法，臣下脩飭。二十有六年，初并天下，罔不賓服。親巡遠方黎民，登茲泰山，周覽東極。從臣思迹，本原事業，祗誦功德。治道運行，諸產得宜，皆有法式。大義休明，垂于後世，順承勿革。皇帝躬聖，既平天下，不懈於治。夙興夜寐，建設長利，專隆教誨。訓經宣達，遠近畢理，咸承聖志，貴賤分明，男女禮順，

〔註1〕 見《史記·秦本紀》。

慎遵職事。昭隔內外，靡不清淨，施于後嗣。化及無窮，遵奉遺詔，永承重戒。〔註2〕

《琅邪刻石》曰：

維二十六年，皇帝作始。端平法度，萬物之紀。以明人事，合同父子。聖智仁義，顯白道理。……普天之下，摶心揖志。器械一量，同書文字。日月所照，舟輿所載。皆終其命，莫不得意。應時動事，是維皇帝。匡飭異俗，陵水經地。憂恤黔首，朝夕不懈。除疑定法，咸知所辟。方伯分職，諸治經易。舉措必當，莫不如畫。皇帝之明，臨察四方。尊卑貴賤，不踰次行。姦邪不容，皆務貞良。細大盡力，莫敢怠荒。遠邇辟隱，專務肅莊。端直敦忠，事業有常。皇帝之德，存定四極。誅亂除害，興利致福。節事以時，諸產繁殖。黔首安寧，不用兵革。六親相保，終無寇賊。驩欣奉教，盡知法式。六合之內，皇帝之土。西涉流沙，南盡比戶。東有東海，北過大夏。人迹所至，無不臣者。功蓋五帝，澤及牛馬。莫不受德，各安其宇。〔註3〕

他如《之罘刻石》云：「建定法度，顯箸綱紀」、「普施明法，經緯天下，永為儀則」；《碣石刻石》云：「請刻此石，垂著儀矩」；〔註4〕悉其義也。平實而論，大氐秦人初創中國新局，所努力者，乃摶固一統並潤色之，期樹立理想典型，謀為長久之術也。

顧締造政治新局原極困難，尤其人情囿於成習，傳統行之既久，自然獲致擁護，易於保持，故因革損益宜其漸進，切忌大驟。秦人最自負者莫過乎廢封建、行郡縣。秦群臣曰：

昔者五帝地方千里，其外侯服夷服，諸侯或朝或否，天子不能制。今陛下興義兵，誅殘賊，平定天下，海內為郡縣，法令由一統，自上古以來未嘗有，五帝所不及。〔註5〕

周文武所封子弟同姓甚眾，然後屬疏遠，相攻擊如仇讎，諸侯更相誅伐，周天子弗能禁止。今海內賴陛下神靈一統，皆為郡縣，諸子功臣以公賦稅重賞賜之，甚足易制。天下無異意，則安寧之術也。〔註6〕

〔註2〕 同註1。
〔註3〕 同註1。
〔註4〕 同註1。
〔註5〕 同註1。
〔註6〕 同註1。

古之帝者，地不過千里，諸侯各守其封域，或朝或否，相侵暴亂，

殘伐不止，猶刻金石，以自爲紀。……今皇帝并一海內，以爲郡縣，

天下和平。昭明宗廟，體道行德，尊號大成。群臣相與誦皇帝功德，

刻于金石，以爲表經。〔註7〕

然而其遭遇輿論阻力最大者，亦胥在此也，焚書坑儒具緣反郡縣而起，其後揭竿首起雖萌隸之徒，繼之者實多六國後。嬴秦不知迂曲徐圖，而急於躁進，於是統一之制度未遑賅備，此所以召亂速亡也。

漢興，爲中國第二次之統一。然帝國初肇，因酬庸不得已而封功臣爲王，立同姓大國九以塡異姓，復返分權分封之舊制耳。唯封建制度終於不可行已然明矣，漢王三年，項羽急圍高祖滎陽，酈食其謀立六國苗裔以橈楚權，張良遂發八難詳說利害，高祖爲之輟食吐哺止，〔註8〕時高祖已甚知之矣。職是之故，即位以來，馬不停蹄，務翦除異姓諸王，臧荼、韓信、韓王信、陳豨、彭越、英布、盧綰等先後誅死，獨長沙地僻人寡，無與大局，傳五世，至孝文後七年，乃以無子國除，歷四十六年。同時，由惡儒輕薄轉而崇儒敬禮，奉太牢祠孔子，命「漢家儒宗」叔孫通制禮樂、定朝儀。〔註9〕蓋以四海綏靖，

〔註 7〕 同註1。

〔註 8〕 《史記‧留侯世家》：「漢三年，項羽急圍漢王滎陽，漢王恐憂，與酈食其謀橈楚權。食其曰：『昔湯伐桀，封其後於杞。武王伐紂，封其後於宋。今秦失德棄義，侵伐諸侯社稷，滅六國之後，使無立錐之地。陛下誠能復立六國後世，畢已受印，此其君臣百姓必皆戴陛下之德，莫不鄉風慕義，願爲臣妾。德義已行，陛下南鄉稱霸，楚必斂衽而朝。』漢王曰：『善。趣刻印，先生因行佩之矣。』食其未行，張良從外來謁，漢王方食，……具以酈生語告於子房，曰：『何如？』良曰：『誰爲陛下畫此計者？陛下事去矣。』漢王曰：『何哉？』張良對曰：『昔者湯伐桀而封其後於杞者，度能制桀之死命也。今陛下能制項籍之死命乎？……其不可一也。武王伐紂封其後於宋者，度能得紂之頭也，今陛下能得項籍之頭乎？……其不可二也。武王入殷，表商容之閭，釋箕子之拘，封比干之墓。今陛下能封聖人之墓，表賢者之閭，式智者之門乎？其不可三也。發鉅橋之粟，散鹿臺之錢，以賜貧窮，今陛下能散府庫以賜貧窮乎？……其不可四矣。殷事已畢，偃革爲軒，倒置干戈，覆以虎皮，以示天下不復用兵，今陛下能偃武行文，不復用兵乎？……其不可五矣。休馬華山之陽，示以無爲，今陛下能休馬無所用乎？……其不可六矣。放牛桃林之陰，以示不復輸積，今陛下能放牛不復輸積乎？……其不可七矣。且天下游士離其親戚，棄墳墓，去故舊，從陛下遊者，徒欲日夜望咫尺之地。今復六國，立韓、魏、燕、趙、齊、楚之後，天下游士各歸事其主，從其親戚，反其故舊墳墓，陛下與誰取天下乎？其不可八矣。……』漢王輟食吐哺，罵曰：『豎儒，幾敗而公事！』令趣銷印。」

〔註 9〕 劉邦惡儒輕薄，《史記》、《漢書》多見，如《史記‧酈生傳》：「沛公不好儒，

政由一家，大一統帝國固有大一統制度。叔孫通曰：「漢王方蒙矢石爭天下，……故先言斬將搴旗之士。」〔註10〕彼一時也；陸賈曰：「居馬上得之，寧可以馬上治之乎？」〔註11〕此一時也；治國宜隨時而備制。茲深觀高祖一生所嚮往者，殆與始皇不異，所采治術亦異曲同工，宣帝有言：「漢家自有制度，本以霸王道雜之，奈何純任德教，用周政乎？」〔註12〕德教乃儒家事業，周政貴親親、用宗法、行封建，若夫霸王道雜之者，法儒兼用也。商鞅見秦孝公說以帝道、王道、霸道，帝道爲道家學派政治學說，王道爲儒家學派政治學說，霸道則屬法家學派政治學說；〔註13〕依上所述，則漢代制度實陽儒陰法，尋撢根原，此雜霸制度即始作於高祖也。《史記・叔孫通傳》曰：

> 漢五年，已并天下，諸侯共尊漢王爲皇帝於定陶，叔孫通就其儀號。高帝悉去秦苛儀法，爲簡易。群臣飲酒爭功，醉或妄呼，拔劍擊柱，高帝患之。叔孫通知上益厭之也，說上曰：「夫儒者難與進取，可與守成。臣願徵魯諸生，與臣弟子共起朝儀。」高帝曰：「得無難乎？」叔孫通曰：「五帝異樂，三王不同禮。禮者，因時世人情爲之節文者也。故夏、殷、周之禮所因損益可知者，謂不相復也。臣願頗采古禮與秦儀雜就之。」……迺令群臣習肄，會十月。漢七年，長樂宮成，諸侯群臣皆朝十月。儀：先平明，謁者治禮，引以次入殿門，廷中陳車騎步卒衛宮，設兵張旗志。傳言「趨」。殿下郎中俠陛，陛數百人。功臣列侯將軍軍吏以次陳西方，東鄉；文官丞相以下陳東方，西鄉。大行設九賓，臚句傳。於是皇帝輦出房，百官執職傳警，引諸侯王以下至吏六百石以次奉賀。自諸侯以下莫不振恐肅敬。至禮畢，復置法酒，諸侍坐殿上皆伏抑首，以尊卑次起上壽。觴九行，謁者言「罷酒」。御史執法舉不如儀者輒引去。竟朝置酒，無敢讙譁

諸客冠儒冠來者，沛公輒解其冠，溲溺其中。與人言，常大罵：未可以儒生說也。」祠孔子，見《漢書・高帝紀》：「十二年，十一月，行自淮南還，過魯，以太牢祠孔子。」叔孫通爲漢家儒宗，見《史記・叔孫通傳》太史公曰：「叔孫通希世度務，制禮進退，與時變化，卒爲漢家儒宗。」

〔註10〕見《史記・叔孫通傳》。
〔註11〕見《史記・陸賈傳》。
〔註12〕見《漢書・元帝紀》。
〔註13〕商鞅說秦孝公以帝道、王道、霸道，詳見《史記・商鞅傳》。林劍鳴謂王道爲儒家主張，霸道爲法家主張，帝道則「黃老之學」中之「黃帝之學」。詳見林氏著《秦史稿》上冊第八章附注十三。

失禮者。於是高帝曰：「吾迺今日知爲皇帝之貴也。」

此即有漢大儒定漢家制度之本末也，叔孫先生自謂「頗采古禮與秦儀雜就之」，何謂秦儀？秦法也。是漢禮原多秦法，秦法以嚴苛名，則漢禮當亦嚴苛，故「自諸侯王以下莫不振恐肅敬」。儒家禮樂，以和爲貴，雍雍熙熙，何振恐之有？又何至「不如儀者輒引去」耶？其具法之意味，不言可喻矣。《史記・禮書》曰：「叔孫通頗有所增益減損，大抵皆襲秦故。」《漢書・禮樂志》亦曰：「叔孫通所撰禮儀與律令同錄，臧於理官法家」。〔註14〕叔孫通爲漢禮之濫觴，已因承秦舊，入於理官法家，其餘概可類知。

德禮爲政教之本，刑律爲政教之用，禮刑其初一物，出禮則入刑。漢世禮制已如上述，至如刑律則《漢書・刑法志》曰：

> 漢興，高祖初入關，約法三章曰：「殺人者死，傷人及盜抵罪。」蠲削煩苛，兆民大說。其後四夷未附，兵革未息，三章之法不足以禦姦，於是相國蕭何攎摭秦法，取其宜於時者，作律九章。

案秦律六章本諸李悝《法經》六篇：一盜法、二賊法、三囚法、四捕法、五雜法、六具法；商鞅改法爲律，蕭何加戶（戶婚律）、興（擅興律）、廏（廏車律）三篇，共爲九章；然則蕭何所頒章程較秦煩密。其後，惠帝即位，以叔孫通爲奉常，得傍章十八篇；孝武時，姦軌不勝，乃召張湯作越宮律二十七篇、趙禹定朝律六篇，二人並共定諸律令，凡律令三百五十九章，大辟四百九條，千八百八十二事，死罪決事比萬三千四百七十二事，〔註15〕浸以瑣細，至於文書盈於几閣，典者不能徧睹。此外，諸書引漢律并載其名者，尚有：挾書律、酎金律、錢律、上計律、左官律、尉律、大樂律、田律、田租稅律、尚方律云云，不一而足。〔註16〕漢舊儀言秦制死刑五等：一車裂、二要斬、三梟首、四磔、五棄市；漢世可考者：死刑有族、梟首、要斬、磔、棄市，肉刑有黥、劓、刖、

〔註14〕 王先謙《漢書》補注曰：「晉志，叔孫通益律所不及，旁章十八篇、張湯越宮律二十七篇、趙禹朝律六篇，合六十篇。又漢事決事集，爲令甲以下三百餘篇。」

〔註15〕 見《漢書・刑法志》。

〔註16〕 挾書律，見《漢書・惠帝紀》。酎金律，據〈禮儀志〉注引丁孚《漢儀》，謂爲文帝所加，以正月旦作酒，八月成，名酎酒，因合諸侯助祭貢金。錢律，詳見經濟政論思想章。上計律，《通典》云：「漢制，郡守歲盡遣上計掾吏各一人，條上郡內眾事，謂之計簿。」左官律，詳見影響章。尉律，見《說文解字》，其文不詳。大樂律，見〈百官志〉注。田律，見《周禮》夏官大司馬注及秋官士師注。田租稅律，見《史記・將相名臣表》。尚方律，見《宋書》。

宮。收帑相坐、磔、肉刑皆至文景始除，故文景號稱刑錯，比隆於成康。然班固已誚「外有輕刑之名，內實殺人」，《漢書・刑法志》曰：

> 丞相張蒼、御史大夫馮敬奏言：「肉刑所以禁姦，所由來者久矣。陛下下明詔，憐萬民之一有過被刑，刑者終身不息，及罪人欲改行爲善而道亡繇至，於盛德，臣等所不也及也。臣謹議請定律曰：諸當完者，完爲城旦舂；當黥者，髡鉗爲城旦舂；當劓者，笞三百；當斬左止者，笞五百；當斬右止，……皆棄市。……」制曰：「可。」是後，外有輕刑之名，內實殺人。斬右止者又當死，斬左止者笞五百，當劓者笞三百，率多死。景帝元年，下詔曰：「加笞與重罪無異，幸而不死，不可爲人。其定律：笞五百曰三百，笞三百曰二百。」猶尚不全。至中六年，又下詔曰：「加笞者，或至死而笞未畢，朕甚憐之。其減笞三百曰二百，笞二百曰一百。」又「笞者，所以教之也，其定箠令。」丞相劉舍、御史大夫衛綰請：「笞者，箠長五尺，其本大一寸，其竹也，末薄半寸，皆平其節。當笞者笞臀。毋得更人，畢一罪乃更人。」自是笞者得全，然酷吏猶以爲威。

後世皆譽文景之治務在寬，幾至太平，爲漢法最平恕之時，據此以觀，猶存秦代酷嚴風氣也。文景尚且如此，遑論其餘矣。漢武在位，法最苛急，自不待言。洎孝宣時，于定國爲廷尉，黃霸等爲廷平，獄刑復號爲平，然路溫舒上書諫，曰：

> 臣聞秦有十失，其一尚存，治獄之吏是也。……書曰：「與其殺不辜，寧失不經。」今治獄吏則不然，上下相敺，以刻爲明；……是以死人之血流離於市，被刑之徒比肩而立，大辟之計歲以萬數，此仁聖之所以傷也。太平之未洽，凡以此也。〔註17〕

班固亦曰：

> 宣帝所用多文法吏，以刑名繩下，大臣楊惲、蓋寬饒等坐刺譏辭語爲罪而誅。〔註18〕

蓋譏諷刑罰峻苛也。總而言之，自高祖建祚，至於孝宣，所謂「漢家制度」大氐如是，而西漢之彊盛即此一時期也。元帝以後，矯枉過正，欲黜去刑名，純任德教，儒學於焉大盛，而漢室浸衰，王莽終於假借禪讓之古禮以篡位。初元

〔註17〕見《漢書・路溫舒傳》。
〔註18〕見《漢書・元帝紀》。

帝爲太子，頗謂宣帝持法重甚，宣帝歎曰：「亂我家者，太子也。」〔註19〕果然。

　　惟漢初七十載，因久經六國及秦楚之長期爭亂，天下困窮，達於極點，又懲戒秦專任刑法、施行驟暴，導致民力枯竭而覆亡，故歷任帝王雖心存積極有爲，嚮往於大一統制度，顧一切舉措皆推崇黃老無爲爲第一，務休養生息，行之以漸也。高祖撫恤流亡、和親匈奴、疏闊禁網；孝惠垂拱，呂后政不出房戶，〔註20〕丞相陳平、曹參脩習道術，治貴清靜。孝文、孝景尤篤，《史記‧禮書》曰：「孝文即位，有司議欲定儀禮。孝文好道家之學，以爲繁禮飾貌，無益於治，躬化謂何耳，故罷去之。」《漢書‧景帝紀》贊曰：「周秦之敝，罔密文峻，而姦軌不勝。漢興，掃除煩苛，與民休息。至於孝文，加之以恭儉，孝景遵業，五六十載之間，至於移風易俗，黎民醇厚。」無爲之功，至武帝初年情形如下述：

> 七十年間，國家亡事。非遇水旱，則民人給家足。都鄙廩庾盡滿，而府庫餘財。京師之錢，累百鉅萬，貫朽而不可校。太倉之粟，陳陳相因。充溢露積於外，腐敗不可食。眾庶街巷有馬，阡陌之間成群。乘牸牝者，擯而不得會聚。守閭閻者食粱肉，爲吏者長子孫，居官者以爲姓號。人人自愛而重犯法，先行誼而黜媿辱焉。〔註21〕

恭儉清靜之治，繼承勿輟，治安承平垂七十年，文景以下，財富繼長增高，日趨盈溢，而諸王列侯紛爭羈絆亦掃蕩殆盡，漢代遂臻全盛，於無爲之維持現狀因循舊制，必思有以改正。因應此更化之事實，完成改正制度者，武帝劉徹即其人也。

　　茲考武帝一生行事，關係重大者厥爲三事：（1）罷黜百家，獨尊儒術；（2）改朔易色，封禪泰山；（3）北伐匈奴，南征百粵。循誦史文，比較事跡，蓋與嬴政同出一轍。始皇帝雖崇法務刑，與獨尊儒術絕殊，然所有恢弘制度、整齊文物則一。其目的具爲：建立大一統規模，開萬世子孫法式耳。錢穆先生曰：

〔註19〕《漢書‧元帝紀》：「孝元皇帝，宣帝太子也。……年二歲，宣帝即位。八歲，立爲太子。壯大，柔仁好儒。見宣帝所用多文法吏，以刑名繩下，大臣楊惲、蓋寬饒等坐刺譏辭語爲罪而誅，嘗侍燕從容言：『陛下持刑太深，宜用儒生。』宣帝作色曰：『漢家自有制度，本以霸王道雜之，奈何純任德教，用周政乎！且俗儒不達時宜，好是古非今，使人眩於名實，不知所守，何足委任！』迺歎曰：『亂我家者，太子也。』繇是疏太子。」

〔註20〕《史記‧呂太后本紀》太史公曰：「孝惠皇帝、高后之時，黎民得離戰國之苦，君臣俱欲休息乎無爲，故惠帝垂拱，高后女主稱制，政不出房戶，天下晏然。」

〔註21〕見《漢書‧食貨志》上。

秦皇漢武，同為中國史上之雄主。秦皇焚書坑儒，以吏為師，禁天下之以古非今。迄於漢武，不及百年，乃表章六藝，高慕堯舜，處處以希古法先為務。若漢武之與始皇，所處在絕相反之兩極。而論其措施，則漢武之置五經博士，設博士弟子員，即猶始皇之焚非博士官書，以吏為師，統私學於王官之制也。漢武遣方士，求神仙，行封禪，立明堂，造麻推德，外攘四夷，又事事與始皇如出一轍。其事豈不甚怪。蓋漢武鄙薄始皇，遠慕唐虞。究其所至，仍亦為始皇之所為而止耳。而漢武顧自以為唐虞三代，不知其仍為亡秦之續也。漢自高祖以來七十年，恭儉無為，惟知襲秦故而已。武帝發憤，欲興大平，乃其實亦仍襲秦故。漢廷學者，至武帝時，幾無不高談唐虞三代，而深斥亡秦者。然不知其所高談深斥，要亦未出亡秦之牢籠。上者亦不越於戰國。〔註22〕

雖然，自高祖開國之大一統理想於為實現，儒法兼用之漢家制度由此確立。董仲舒推明孔氏，所詳論者乃：春秋大一統與夫德刑相輔之治術，此漢代學統之本質。董仲舒曰：

春秋謂一元之意，一者萬物之所從始也，元者辭之所謂大也，謂一為元者，視大始而欲正本也。……聖王之繼亂世也，掃除其迹而悉去之，復修教化而崇起之。教化已明，習俗已成，子孫循之，行五六百歲尚未敗也。……當更張而不更張，雖有良工不能善調也；當更化而不更化，雖有大賢不能善治也。故漢得天下以來，常欲善治而至今不可善治者，失之於當更化而不更化也。古人有言曰：「臨淵羨魚，不如退而結網。」今臨政而願治七十餘歲矣，不如退而更化，更化則可善治，善治則災害日去，福祿日來。〔註23〕

臣聞制度文采玄黃之飾，所以明尊卑，異貴賤，而勸有德也。故春秋受命所先制者，改正朔，易服色，所以應天也。〔註24〕

春秋大一統者，天地之常經，古今之通誼也。今師異道，人異論，百家殊方，指意不同。是以上亡以持一統，法制數變，下不知所守。臣愚以為諸不在六藝之科，孔子之術者，皆絕其道，勿使並進。邪

〔註22〕 見錢氏著《秦漢史》第三章第二節。
〔註23〕 見《漢書・董仲舒傳》。
〔註24〕 同註23。

辟之說滅息，然後統紀可一，而法度可明，民知所從矣。〔註25〕

國之所以爲國者，德也；君之所以爲君者，威也。德不可共，威不可
分，德共則失恩，威分則失權，失權則君賤矣，失恩則民散矣。〔註26〕

陰陽，理人之法也。陰，刑氣也；陽，德氣也。陰始於秋，陽始於
春，春之爲言猶偆偆也，秋之爲言猶湫湫也。偆偆者，喜樂之貌也；
湫湫者，憂悲之狀也。是故春喜夏樂，秋憂冬悲，悲死而樂生，以
夏養春，以冬喪秋，大人之志也。是故先愛而後嚴，樂生而哀終，
天之當也。〔註27〕

夫統一之國家，必有共同之中心思想，董仲舒爲適應時代需要，倡議杜絕諸
家雜說，一切歸本於六經之科與孔子之教，所謂春秋大一統者，「春秋，天子
之事也。」〔註28〕「春秋大一統者，受命改制，布政施教於天下。」〔註29〕
翔考其實，抑參合法、陰陽諸家思想，緣飾以儒，以爲新制度張本，漢家制
度非僅止於現實之政治運用，並且擁有堅實之形上理論基礎，《春秋繁露·十
指篇》云：「春秋二百四十二年之文，天下之大，事變之博，無不有也。雖然，
大略之要有十指。」十指之說如下：

一指：事之所繫，王化之所由得流也。舉事變見有重焉。

二指：見事變之所至者。

三指：因其所以至者而治之。

四指：強幹弱枝，大本小末。

五指：別嫌疑，異同類。

六指：論賢才之義，別所長之能。

七指：親近來遠，同民所欲。

八指：承周文而反之質。

九指：木生火，火爲夏，天之瑞。

十指：切刺譏之所罰，考變異之所加，天之瑞。

據此，武帝改弦更張無不合於聖王義法，黜無爲行有爲，詎非一、二、三指歟？

〔註25〕 同註23。

〔註26〕 同註23。

〔註27〕 見《春秋繁露·陽尊陰卑篇》。

〔註28〕 見《孟子·滕文公篇》。

〔註29〕 見《公羊傳》隱公元年何休注。

因變更化，隨時制宜也。繼續文景之弱藩即四指，明君臣尊卑之分也。北征南討則五指，嚴夷夏之防也。改正朔、易服色、封禪云云，應八、九、十指，受命改制也。統此舉之，武帝乃「奉天法古」，〔註30〕一方完成大一統之政治統一，他方完成大一統之文化統一，厥功偉矣。職是以言，漢武帝實踐國家之統一體制，而董仲舒賦予統一體制抽象理論，而大漢帝國至此確乎其大備焉。

　　然各時代自有其政治環境，武帝之全盛，乃在高、惠、呂后、文、景休養生息之後，武帝以前非不知大一統之當然，力有未逮耳。高祖之困難，外患則匈奴，內患則異姓諸王；惠帝呂后時匈奴為患，惠帝歿後，大臣之偪起；文帝時三者駢臻，夷狄、諸侯、權臣皆可畏，稍一不慎，即足以傾覆漢室；景帝時權臣漸凋零，然餘勢猶存，而諸侯則七國興亂。其時大患未除，又安遑及此耶？第有識早知之士，皆慨然欲發憤圖強，賈誼、晁錯即其代表也。賈誼學殖豐厚，經學為主幹，而博通諸子之書，晁錯則修習申、韓，而受《尚書》於伏生，具已突破經生局囿，復富有儒家理想。尤其賈誼倡議教太子、禮大臣、正風俗，皆深窺於儒學之精義，同時，首發改制論，欲易服色、法制度、定官名、興禮樂，悉草具其事儀法，色尚黃，數用五，革去秦舊，凡此，皆董仲舒之先河也。歸納漢初大一統之障礙主要者為四事：（1）諸王驕盛；（2）強臣擅權；（3）經濟衰疲；（4）匈奴犯境；文帝時最熾，能洞燭上述四弊，通達國體，建言立說，俾整頓制度者，亦允推賈誼、晁錯二人。眾建、削藩，分析王國力量；列侯之國，撤除強臣實權；勸農、積貯、貴粟、一貨幣等，大有裨益於國計民生；三表五餌、以夷制夷、徙民實邊、養馬練卒等多為禦侮自強之方略。賈誼、晁錯列疏情事，奏諸君上，文帝雖囿於環境，謙讓未遑，亦頗採納施行，景帝用晁錯策，七國猝反，然自是以降王國日削，不足為憂，漢興數十稔之統一障礙豁然廓清焉。綜括言之，漢初政策表面雖崇黃老，而儒之提倡與夫法之運用未嘗中斷，武帝朝之尊儒運動、儒法并用制度，乃長期歷史演變之結果，武帝、董仲舒及其他大臣，不過促其實現而已，此歷史演變過程中，賈誼、晁錯極言獻替，功勞最卓。由此以觀，漢武之大有為洵仰賴文景之治為過渡，而文景之治又仰賴賈誼、晁錯殫精謀劃也，故苟欲窺知漢帝國大一統之堂奧，不可不識漢武，欲詳漢武之勳業，不可不識賈誼、晁錯；二人固如斯其重要也。此本文寫作之因由。

　　考「比較研究」之原則為：取兩種或兩種以上之學術思想，相互推量，

〔註30〕 《春秋繁露·楚莊王篇》：「春秋之道，奉天法古。」

求其異同之處及其各具之性質，凡全同全異之事不比較，性質不同、類別全異之事不宜比較。茲以賈誼、晁錯之行誼論，其類同之事略如下：

（1）賈誼、晁錯皆博覽群籍，學通諸家，爲雜家者流之思想家。

（2）賈誼、晁錯皆出身於文帝朝廷，屬新興士人，反對無爲放任，主張銳意改革。

（3）賈誼、晁錯皆忠君愛國，孤軍苦戰以對抗舊勢力，終以身殉。

單就以上三點細加推敲，則亦同中有異，略如下：

（1）賈誼、晁錯雖皆爲雜家，然賈誼學術以儒學爲中心，晁錯學術以法術爲本質。

（2）賈誼、晁錯雖皆主張改革，然賈誼體大，重總目標之策劃，假五德終始改朔易色爲改制藍圖，實行則全本儒家禮樂德教而輔以法家思想，改革手段較溫和，爲理想派改革家。晁錯思精，重逐一事件之處理，以法家刑賞爲主，儒家德教爲輔，改革手段較急切，爲實務派改革家。

（3）賈誼、晁錯皆以身殉國，然賈誼純因政論不同，見斥於老臣，失志外放，未掌握改革實權，而文帝仁厚，多予以曲護，其後自傷懷才不遇、爲傅無狀，抑鬱以死。晁錯則任用於景帝，入登台鉉，掌握改革大權，推行改革事項，一方以勢位強盛與政治利益歧異，不容於功臣貴戚，一方以性情褊急，得罪小人，最後因景帝聽讒，斬首東市。

據此，足見其性質相類而非等同，堪爲人物比較之典例也。

至於劃定「政論思想」爲研究範疇者，首先必須說明：本文設定之「政論思想」，既有別於一般之「政治思想」，亦與傳統「政論」異趣。一般之「政治思想」，涵蓋廣泛，梁啓超分之爲：個人政治思想、時代政治思想。前者指思想家或政治家對政治之觀察，發表主張、創見、批評等；後者指一時代共同之政治要求、政治意識等。而政治觀察之方法，有從理論入手與從實際應用入手兩種，梁啓超曰：

> 政治思想之內容，從所表現的對象觀察，可分爲二類，一曰純理，二曰應用。純理者，從理論上懸一至善之鵠，研究國家當用何種組織、施政當採何種方針……等等；應用者，從實際上校其效率，研究某種組織某種方針……等等如何始能實現。此兩者雖有區別，然

常爲連瑣的關係，純理必藉應用而始圓滿，應用必以純理爲基據。從能表現之主格觀察，亦可分爲二類，一曰個人的思想，二曰時代的思想。個人的思想，爲大學者或大政治家腦力所產物，其性質爲有意識的創造；時代的思想，由遺傳共業及社會現行習俗制度混織而成，其性質爲無意識的演進。兩者亦常有交光的關係，個人能開拓時代，時代亦孕育個人。〔註31〕

傳統「政論」，則專謂議論時政之是非得失者，與「政談」、「時事評議」同義，《後漢書·崔寔傳》云：「寔除爲郎，明於政體，吏才有餘，論當世便事數十條，名曰政論，指切時要，言辨而確，當世稱之。」即此類也。若夫本文設定之「政論思想」，乃止限於思想家或政治思想家，針對某一實際存在之政治問題貢獻建言，其內容包括批評、理論與實行辦法⋯⋯等等，較政治思想爲狹隘，較傳統政論則壯闊，其性質略近乎政策，第政策爲行政計劃，泰半由上級交辦，可以是個人草案抑數人決定，屢屢付諸實行；政論思想則爲思想家主動獻替，採納與否，無與聞焉；準此，則見用之政論思想視爲政策思想，理無二致也。

本文以「政論思想」爲題，而捨「政治思想」者，可得而說，主要理由爲：

（1）漢初學術，本應新帝國當世之用而興，著重實用治術，罕純粹學理之擊討，自叔孫通訂禮樂、陸賈造《新語》，已然如此矣。叔孫通雜就古禮與秦儀，其目的所以爲百官朝儀，前文已述，茲不更復。至於陸賈造《新語》，《史記·陸賈傳》曰：

> 陸生時時前說稱詩、書。高帝罵之曰：「迺公居馬上而得之，安事詩、書？」陸生曰：「居馬上得之，寧可以馬上治之乎？且湯武逆取而順守之，文武並用，長久之術也。昔者吳王夫差、智伯，極武而亡，秦任刑法不變，卒滅趙氏。鄉使秦已并天下，行仁義，法先聖，陛下安得而有之？」高帝不懌而有慚色，迺謂陸生曰：「試爲我著秦所以失天下，吾所以得之者何，及古成敗之國。」陸生迺粗述存亡之徵，凡著十二篇，每奏一篇，高帝未嘗不稱善，左右呼萬歲，號其書曰新語。

然則陸賈寫作之動機，乃欲以經學取代「馬上」以治天下，故徐復觀明白指陳：「漢代經學的眞實意義，有如近代的憲法。」〔註32〕大氏董仲舒以前，漢

〔註31〕見梁氏著《先秦政治思想史》序論第二章。
〔註32〕見徐氏著《兩漢思學想史》——漢初的啓蒙思想家：陸賈。

人學術務從政治應用啓行，便縱有抽象理論，如陸賈、賈誼者，初亦緣解決政治問題，改善環境而思及之；易言之，其文化理想亦植基於富強康樂，用提昇生活品味與恢宏帝國氣象，而自具特殊之社會背景與時代意義。矧政論思想爲小類，政治思想爲大類，大類籠罩小類，小類匯歸大本，政治思想又與政治問題互爲因緣，苟能把握其實務，明示詳略，參互比較，必可得其異同，而求其會通焉。

（2）本文之寫作，遭遇困擾甚夥，最嚴重者首爲資料數量偏頗，無論原始著作抑後人論者，悉賈誼紛多而晁錯寡少，比例懸殊。賈誼《新書》灑灑，連篇累牘，晁錯《新書》則早已散亡，諸家輯佚，不過彙錄《史記》、《漢書》本傳與夫〈食貨志〉有關文字，殆不如原書可靠。其次，資料眞僞難辨，此條專言賈子，賈子《新書》劉向刪定爲五十八篇，但歷魏、晉、六朝以迄唐、宋，各志著錄均有不同，〔註33〕信其眞者，直欲取《新書》以補本傳，詆其僞者，則以爲割裂本傳，顚倒次序，瞀亂無條理，與餖飣不異；其他調停折衷，各執一辭者，更僕難數也。〔註34〕苟就眞假莫辨之賈子，與寡量之晁錯作品論列比觀，斯爲立足已動搖矣。爲祛除上述弊病，得平允至當之結果，覉裁取料煞費周章云。竊恕專治一家，理應考鏡源流，便章眞僞，隻字片言悉足珍貴，不可逕行捨棄；至於比較數家則否，宜芟薙雜蕪，提綱挈領，以見大體，其事或孤立莫與相偶者，無從比勘，何勞經營？審愼孰慮，乃遂擇取藩國、經濟、邊防三事，而割鋸其餘，蓋意存精簡，綦於具體而微也。

撰寫範疇既確立，寫作之體例則臚列其重要者如次：

（1）本之《史記》、《漢書》爲資料體幹，凡史、漢已說者，旁蒐遠紹證成之，凡史、漢未論者，盡量斟酌求平允。蓋：即以史、漢爲例，撰史貴尚客觀，然推究其實，已不免糝合成心，採擇尺度參差不齊；譬猶賈誼傳，《史記》重文學，以賈誼開兩漢賦家之先導，故專載其辭賦，《漢書》重經世，以賈誼通達國體，伊、管未能遠過，故詳逑其〈治安策〉；又以〈諫鑄錢疏〉、〈論積貯疏〉入〈食貨志〉；再譬猶晁錯傳，史遷因身爲刑餘，鄙法家等同治吏，惡之已甚，故

〔註33〕　《漢書・藝文志》：「賈誼五十八篇。」《隋書・經籍志》：「賈子九卷。」《新唐書・藝文志》：「賈誼新書十卷。」《宋史・藝文志》：「賈誼新書十卷。」

〔註34〕　姚鼐《惜抱軒文集》卷五：「眞西山取《新書》是篇，欲以補賈生之疏。」《四庫全書總目提要》：「疑誼〈過秦論〉、〈治安策〉等本皆爲五十八篇之一，後原文散佚，好事者因取本傳所有諸篇，離析其文，各爲標目，以足五十八篇之數，故餖飣至此。」

吝惜筆墨，但敘述生平且篇幅簡短，終以「變古亂常，不死則亡」、「欲報私讎，反以亡軀」〔註35〕總評之，班固則謂晁錯「銳於爲國遠慮，而不見身害」、「雖不終，世哀其忠」，而全收其「施行之語」〔註36〕〈言兵事疏〉、〈守邊備塞勸農力本疏〉、〈徙民塞下疏〉、〈賢良文學對策〉入於本傳，〈入粟拜爵疏〉入於〈食貨志〉。準此類推，苟使用百家之書，常有百家言論，輵轕矛盾，將喪失平正之旨也。坐此因素，如邊防政論思想章，賈誼節內，「以夷制夷」乃不分別部居，詳說本末，但附述於比較一節者，即因史、漢未論，而《新書》有之之故也；他如此者，皆其類也。

（2）以藩國、經濟、邊防三事爲論述對象，其莫與相偶者，無從比較，視同贅疣，雖珠玉，亦刻意割去也。蓋藩國、經濟、邊防，不但爲賈誼、晁錯所共同討論，且爲漢初關係殊切之重大事端，苟能推尋得理，考索眞切，亦足窺見漢初總體面貌焉。職是之故，賈誼之大一統思想及其對董仲舒之影響，已說明於緒論章，本論則不另闢章節以爲闡釋，他如禮大臣、教太子、哲學思想等，皆此類也。蓋本文乃專研比較，至於單文孤論，不中程式，容俟異日爾。

（3）本文共分四大部分：前論、本論、餘論暨附錄。（1）前論：包括緒論及思想概述兩章；首章敘述寫作之因由、方法、體例等；次章敘述賈誼、晁錯之整體思想，蓋思想家之整體思想爲其政論思想之基礎也。（2）本論：包括藩國政論思想、經濟政論思想、邊防政論思想三章；每章皆由時代背景、賈誼政論思想、晁錯政論思想、比較四節組合成篇，蓋政論思想既針對政治問題而討論，則不能脫離現實環境之影響，唯求諸外在因素嬗變之迹，始克得其正確客觀之結果，而藩國、經濟、邊防雖交互連帶、集體變動，顧亦自爲流衍，有單獨形勢者存焉，宜條舉絪縷，務爲周全，故時代背景分別說明。（3）餘論：包括影響及總論二章；影響一章，就當代採納、後代承繼與賈誼、晁錯生死兩方面闡述，以見其政論影響深鉅也。總論則總結歸納，以提綱絜領。（4）附錄：列有近人研究論文目錄一覽表、主要參攷書目；蒐集排比相關資料，藉供參攷焉。

〔註35〕 見《史記・賈誼傳》太史公曰。
〔註36〕 《漢書・晁錯傳》贊：「晁錯銳於爲國遠慮，而不見身害。其父睹之，經於溝瀆，亡益救敗，不如趙母指括，以全其宗。悲夫！錯雖不終，世哀其忠。故論其施行之語著于篇。」

第二章　賈誼晁錯思想概述

　　先秦學術，內容宏富，涇分派別，反覆攻詰以爭勝，寖尋至於晚期，漸有共濟合流之趨勢；逮炎漢立國，政治日進於一統，百家之學遂定乎一尊，故學者每謂漢代爲儒學統一時期；其實，漢學術以混合駁雜爲特徵也。

　　前乎竇太后崩，儒、道尙處明爭之中，天子宰衡莫敢逆，而法學則暗用諸行政。質諸事實，漢初七十載，因襲先秦風尙，爭鳴共流。《漢書‧武帝紀》：

> 建元元年冬十月，詔丞相、御史、列侯、中二千石、二千石、諸侯相，舉賢良方正直言極諫之士。丞相（衛）綰奏：「所舉賢良，或治申、商、韓非、蘇秦、張儀之言，亂國政，請皆罷。」奏可。

〈嚴助傳〉曰：

> 於是拜爲會稽太守，數年，不聞問，賜書曰：「……間者，闊焉久不聞問，具以春秋對，毋以蘇秦縱橫。」

《鹽鐵論‧晁錯篇》亦曰：

> 日者，淮南、衡山修文學，招四方遊士。山東儒墨咸聚於江淮之間，講義集論，著書數十篇。

以上具武帝時事，故董仲舒對策云：

> 春秋大一統者，天地之常經，古今之通誼也。今師異道，人異論，百家殊方，指意不同。是以上亡以持一統，法制數變，下不知所守。臣愚以爲諸不在六藝之科，孔子之術者，皆絕其道，勿使並進，邪辟之說滅息，然後統紀可一，而法度可明，民知所從矣。〔註1〕

蓋緣萬壑奔競，始有整齊之議也。時各家雖舡排激烈，各有是非，顧由於：（1）

〔註1〕見《漢書‧董仲舒傳》。

接觸日多而參互影響，折衷調和於無形；（2）應對新帝國當世之用，學術必需終止理論非難，務從事實出發，成為實用之治術。因此，參合混同之現象滋甚，捨棄門戶，旁採他學，以與師說混和。傅斯年曰：「百家合流，而不覺其矛盾，揉雜排合而不覺其難通，諸家皆成雜家，諸學皆成雜學。」又曰：「西漢的學人，自賈誼以來，無一不是雜家。」〔註2〕

惟宜注意者，思想家述學不純，並非謂思想靡爛渾沌、全無宗統。振葉尋原，混同之中，固自具中心旨義也。蓋樹立主幹而兼及歧枝，主幹異則本質亦異，每有輕重存焉。胡適曰：「同是雜家，但因為中心的立場不同，故仍有學派的分別。」〔註3〕職是之故，學者宜爬梳剔抉，鉤取菁華，乃得窺其真貌。胡適又曰：「早在漢初，思想的混合，不僅已成事實，而且在理論上被視為必須。分別漢代儒、道等家派的不同，只能從中心思想來加以判定。」〔註4〕有鑑於此，下文遂分：主思想、輔思想；以說明賈誼、晁錯之學術概況。

第一節　賈誼思想概述

賈誼之學術思想，植基儒家，而涉及法、道、陰陽等，乃一儒家本質之雜家思想也。

一、主思想

賈誼思想之主體為儒家思想。

《史記》賈誼本傳曰：「賈生，名誼，雒陽人也，年十八，以能誦詩屬書，聞於郡中，吳廷尉為河南守，聞其秀才，召置門下，甚幸愛。」《漢書》本傳易為：「以能誦詩書屬文，稱於郡中。」按劉歆〈移讓太常博士書〉云：「漢興，時獨有一叔孫通略定禮儀。天下唯有易，未有他書。」又云：「詩始萌芽。」《漢書‧儒林傳》曰：「孝文時求能治尚書者，天下亡有。」而賈誼不特精工文翰，並以熟諳《詩》、《書》諸經而名噪，於漢初經書殘闕之際，宜乎劉歆推崇為「在朝之儒，唯賈生而已。」〔註5〕《新書》五十八篇，於詩、書、易、禮、樂、論、孟多所徵引，泛濫停蓄，固學有所宗也。《漢書‧儒林傳》又曰：

〔註2〕見傅氏著《性命古訓辨證》中卷第十章，及下卷第一章。
〔註3〕見胡氏著《中國中古思想史小史》第四講。
〔註4〕見胡氏著《中國中古思想史長編》第五章。
〔註5〕見劉歆〈移讓太常博士書〉。

漢興，北平侯張蒼及梁太傅賈誼、京兆尹張敞、太中大夫劉公子皆
修春秋左氏傳。誼爲左氏傳訓故，授趙人貫公，爲河間獻王博士，
子長卿爲蕩陰令，授清河張禹長子。禹與蕭望之同時爲御史，數爲
望之言左氏，望之善之，上書數以稱說。後望之爲太子太傅，薦禹
於宣帝，徵禹待詔，未及問，會疾死。授尹更始，更始傳子咸及翟
方進、胡常。常授黎陽賈護季君，哀帝時待詔爲郎，授蒼梧陳欽子
佚，以左氏授王莽，至將軍，而劉歆從尹咸及翟方進受。由是言左
氏者本之賈護、劉歆。

春秋經傳，自左丘明，經曾申、吳起、吳期、鐸椒、虞卿、荀卿而入漢，〔註6〕
張蒼、張敞、劉公子賡續研究，獨賈誼爲傳訓故，賈誼以下傳授分明，左氏之
不廢絕，與有功焉。

　　有關賈誼之左氏學，〈儒林傳〉所言如此，其後或謂賈學承自張蒼者，說
始於唐陸德明《經典釋文》序錄，云：「左丘明作傳以授曾申，申傳授衛人吳
起，起傳其子期，期傳楚人鐸椒，椒傳趙人虞卿，卿傳同郡荀卿名況，況傳
陽武張蒼，蒼傳洛陽賈誼。」章太炎、王更生諸先生本之。〔註7〕王氏並詳其
師承授如后：〔註8〕

賈誼春秋左氏傳師承圖

（衛）	（衛）	（衛）	（衛）	（楚）	（趙）		（陽武）	（洛陽）
左丘明 →	曾 申 →	吳 起 →	吳 期 →	鐸 椒 →	虞 卿 →	荀 況 →	張 蒼 →	賈 誼

賈誼春秋左氏傳訓故傳授圖

顧〈儒林傳〉語詞含渾，故持異議者亦間出，如徐復觀主之，其《兩漢思想
史》卷二〈賈誼思想的再發現〉一文，詳有辯解，以爲漢初儒家猶未獨尊，

〔註6〕劉向《別錄》：「左邱明授曾申，申授吳起，起授子期，期授楚人鐸椒，椒作
　　　鈔撮八卷授虞卿，虞卿作鈔撮九卷授荀卿，荀卿授張蒼。」
〔註7〕章氏說詳見《春秋左氏疑義問卷》、《經學略說》等，王氏說詳見《賈誼學述
　　　三篇》、《賈誼學術傳授考》等。
〔註8〕見王氏著《賈誼學述三篇》。

五經不立學官，各家學派皆可自由修習，非必常師，尤其張蒼、賈誼推五德終始，觀點歧異，〔註9〕非師弟子也。

　　賈誼《左氏傳訓故》，《漢書・藝文志》未收，唐晏《兩漢三國學案》錄《新書・審微篇》兩節以徵之。汪容甫謂：「其時經之授受不箸竹帛，解詁屬讀率皆口學，其有故書雜記異人之聞，則亦依事枚舉，取足以明教而已。」〔註10〕則左氏傳訓故宜另有專著，不列《新書》。雖然，亦足覘賈誼之精通六經學矣。至於《新書》，自漢迄唐，各朝史志咸入儒家，茲稽考賈誼論政言論，亦近乎純襲儒說，重民本、主正名、人治任德、禮樂教化云云，皆擇焉而固執之，其與儒家思想之淵源殆密不可分也。

（一）民　本

　　儒家學說，以民為其最後目標，君主之貴賤安危端繫於兆民之向背，天下之本在民而非君，《孟子・盡心篇》曰：「民為貴，社稷次之，君為輕。」《荀子・大略篇》曰：「天之生民，非為君也；天之立君，以為民也。」賈誼遠紹先賢，亦力主民本、民貴說。《新書・大政》上篇曰：

> 聞之於政也，民無不為本也，國以為本，君以為本，吏以為本，故國以民為安危，君以民為威侮，吏以民為貴賤，此之謂民無不為本也。聞之於政也，民無不為命也，國以為命，君以為命，吏以為命，故國以民為存亡，君以民為盲明，吏以民為賢不肖，此之謂民無不為命也。聞之於政也，民無不為功也，故國以為功，君以為功，吏以為功，國以民為興壞，君以民為弱強，吏以民為能不能，此之謂民無不為功也。聞之於政也，民無不為力也，故國以為力，君以為力，吏以為力。故夫戰之勝也，民欲勝也；攻之得也，民欲得也；守之存也，民欲存也。故吏率民而守，而民不欲存，則莫能以存矣；故率民而攻，民不欲得，則莫能以得矣；故率民而戰，民不欲勝，則莫能以勝矣。故其民之於其上也，接敵而喜進而不能止，敵人必駭，戰由此勝也。夫民之於其上也，接敵而懼退必走去，戰由此敗也。故夫菑與福也，非降在天也，必在士民也。嗚呼！戒之戒之。夫士民之志不可不要也。嗚呼！戒之戒之。……故夫民者，至賤而

〔註9〕詳見本節（二）輔思想（3）陰陽家思想。

〔註10〕唐晏《兩漢三國學案》卷九引《新書・審微篇》：「古者周禮：天子葬用隧」云云，「禮，天子之樂宮懸」云云兩段。汪氏說，見汪著《述學》內篇卷三。

不可簡也，至愚而不可欺也。故自古至於今，與民為仇者，有遲有
速而民必勝之。

此將一切政治之存亡、成敗、勝負，悉委諸民命、民功、民力，最為曉暢。
於儒學式微、貴民思想幾成絕學之秦末漢初，賈誼大申其旨，深具歷史意義。

（二）德　治

　　儒家既重民本，故貴尚德治，以仁愛德義為政治修明之根本方法，不濫
任刑律，殘毒百姓。孔子曰：「為政以德，辟如北辰，居其所而眾星共之。」
〔註11〕孟子曰：「三代之得天下也，以仁；其失天下也，以不仁。國之所以興
廢存亡者亦然。天子不仁，不保四海；諸侯不仁，不保社稷；卿大夫不仁，
不保宗廟；士庶人不仁，不保四體。」〔註12〕儒家論政若是，賈誼亦然，其
論秦之敗亡者，即在「仁義不施」與夫「暴虐」。賈誼曰：

　　秦以區區之地，千乘之權，招八州而朝同列，百有餘年矣。然後以
　　六合為家，殽函為宮。一夫作難而七廟墮，身死人手，為天下笑者，
　　何也？仁義不施，而攻守之勢異也。〔註13〕

　　秦王懷貪鄙之心，行自奮之智，不信功臣，不親士民，廢王道，立
　　私權，焚文書而酷刑法，先詐力而後仁義，以暴虐為天下始。〔註14〕

故苟欲天下歸服，當務德不務刑。賈誼曰：

　　人主之所積在其取舍，以禮義治之者積禮義，以刑罰治之者積刑罰，
　　刑罰積而民怨背，禮義積而民和親，故世主欲民之善同，而所以使
　　民善者或異，或道之以德教，或毆之以法令；道之以德教者，德教
　　洽而民氣樂，毆之以法令者，法令極而民風衰。哀樂之感，禍福之
　　應也。秦王之欲尊宗廟而安子孫，與湯武同，然而湯武廣大其德行，
　　六七百歲而弗失，秦王治天下，十餘歲則大敗，此亡它故矣，湯武
　　之定取舍審，而秦王之定取舍不審矣。夫天下大器也，今人之置器，
　　置諸安處則安，置諸危處則危。天下之情與器亡以異，在天子之所
　　置之。湯武置天下於仁義禮樂，而德澤洽，禽獸草木廣裕，德被蠻
　　貊四夷，累子孫數十世，此天下所共聞也。秦王置天下於法令刑罰，

〔註11〕見《論語・為政篇》。
〔註12〕見《孟子・離婁篇》上。
〔註13〕見〈過秦論〉，錄於《史記・秦始皇紀》。
〔註14〕同註13。

德澤亡一有，而怨毒盈於世，下憎惡之如仇讎，禍幾及身，子孫誅絕，此天下之所共見也。是非其明效之大驗邪？人之言曰：「聽言之道，必以其事觀之，則言者莫敢妄言。」今或言禮誼之不如法令，教化之不如刑罰；人主胡不引殷周秦事以觀之也？〔註15〕

（三）禮　教

政治既貴尚德治，則爲政者乃作君作師，一方面修己正人，一方面導民向善，俾政教合流，收德治之實效也。就修己正人言，子曰：「政者正也，子率以正，孰敢不正？」〔註16〕荀子亦曰：「主者民之倡也，上者下之儀也。……故主道明則下安，主道幽則下危。」「君者儀也，儀者景也；君者槃也，槃圓而水圓；君者盂也，盂方而水方。」〔註17〕賈誼亦是，《新書・道術篇》曰：

> 人主仁而境內（和）矣，故其士民莫弗親也；人主義而境內理矣，（故）
> 其士民莫弗順也；人主有禮，而境內肅矣，故其士民莫弗敬也；人
> 主有信，境內貞矣，故其士民莫弗信矣；人主公而境內服矣，故（其）
> 士民莫弗戴也；人主法而境內軌矣，（故）其士民莫弗輔也。

此即儒家修己安民之思想也。非僅止於此耳，賈誼更進一層主張國君之習性培育、學識養成，宜早諭教，始於太子時期。〈治安策〉敘太子教育之歷程云：

> 昔者成王幼在繈抱之中，召公爲太保，周公爲太傅，太公爲太師。
> 保，保其身體。傅，傅之德義。師，道之教訓。此三公之職也。於
> 是爲置三少，皆上大夫也，曰少保、少傅、少師，是與太子宴者也。
> 故迺孩提有識，三公三少固明孝仁禮義以道習之，逐去邪人，不使
> 見惡行。於是皆選天下之端士，孝悌博聞有道術以衛翼之，使與太
> 子居處出入。故太子迺生而見正事，聞正言，行正道，左右前後皆
> 正人也。……及太子既冠成人，免於保傅之嚴，則有記過之史，徹
> 膳之宰，進善之旌，誹謗之木，敢諫之鼓。瞽史誦詩，工誦箴諫，
> 大夫進謀，士傳民語。習與智長，故切而不媿，化與心成，故中道
> 若性。……夫三代之所以長久者，以其輔翼太子有此具也。……臣
> 故曰：選左右早諭教最急。夫教得而左右正，則太子正矣，太子正
> 而天下定矣。書曰：「一人有慶，兆民賴之。」此時務也。

〔註15〕見〈治安策〉，錄於《漢書・賈誼傳》。
〔註16〕見《論語・顏淵篇》。
〔註17〕見《荀子・正論篇》及〈君道篇〉。

君主專制政體，君之賢不肖，影響至大，苟能慎重太子教育，使其具賢君之初基，則國家幸甚，人民幸甚。

至於導民向善方面，要在行禮義以端正社會風氣。子曰：「道之以政，齊之以刑，民免而無恥。道之以德，齊之以禮，有恥且格。」〔註18〕孟子曰：「謹庠序之教，申之以孝悌之義。」〔註19〕蓋風俗不正則刑繁而邪不勝，有亡國之虞也。賈誼論秦之覆滅胥在是，其〈治安策〉又曰：

> 商君遺禮義，棄仁恩，并心於進取，行之二歲，秦俗日敗，故秦人家富子壯則出分，家貧子壯則出贅。借父耰鉏，慮有德色；母取箕箒，立而誶語；抱哺其子，與公併倨；婦姑不相說，則反唇而相稽；其慈子耆利，不同禽獸者亡幾耳。然并心而赴時，猶曰蹶六國兼天下，功成求得矣，終不知反廉愧之節、仁義之厚，信并兼之法，遂進取之業，天下大敗，眾掩寡，智欺愚，勇威怯，壯陵衰，其亂至矣。……秦滅四維而不張，故君臣乖亂，六親殃戮，姦人並起，萬民離叛，凡十三歲而社稷為虛。

針砭禮喪德敗之弊，則整飭倫紀、推行禮教，以改風易俗，使天下回心向道，乃當務之亟也。賈誼即主張禮教，曰：

> 禮者禁於將然之前，而法者禁於已然之後，是故法之所用易見，而禮之所為生難知也。……然而曰禮云禮云者，貴絕惡於未萌，而起教於微眇，使民日遷善遠罪而不自知也。〔註20〕

（四）正　名

儒家主張正名，君君臣臣、父父子子，各正其德，各正其位，人人固守其本然地位，以維繫層級之本然關係，寓社會秩序之整齊於階層等級之差別，使臻制度化而井然有條理也。故儒家貴民而不廢尊君。孔子曰：「天下有道，則禮樂征伐，自天子出；天下無道，則禮樂征伐，自諸侯出。自諸侯出，蓋十世希不失矣；自大夫出，五世希不失矣；陪臣執國命，三世希不失矣。天下有道，則政不在大夫，天下有道，則庶人不議。」〔註21〕賈誼服膺厥旨，要設立等級，俾全國上下持循，以弭止悖亂之源，否則經制弗定，舛逆無辨，

〔註18〕見《論語・為政篇》。
〔註19〕見《孟子・梁惠王篇》上。
〔註20〕同註15。
〔註21〕見《論語・季氏篇》。

必覆滅矣。〈治安策〉曰:

> 人主之尊譬如堂,群臣如陛,眾庶如地。故陛九級上,廉遠地,則
> 堂高;陛亡級,廉近地,則堂卑。高者難攀,卑者易陵,理勢然也。
> 故古者聖王制爲等列,内有公卿大夫士,外有公侯伯子男,然後有
> 官師小吏,延及庶人,等級分明,而天子加焉,故其尊不可及也。

又曰:

> 夫立君臣,等上下,使父子有禮,六親有紀,此非天之所爲,人之
> 所設也。夫人之所設,不爲不立,不植則僵,不修則壞。……豈如
> 今定經制,令君君臣臣,上下有差,父子六親各得其宜,姦人亡所
> 幾幸,而群眾信上不疑惑。此業壹定,世世常安,而後有所持循矣。
> 若夫經制不定,是猶度江河亡維楫,中流而遇風波,舩必覆矣。

《新書・服疑篇》亦曰:

> 貴賤有級,服位有等,……卑尊已著,上下已分,則人倫法矣。於
> 是主之於臣,若日之與星。臣不幾可以疑主,賤不及可以冒貴。下
> 不凌等,則上位尊;臣不踰級,則主位安;謹守倫紀,則亂無由生。

尊卑制度既定,不僅治道有所依遵,且倫常釐然有秩,淫侈逾僭等邪僻惡風
必自戢息,此爲階級不可輕去而務確立之主因也。

綜觀上述,賈誼之基本思想大體淵源儒學,是故發爲實際政論多表彰儒
者精神,其來有自也。

二、輔思想

儒學爲賈誼思想之主幹,其它影響所及者,尚有:法、道、陰陽等。史、
漢本傳言其「頗通諸子百家之書」,此殆賈誼所以沈浸儒學而不爲儒家圍限之
故也。

(一)法家思想

賈誼師事河南守吳公。《史記》本傳曰:「孝文皇帝初立,聞河南守吳公
治平爲天下第一,故與李斯同邑,而嘗學事焉,乃徵爲廷尉。」吳公與李斯
同鄉里,學於斯,然則吳公系出法家,毋庸置疑,賈誼之法家思想蓋師承也。
《漢書》曰:「賈誼晁錯明申韓。」〔註22〕足證明賈誼兼用刑名。職是之故,

〔註22〕見《漢書・司馬遷傳》。

賈誼雖注重政教合一之人治理想，亦主張刑法不可廢棄也。賈誼曰：

> 若夫慶賞以勸善，刑罰以懲惡，先王執此之政，堅如金石，行此之
> 令，信如四時，據此之公，無私如天地耳，豈顧不用哉？〔註23〕

> 貴賤有級，服位有等。等級既設，各處其檢，人循其度，擅退則讓，
> 上僭則誅。建法以習之，設官以牧之，是以天下見其服而知其貴賤，
> 望其章而知其勢者。〔註24〕

法家主張「君之所以為君者勢也」，〔註25〕君王有賴法律之權與實際之力，以
發號施令，而下民奉行不忒，偶或失其權勢，權輕位卑，則反制於下，勢位
之重要固如此也。故愼到曰：「飛龍乘雲，騰蛇遊霧。雲罷霧霽而龍蛇與蚯蚓
同矣，則失其所乘也。賢人而詘於不肖者，則權輕位卑也。不肖而能服賢者，
則權重位尊也。堯為匹夫不能治三人，桀為天子能亂天下。吾以此知勢位之
足恃而賢智之不足慕也。」〔註26〕可見人君不可反君臣之義、亂上下之等。
文帝時，諸侯王多逾制異心，賈誼即力主固守君王權勢，切忌向下假借，凡
叛逆者務以法裁抑，莫純任仁義德化也。〈治安策〉曰：

> 夫樹國固必相疑之勢，下數被其殃，上數爽其憂，甚非所以安上而
> 全下也。……屠牛坦一朝解十二牛，而芒刃不頓者，所排擊剝割，
> 皆眾理解也。至於髖髀之所，非斤則斧。夫仁義恩厚，人主之芒刃
> 也；權勢法制，人主之斤斧也。今諸侯王皆眾髖髀也，釋斧斤之用，
> 而欲嬰以芒刃，臣以為不缺則折。

此為賈誼受法家權勢法制思想之影響。

（二）道家思想

　　賈誼被讒謫去，左遷長沙太傅，渡湘江，為賦以弔屈原，三年，有鵩鳥
飛入舍，止於坐隅，不祥，為賦以自廣。此時賈誼抑鬱消極，多達天知命、
遺世遠遊之道家思想。〈弔屈原賦〉曰：

> 已矣！國其莫吾知分，子獨壹鬱其誰語？鳳縹縹其高逝兮，夫固自
> 引而遠去。襲九淵之神龍兮，沕淵潛以自珍；偭蟂獺以隱處兮，夫
> 豈從蝦與蛭螾？所貴聖之神德兮，遠濁世而自藏。使麒麟可係而羈

〔註23〕同註15。
〔註24〕見《新書・服疑篇》。
〔註25〕見《管子・法法篇》。
〔註26〕見《韓非子・難勢篇》。

兮，豈云異夫犬羊？般紛紛其離此郵兮，亦夫子之故也！歷九州而相其君兮，何必懷此都也？

〈鵩鳥賦〉曰：

> 萬物變化，固亡休息。斡流而遷，或推而還。形氣轉續，變化而嬗。沕穆亡間，胡可勝言。禍兮福所倚，福兮禍所伏；憂喜聚門，吉凶同域。彼吳彊大，夫差以敗；粵棲會稽，句踐伯世。斯遊遂成，卒被五刑；傅說胥靡，迺相武丁。夫禍之與福，何異糾纏！命不可說，孰知其極？水激則旱，矢激則遠。萬物回薄，震蕩相轉。雲烝雨降，糾錯相紛。大鈞播物，坱圠無垠。天不可與慮，道不可與謀。遲速有命，烏識其時？且夫天地爲鑪，造化爲工；陰陽爲炭，萬物爲銅，合散消息，安有常則？千變萬化，未始有極。忽然爲人，何足控揣？化爲異物，又何足患！小智自私，賤彼貴我；達人大觀，物亡不可。貪夫徇財，烈士徇名；夸者死權，品庶每生。怵迫之徒，或趨西東；大人不曲，意變齊同。愚士繫俗，僒若囚拘；至人遺物，獨與道俱。眾人惑惑，好惡積意；眞人恬漠，獨與道息。釋智遺形，超然自喪；寥廓忽荒，與道翱翔。乘流則逝，得坎則止；縱軀委命，不私與己。其生兮若浮，其死兮若休。澹虖若深淵之靚，氾虖若不繫之舟，不以生故自保，養空而浮。德人無累，知命不憂。細故蔕芥，何足以疑。

老莊以生命源自一形而上之實體實理——道；道以虛氣爲內容，萬物之死生，乃氣之聚合散解與循環反覆，萬有於現世，雖狀貌紛紊，其實皆受氣於本體，根源相同，絲毫不異。人生既不過氣之組成，故舉凡死生是非、富貴貧賤、得失寵辱等等所謂生人之事者，全屬附贅懸疣，虛幻不眞，苟體味厥旨，則能勘破羈絆，執道以齊眾，逍遙浮生，與道俱成，安時處順，哀樂莫之滑。〈鵩鳥賦〉所闡述，正老莊之眞締也。

同時，《新書》論治術兼探黃老。〈道術篇〉曰：

> 道者，所從接物也，其本者謂之虛，其末者謂之術。虛者言其精微也，平素而無設諸也。術也者，所以從制物也，動靜之數也。凡此皆道也。……鏡義而居，無執不臧，美惡畢至，各得其當。衡虛無私，平靜而處，輕重畢懸，各得其所。明主者南面正而清，虛而靜，令名自命，物自定，如鑑之應，如衡之稱；有豐和之，有端隨之，物鞠其極，而以當施之，此虛之接物也。

道之本體，無象無形，聖人體道，以清靜無爲治天下，老子曰：「我無爲而民自化，我好靜而民自正，我無事而民自富，我無欲而民自樸。」〔註27〕賈誼揭舉虛道，要人主去私心私智，如鏡、衡之應物，令物自正其正，此與「無爲而治」之道家治術吻合。

（三）陰陽家思想

陰陽家以騶衍爲代表。司馬遷曰：「騶衍睹有國者益淫侈，不能尚德，若大雅整之於身，施及黎庶，乃深觀陰陽消息，而作怪迂之變——主運、終始、大聖之篇十餘萬言。其語閎大不經，必先驗小物，推而大之，至於無垠，先序今以上至黃帝，學者所共術，大並世盛衰，因載其禨祥度制，推而遠之，至天地未生，窈冥不可考而原也。稱引天地剖判以來，五德轉移，治各有宜，而符應若茲。」〔註28〕括言之，其說謂：人類歷史爲金木水火土五行勢力轉移所支配，五德相生相剋，循環轉移，各有盛衰之運，人事之變化皆當與之相配合，每一朝代代表一德，其將興也天示以禨祥，既興之後，服色制度必與本朝代表之德相應也。《呂氏春秋‧應同篇》云：

> 凡帝王者將興也，天必先見祥乎下民。黃帝之時，天先見大螾大螻，黃帝曰土氣勝，土氣勝故其色尚黃，其事則土。及禹之時，天先見草木秋冬不殺，禹曰木氣勝，木氣勝故其色尚青，其事則木。及湯之時，天先見金刃生於水，湯曰金氣勝，金氣勝故其色尚白，其事則金。及文王之時，天先見火，赤烏銜丹書集於周舍，文王曰火氣勝，火氣勝故其色尚赤，其事則火。代火者必將水，天且先水氣勝，水氣勝故其色尚黑，其事則水。水氣至而不知數備，將徙於土。

黃帝土德，大螾大螻爲瑞，尚黃；夏木德，草木秋冬不殺爲瑞，尚青；商金德，金刃生於水爲瑞，尚白；周火德，赤烏銜書爲瑞，尚赤。繼周者必以水德王，必有禨祥，其制度尚黑。此說流行於戰國，天下爲之風靡，及秦興，始皇即推五德之運，以秦文公田獵獲黑龍爲禨祥，自居水德，而改革制度，《史記‧秦始皇紀》：

> 始皇推終始五德之傳，以爲周得火德，秦代周德，從所不勝。方今水德之始，改年始，朝賀皆自十月朔。衣服、旄旌、節旗，皆上黑。數以六爲紀：符、法冠皆六寸，而輿六尺，六尺爲步，乘六馬。更

〔註27〕見《老子》第五十七章。
〔註28〕見《史記‧孟子荀卿傳》。

名河曰德水。以爲水德之始,剛毅戾深,事皆決於法,刻削毋仁恩
和義,然後合五德之數。

〈封禪書〉亦載曰:

秦始皇既并天下而帝,或曰:黃帝得土德,黃龍地螾見。夏得木德,
青龍止於郊,草木暢茂。殷得金德,銀自山溢。周得火德,有赤烏
之符。今秦變周,水德之時,昔秦文公出獵,獲黑龍,此其水德之
瑞。於是秦更命河曰德水,以冬十月爲年首,色上黑。

漢王二年,東擊項籍而還入關,高祖問:「故秦時上帝祠何帝?」對曰:「四
帝,有白青黃赤帝之祠。」高祖曰:「吾聞天有五帝,而有四,何也?」莫知
其說。於是高祖曰:「吾知之矣,乃待我而具五也。」自以爲獲水德之瑞,立
黑帝祠,命北畤,襲秦正朔服色;〔註29〕至文帝時未改,時張蒼號稱習曆即
主是說也。《史記·張丞相傳》曰:

張蒼爲計相時,緒正律曆,以高祖十月始至霸上,因故秦時本以十
月爲歲首,弗革,推五德之運,以爲漢當水德之時,尚黑如故。

〈封禪書〉亦曰:

丞相張蒼好律曆,以爲漢乃水德之始,故河決金堤,其符也,年始
冬十月,色外黑內赤,與德相應。

然漢革秦命,秦居水德,漢不宜復居水,理應變易秦制,改朔易服,大興有
漢制度也。推五行次序,土克水,則漢以土德王,賈誼主張此,《史記》本傳
曰:

賈生以爲漢興至孝文二十餘年,天下和洽,而固當改正朔,易服色,
法制度,定官名,興禮樂,乃悉草具其事儀法:色尚黃,數用五,
爲官名,悉更秦之法。

「色尚黃,數用五」,此土德制度,土色黃,數五。魯人公孫臣與誼同,〈封禪
書〉曰:「魯人公孫臣上書曰:始秦得水德,今漢受之,推終始傳,則漢當土德,
土德之應黃龍見,宜改正朔,易服色,色上黃。」此說實承陰陽家言而來也。

　　陰陽家又以五行配時令方位等等,春時盛德在木,夏時盛德在火,秋時
盛德在金,冬時盛德在水,季夏盛德在土;東方木,西方金,南方火,北方
水,中央土;居有定所,食有定味,衣有定色云云,凡舉動措施一以五德爲
樞紐。此思想《新書》亦見,〈胎教篇〉曰:

〔註29〕 參見《史記》·〈封禪書〉、〈歷書〉。

太子生而泣，太師吹銅曰：「聲中某律」。太宰曰：「滋味上某」。太
卜曰：「命云某」。然後為太子懸弧之禮義：東方之弧以梧，梧者東
方之草，春木也；其牲以雞，雞者東方之牲也。南方之弧以柳，柳
者南方之草，夏木也；其牲以狗，狗者南方之牲也。中央之弧以桑，
桑者中央之木也；其牲以牛，牛者中央之牲也。西方之弧以棘，棘
者西方之草也，秋木也；其牲以羊，羊者西方之牲也。北方之弧以
棗，棗者北方之草也；冬木也；其牲以彘，彘者北方之牲也。

〈保傅篇〉亦曰：

帝入東學，上親而貴仁，則親疏有序，而恩相及矣。帝入南學，上
齒而貴信，則長幼有差，而民不誣矣。帝入西學，上賢而貴德，則
賢智在位，而功不遺矣。帝入北學，上貴而尊爵，則貴賤有等，而
下不踰矣。帝入太學，承師問道，退習而考於太傅，太傅罰其不則，
而匡其不及，則德智長而理道得矣。

以上皆陰陽家本色，賈誼思想受陰陽家之影響明矣。

第二節　晁錯思想概述

晁錯思想之本質，一如賈誼，乃雜揉眾說之雜家者流，其主體為法，而
輔之以儒。茲說明如次：

一、主思想

晁錯思想之主體為法家思想。《史記》本傳曰：「晁錯者，潁川人也。學申
商刑名於軹張恢先所。」〔註30〕所謂「申商刑名」者，申商即戰國時人申不害
與商鞅也。申不害，鄭人，學術以干韓昭侯，昭侯用為相，內修政教，外應諸
侯，韓國因之國富兵強，諸侯無敢攻韓。商鞅，衛人，乃衛之諸庶孽公子，祖
姬姓，與衛侯同，稱公孫鞅、衛鞅；初事魏相公叔痤，痤薦之魏惠王，惠王不
用，遂西入秦，求用於孝公，變法圖強，秦大治，家給人足，道不拾遺；孝公
二十二年，以破魏功，封商十五邑，因號商君，曰商鞅。

《韓非子‧定法篇》曰：「申不害言術，而公孫鞅為法」，「此不可一無，
皆帝王之具也。」乃遂兼申、商之長，合慎到任勢說，作《韓非子》一書，

〔註30〕《漢書》本傳「張恢先」作「張恢生」，即「張恢先生」之義，詳參本節附錄。

法術並重，勢利兼顧，爲法家之集大成者。申、商、韓非，法家之山斗也。《史記》於此三子曰：

> 申子之學本於黃老，而主刑名，著書二篇，號曰申子。（〈老莊申韓傳〉）

> 鞅少好刑名之學。（〈商君傳〉）

> 韓非者，韓之諸公子也，喜刑名法術之學，而其歸本於黃老。（〈老莊申韓傳〉）

申子主「刑名」而鞅及韓非皆喜好「刑名」。「刑名」與法家關係蓋極密切矣。何謂「刑名」？稽考史、漢注疏，約有下列兩異說：

（1）法家與名家之複名

《史記・張叔傳》張守節正義：「刑，刑家也。名，名家也。言治刑法及名實。」

《漢書・元帝紀》注引晉灼曰：「刑，刑家。名，名家也。太史公曰：法家嚴而少恩，名家儉而善失眞。」

《漢書・張叔傳》注引說者云：「刑，刑家。名，名家也。即太史公所論六家之二也。」

（2）法家之單名

《史記・韓非傳》裴駰集解：「新序曰：申子之書言人主當執術無刑，因循以督責臣下，其責深刻，故號曰術；商鞅所爲書號曰法；皆曰刑名。」

《史記・張叔傳》司馬貞索隱：「案劉向別錄云：申子學號曰刑名，循名以責實，其尊君卑臣，崇上抑下，合於六家也。」

《漢書・元帝紀》顏師古注：「晉（灼）說非也。劉向別錄云：申子學號刑名。刑名者，以名責實，尊君卑臣，崇上抑下。宣帝好觀其君臣篇。」

上二說，第二說是，第一說非。第一說之誤，在以「刑」爲本字，《說文》曰：「刑，罰辠也。從井從刀、井亦聲。」《韓非子・二柄篇》亦曰：「殺戮之謂刑。」此其本義也。先秦諸子重「刑」之學派，法家爲首，蓋法家者流，以爲人情畏誅伐而利慶賞，人君「行重罰嚴誅，則可以致霸王之功」，〔註31〕遂力倡「以刑去刑」。〔註32〕刑罰誅戮重傷人，故論者悉譏其慘礉苛刻，而視諸「刑家」、「刑法家」。「刑名」既以「刑」稱，指名「法家」理固宜然也。

〔註31〕見《韓非子・姦劫弒君篇》。
〔註32〕見《商君書・去彊篇》。

循此以推，「刑名」者，法家與名家也。今人張純、王曉波雖謂「刑名」爲法家之單名，貌同劉向、師古，惟其論點仍步晉灼等人故轍，以「刑」爲罰辜，說明於此，借供參考。其《韓非思想的歷史研究》曰：

> 「刑名」即所犯之罪「名」與所處之罪「刑」的問題。當時執行的人或稱「士師」（《孟子‧公孫丑》下），犯了怎樣的罪「名」，科以如何的罪「刑」，這乃是「士師」者的專業。……在公布法還沒有出現以前，「刑名」只是「士師」者流的專業，但公佈法出現以後，參與獄訟的人都可以「錐刀之末，將盡爭之」（《左傳》昭公元年），「刑名」的討論才蔚爲風氣。〔註33〕

此亦不過釋「刑」爲辜罰耳，故法家未出，士師專司，法家既出，則從獄訟轉成學術討論也。

其實，「刑名」原含二義。其先，鄧析、公孫龍等名家學說號曰「刑名」，此第一期也；其後，申不害、商鞅等法家學說亦號曰「刑名」，此第二期也。古史論名家要指，首見《史記‧太史公自序》載司馬談曰：「名家苛察繳繞，使人不得反其意，專決於名而失人情，故曰使人儉而善失眞。若夫控名責實，參伍不失，此不可不察也。」「控名責實，參伍不失」，與夫劉向言申子刑名之學「以名責實」、「循名以責實」，略相似也，而漢志申子列法家，其間推衍嬗代之跡髣髴見矣。然無論名家、法家，蓋悉以「刑」爲「形」之借字也。《韓非子》〈二柄〉、〈難〉、〈詭使〉諸篇，「刑名」二字屢見，王先謙《韓非子集解》云：「案刑形二字，本書通用。」〔註34〕而陳啟天《韓非子校釋》全改作「刑名」，《呂氏春秋‧正名篇》：「凡亂者，刑名不當也。」孫鏘鳴曰：「刑形古字通，下文刑名異充，並當作形名。」〔註35〕《黃帝四經‧經法》：「名刑已定，物自爲正。」唐蘭曰：「把名和形（借用刑字）對立起來，稱爲『刑名』。」〔註36〕其實，刑形二字，古籍率通用，不獨「刑名」爲然也。如：《荀子‧成相篇》：「治復一，脩之吉，君子執之心如結，眾人貳之，讒夫棄之，形是詰。」楊倞注：「形當爲刑，無德化，唯刑戮是詰。」郝懿行曰：「形與刑古字通。」又如：老子《道德經》第二章：「長短相形。」馬王堆帛書隸書本作「長短之

〔註33〕　見王氏著《韓非思想的歷史研究》第二章。
〔註34〕　見《韓非子‧揚搉篇》王先謙集解。
〔註35〕　許維遹《呂氏春秋集解》引。
〔註36〕　見唐氏著《黃帝四經初探》。

相刑」，嚴靈峰《馬王堆帛書老子初探》引朱駿聲《說文通訓定聲》曰：「假借為『形』。《易·鼎》：『其刑渥。』集解：『今本作形。』可窺其大概也。」

按「形名」之學，溯自「正名」。孔子曰：「必也正名乎，名不正則言不順，言不順則事不成，事不成則禮樂不興，禮樂不興則刑罰不中，刑罰不中則民無所錯手足。故君子名之必可言也，言之必可行也。」〔註37〕殆其肇端也。其後，荀子撰正名篇，墨辯有經說大小取，自此以往，百家之學莫不重「名」。而鄧析、尹文、公孫龍等名家之徒，尤擅專長，考實按形，利口辯智，時人號曰「刑名」。《戰國策·趙策》：蘇子謂秦王曰：「夫刑名之家，皆曰白馬非馬也。」晉魯勝言惠施、公孫龍：「以正刑名顯於當世。」〔註38〕史、漢研厥誼旨，概歸諸名家。何謂「形名」？茲舉名家之論，說明如后。尹文子曰：

> 名以檢形，形以定名。名者，名形者也；形者，應名者也。然形非正名也，名非正形也。則形之與名居然別矣，不可相亂，亦不可相無。今萬物具存，不以名正之，則亂；不以形應之，則乖。故曰：形名不可不正。
>
> 大道無形，稱器有名。名也者，正形者也。形正由名，則名不可差。……
> 大道不稱，眾有必名，生於不稱，則群形自得其方圓，名生於方圓，則眾名得其所稱也。〔註39〕

蓋意謂：「名」為「名稱」，起源於命「物」，而物之生則起源於「道」。物與道之差別，莫過乎物有形具體可見，道廓然虛空無形不可見。有形，則指其實有之狀貌以名之；無形，則無可指而無以名也。故曰：「大道無形，稱器有名」、「大道不稱，眾有必名，生於不稱」。萬物既有形，不同之物各具不同之形，尋撣狀貌，賦予適當之名，方者謂之方名，圓者謂之圓名，白者謂之白名，黑者謂之黑名，使形與名符契相應，則吾人覩形知名，稱名得形。其有形實黑而名白，形實圓而名方，其繆誤不言可論矣。故曰：「名以檢形，形以定名。名者，名形者也；形者，應名者也」、「名也者，正形者也。形正由名，則名不可差」。

《公孫龍子·名實論》亦曰：

> 天地與其所產焉，物也。物以物其所物而不過焉，實也。……其正者正其所實也；正其所實者，正其名也。其名正，則唯乎其彼此焉，

〔註37〕見《論語·子路篇》。
〔註38〕見《晉書·隱逸傳》魯勝墨辯注敘。
〔註39〕見王啓湘《尹文子校注》卷上。

謂彼而彼不唯乎彼，則彼謂不行。謂此而此不唯乎此，則此謂不行。
其以當，不當也；不當而當，亂也。故彼彼當乎彼，則唯乎彼，其
謂行彼。此此當乎此，則唯乎此，其謂行此。其以當而當，以當而
當，正也。故彼彼止於彼，此此止於此，可；彼此而彼且此，此彼
而此且彼，不可。夫名，實謂也。知此之非此也，知此之在此也，
則不謂也。知彼之非彼此，知彼之不在彼，則不謂也。

譚作民《公孫龍子形名發微》釋曰：

夫天地之為物，以其形也。凡天地之所生者，亦皆以其形為物。尹文
子云：「牛者物之定形」。蓋牛馬皆物也，以其賦有此形也。……天下
之物各相其形色而命之名，猶牛馬二物，各相其形色而呼之為牛馬也。
而不過焉者；牛馬名立，取別他物，而物與名乃不濫。……所實既定，
於是人見白之色，馬之形，即呼之曰白馬者，正其名也。〔註40〕

夫「名以指實」，此「名」莫大之功用也。公孫龍所謂「實」，即尹文所謂「形」，
物實有之形也。名實論，總揭其義在：「唯乎其彼此」。謝希深注：「唯，應辭
也。」〔註41〕應辭者，譬如諾、應，引申為相應、相符。「唯乎其彼此」者，
彼物之名相應於彼物之實，此物之名相應於此物之實。若是，名實相符則正，
名實出入則亂，故明王之化天下也，當審查名實，慎其所謂。說與尹文同。
此「形名」最基本之概念也。

非止於此耳，尹文於「命物之名」外，尚有所謂「無形之名」。尹文子曰：

有形者必有名，有名者未必有形。形而不名，未必失其方圓白黑之
實；名而（無形），不可不尋名以檢其差，故亦有名以檢形。形以定
名，名以定事，事以檢名，察其所以然，則形名之與事物，無所隱
其理矣。名有三科，……一曰命物之名，方圓白黑是也；二曰毀譽
之名，善惡貴賤是也；三曰況謂之名，賢愚愛憎是也。……名者，
名形者也。形者，應名者也。然形非正名也，名非正形也，則形之
與名居然別矣。不可相亂，亦不可相無。……善名命善，惡名命惡，
故善有善名，惡有惡名。聖賢仁智，命善者也；頑嚚凶愚，命惡者
也。今即聖賢仁智之名，以求聖賢仁智之實，未之或盡也。使善惡
盡然有分，雖未能盡物之實，猶不患其差也，故曰名不可不辯也。

〔註40〕見譚氏著《公孫龍子形名發微》論釋第三。
〔註41〕見王啓湘《公孫龍子校詮》卷三引。

名稱者，何彼此而檢虛實者也。自古及今，莫不用此而得，用彼而
失，失者由名分混，得者由名分察。〔註42〕

「無形之名」曰：「毀譽之名」與「況謂之名」，如善惡富貴、賢愚愛憎。此
二者緣「事」生名；物具象，事抽象。故曰：「有形者必有名，有名者未必有
形」。「有形者必有名」，指命物之名循「物形」以賦名：「有名者未必有形」，
指毀譽、況謂之名緣「事類」而命名，非有「物形」。雖然，「物」亦「事」
也，「事」亦「物」也。何哉？蓋若以「善」為名，則「聖賢仁智」為事；若
以「惡」為名，則「頑囂凶惡」為事。善名與善事相應，惡名與惡事相應；
如斯也者，善惡乃釐然清晰，其重要適如物形與物名然也。故事亦一形也，
名亦一名也，此亦「形名」也。故曰：「名以定事，事以檢名」。合此二類，
使命物之名與所命之物形符契，使命事之名與所命之事類不謬，則可以循名
以查真偽，天下事物焉有不定者乎？故曰：「名稱者，何彼此而檢虛實者也。
自古及今，莫不用此而得，用彼而失，失者由名分混，得者由名分察」也。

　以上綜述名家「形名」之大概。至於申、商法家「形名」者，大氐與名
家相貫綜，淵源「無形之名」而自有發皇焉。申子曰：

明君如身，臣如手；君若號，臣如響。君設其本，臣操其末；君治
其要，臣行其祥；君操其柄，臣爭其常。為人臣者，操契以責其名。
名者，天地之綱，聖人之符。張天地之綱，用聖人之符，則萬物之
情無所逃之矣。故善為主者，倚於愚，立於不盈，設於不敢，藏於
無事，竄端匿疏，示天下無為；是以近者親之，遠者懷之。示人有
餘者人奪之，示人不足者人與之；剛者折，危者覆；動者搖，靜者
安。名自正也，事自定也；是以有道者，自名而正之，隨事而定之
也。鼓不與於五音而為五音主，有道者不為五官之事而為治主。君
知其道也，臣知其事也。十言十當，百為百當者，人臣之事也，非
人君之道也。昔者堯之治天下也以名，其名正則天下治；桀之治天
下也亦以名，名倚而天下亂；是以聖人貴名之正也。主處其大，臣
處其細，以其名聽之，以其名命之。鏡設，精無為而美惡自備；衡
設，平無為而輕重自得。凡因之道，身與公無事，無事而天下自極
也。〔註43〕

〔註42〕同註39。
〔註43〕見《全上古三代文》卷四《申子‧大體篇》。

按申子蓋以爲人君之智力有限，而國家之政事無窮，欲殫竭一人之智力以盡天下事，必不可得也，故人君理應任用臣下，務君無爲而臣有爲，君無事而臣有事，唯人君不專私智，如鏡空照物，形狀自出，衡平持物，輕重不失，如斯也者，臣下乃能竭其智勞其慮，自可無爲而無不爲，無事而萬事成。此理論實本諸老學無爲大旨，史遷曰：「申子之學本於黃老。」〔註44〕此之謂也。至於人君所以握令群臣，使有爲有事而毋偏私壅君之大法，則「以名」、「責其名」。韓非子曰：

> 申不害言術。……術者，因任而授官，循名而責實，操殺生之柄，
>
> 課群臣之能者也，此人主之所執也。〔註45〕

> 申子曰：法者，見功而與賞，因能而授官。〔註46〕

劉向《別錄》云：「申子學號曰刑名，循名以責實」、「刑名者，以名責實。」〔註47〕所言殆即此也。此申子學說最重要部分。唐君毅曰：「法家之論，則或以『形』易『實』，而有形名之稱。……其所謂『名』唯是一政治上職位之名，其所謂『形』，唯是言一職務上之事。」〔註48〕夫人君者，恃獨尊之位勢，擅生賞殺罰之權柄，可以因群臣之能任，授以適當之職位；不同職位具不同職事，既授之職位，乃因循職位以聽言考事。有此職位而盡此職事，曰：名實相符；有此職位而未盡此職事，曰：名實不符。符則賞，不符則罰。此謂：「循名責實」。然則緣人情之畏罰樂賞，宜其競趨職事，使事皆中程也。此法家「形名」之樞機也，人君守此，足以制斷控御臣下，帝王之道也。

申子學說，至韓非，義愈彰。韓非之「術」，類分爲二：（1）潛御術：秘密而靈活運用之控制手段。《韓非子・難》三：「術者，藏之於胸中，以偶眾端，而潛御群臣者也。」其要主於「不欲見」、「親愛近習，莫之得聞」，〔註49〕熊十力所謂「執藏」是也。〔註50〕此術遠紹老子，近宗申子，蓋與申子言：「善爲主者，倚於愚，立於不盈，設於不敢，竄端匿疏，示天下無爲」〔註51〕云云，大

〔註44〕　見《史記・老莊申韓傳》。
〔註45〕　見《韓非子・定法篇》。
〔註46〕　見《韓非子・外儲說》左上。
〔註47〕　見《史記・張叔傳》司馬貞索隱、《漢書・元帝紀》顏師古注引。
〔註48〕　見唐氏著《中國哲學原論》〈原道論〉第二卷。
〔註49〕　《韓非子・難》三篇：「法莫如顯，而術不欲見」、「用術則親愛近習，莫之得聞也。」
〔註50〕　見熊氏著《韓非子評論》七、韓非子之術。
〔註51〕　同註43。

體相似焉。（2）督責術：公開而考課群臣之督責手段，略似今之人事行政，此即申子「形名」之再發展也。韓非子曰：

> 人主將欲禁姦，則審合形名者。形名者，言與事也。爲人臣者陳而言，君以其言授之事，專以其事責其功。功當其事，事當其名，則賞；功不當其事，事不當其言，則罰。故群臣其言大而功小者則罰，非罰小功也，罰功不當名也。群臣其言小而功大者亦罰，非不說於大功也，以爲不當名也，害甚於有大功，故罰。昔者韓昭侯醉而寢，典冠者見君之寒也，故加衣於君之上；覺寢而說，問左右曰：「誰加衣者？」左右對曰：「典冠。」君因罪典衣與典冠。其罪典衣，以爲失其事也；其罪典冠，以爲越其職也。非不惡寒也，以爲侵官之害甚於寒。故明主之畜臣，臣不得越官而有功，不得陳言而不當，越官則死，不當則罪；守業其官，所言者貞也，則群臣不得朋黨相爲也。〔註52〕

> 據法直言，名刑相當，循繩墨以刑名參之。事遇於法則行，不遇於法則止。功當其言則賞，不當則誅。以刑名收臣，以度量準下，此不可釋也，君人者焉佚哉！〔註53〕

> 有言者自爲名，有事者自爲形，形名參同，君乃無事焉，歸之情實。〔註54〕

> 君操其名，臣效其形，形名參同，上下調和。〔註55〕

所謂「審合形名」、「形名參同」，其「形」之與「名」涵蓋應用廣，非復蕞爾官位、官事所得賅盡也。陳啓天《韓非及其政治哲學》釋曰：

> 形名，又作刑名，或名實。一切事物，有形有名。名以形稱，形依名定。形名二者，以求其合，是謂「循名責實」，「綜覈名實」，「形名參同」，「審合形名」。以言爲名，則事爲形，後事必求其與前言相合，形名也。以法爲名，則事爲形，事件必求其與法文相合，形名也。以官爲名，則職爲形，職務必求其與官位相合，形名也。形名爲用最廣，爲效最大，在諸術中，實爲最要。考核臣下，促進功效，整飭吏治，

〔註52〕見《韓非子・二柄篇》。
〔註53〕見《韓非子・難二篇》。
〔註54〕見《韓非子・主道篇》。
〔註55〕見《韓非子・揚搉篇》。

推行法律，幾無一不賴此術。無爲的君主所以能使臣下有爲者，也多賴此術。不用此術，則一切俱成空文，不但賞罰失當，而姦邪也無從察知。所以法家極重此術，甚至有人稱法家之學爲形名之學。

綜歸上言，則「形名」包括下列四項：

(1) 物名（名）與物形（形），如牛名必與牛形符合，馬名必與馬形符合。

(2) 官位（名）與官事（形），居何種官位，即須盡此官位之職事。

(3) 言語（名）與行事（形），說如何言語，即須行所言之內容。

(4) 法文（名）與事件（形），訂定法律條文，即須行此法律條文所規範之事。

循是以推，周合形與名，執後形以應前名，偶會眾端，互相參觀，要「言不異事」、「法不異事」、「官不異職」。其不異者，計功行賞；其異者，核罪論罰。一切歸諸「形名」，人君可以無爲矣。然則「形名」果然足以審是非之實，而察治亂之情，「潛御術」之成功亦端賴此爲之礎石也。

　　總而言之，形名原是講定名分、正名實，始乎孔子，爲各學派所共同推崇，至名家而理論大備，自申子應用名家形名於政治，形名轉成君術，法家形名乃附庸而蔚爲大國，日趨充實，法家稱「形名」之由來也緣此。故「刑名」當作「形名」，「刑」非謂罪罰也。唯自孔墨至於名法，名學研究因革損益，各具宗風，茲迻逐馮友蘭、陳啓天二家之說，以略見一班云。馮友蘭《中國哲學史》第一篇第十三章曰：

儒家孔子之講正名，蓋欲使社會中各種人，皆爲其所應該。法家之講正名，則示君主以駕御臣下之方法。辯者所講正名實，乃欲「愼其所謂」，使「是實也，必有是名也」。

陳啓天《中國法家概論》第二章曰：

法家之學，舊稱爲「刑名」之學；「刑名」即是「形名」，又作「名實」。……「循名責實」，是形名的本義。此種方法，爲法家所主張的「術」之一種，而爲法家的根本精神之所寄。然此種方法並非法家所獨創，實由儒家、墨家和名家的思想湊合推演並加強化而來。儒家自孔子以後，即有正名的主張。……「君君、臣臣、父父、子子」，是一種倫理的正名論。……墨子中所謂「以名舉實」，和公孫龍子中所謂「正其所實者，正其名也」，都是從理論上求正名。法家應用儒墨名三家的正名論於政治上，而成爲一種「形名」術。形名也講正名，不過「形

名」所注重的，不僅在名，而且在形，這是法家不同於他家的一點。
又法家所說的形名，是一種政治方法，即一種統治術，與儒家的正名
偏重倫理的意義，墨家名家的正名偏重論理的意義，也是一點不同。
由此可知法家的形名，是一面應用舊説，一面賦與新義。

由此觀之，法家形名雖於近摹倣名家，固自立門庭，別樹一幟矣。名家以語言分析取代經驗事實，與法家重經驗事實以決定政治賞罰者適相反也。荀子評名家：「治怪說，玩琦辭，甚察而不急，辯而無用，多事而寡功。」〔註56〕「多事寡功」，固與法家崇尚功用南轅北轍，故韓非疾名家曰：「藉之虛辭，則勝一國；考實按形，不能謾於一人。」〔註57〕頗致微辭焉。

凡以刑名為學名聞當世，見載於《史記》、《漢書》者，先秦有：申子、商鞅、韓非三人，漢代有晁錯、張叔二人。申子六篇，商君二十九篇，韓非五十五篇，晁錯三十一篇，《漢書》俱登錄篇卷歸諸法家類。至若鄧析、尹文、公孫龍、惠施之徒，則別部名家類。是漢際視二家學說相去懸遠，職是之故，名家初雖亦名「刑名」，然漢人所謂「刑名」，乃專指法家形名耳。此有漢之習慣用法也，宜審慎辨別。

其次，宜說明者：漢世「刑名」既為法家專稱，則法家種種特質，乃遂隨之突顯，而含律法與刑罰諸義，非復「循名責實」、「審合形名」等所能囿。《史記‧儒林傳》曰：「孝文帝本好刑名之言，及至孝景，不任儒者。」〈馮唐傳〉載好「刑名」之文帝，其為政情形如下述：

> 上以胡寇為意，乃卒復問唐曰：「公何以知吾不能用廉頗、李牧也？」
> 唐對曰：「……今臣竊聞魏尚為雲中守，其軍市租盡以饗士卒，私養
> 錢，五日一椎牛，饗賓客軍吏舍人。是以匈奴遠避，不近雲中之塞。
> 虜曾一人，尚率車騎逐之，所殺甚眾。夫士卒盡家人子，起田中從
> 軍，安知尺籍伍符？終日力戰，斬首捕虜，上功莫府。一言不相應，
> 文吏以法繩之。其賞不行，而吏奉法必用。臣愚以為陛下法太明，
> 賞太輕，罰太重。且雲中守魏尚，坐上功首虜差六級，陛下下之吏，
> 削其爵，罰作之。由此言之，陛下雖得廉頗、李牧，弗能用也。」

《漢書‧元帝紀》亦曰：

> 孝元皇帝，宣帝太子也，母曰共哀許皇后，宣帝微時生民間。年二

〔註56〕見《荀子‧非十二子篇》。
〔註57〕見《韓非子‧外儲說》左上。

歲，宣帝即位。八歲，立爲太子。壯大，柔仁好儒，見宣帝所用多
立法吏，以刑名繩下，大臣楊惲、蓋寬饒等坐刺譏辭語爲罪而誅，
嘗侍燕從容曰：「陛下持刑太深，宜用儒生。」

文帝「好刑名」，其結果乃：「法太明，賞太輕，罰太重」，守將報功首虜差六
級，即下吏、削爵、罰作。宣帝以「刑名繩下」，亦「持刑太深」，大臣至以
刺譏辭語之言論罪身首離異。「刑名」之深削剛猛於焉覘知。文、宣二帝採行
「刑名」，形名督責之餘，蓋有嚴明律法、加重刑罰之作風，此殆法家「言術」、
「爲法」雙持兼修之傳統也。是故戴君仁論刑名曰：

在西漢人書中，這刑名一詞，是應兼包兩種——名實與律法。況且
這兩件事，本是相連的，名實是先一步事，律法是後一步事。控名
責實，如有不合，必須繼之以刑罰。所以漢文帝這樣仁君，還是罰
太重，因爲崇名實與尚刑法是必然相關的。新序云，「申子之書，言
人主當執術無刑，因循以督責臣下，其責深刻，故號曰術；商鞅所
爲書，號曰法；皆曰刑名。」……韓非子書屢言刑名，刑名一詞，
兼包法與術，亦即是兼包名實與律法之學。這樣，才是完備而無偏
缺的解釋。〔註58〕

劉向以爲申子「執術無刑」，韓非亦言商鞅「徒法無術」，〔註59〕皆偏頗未得
其實也。申子書不傳，就今存佚文不見刑論，第《漢書·刑法志》云：

陵夷至戰國，韓任申子，秦用商鞅，連相坐之法，造參夷之誅，增
加肉刑大辟，有鑿顛抽脅鑊烹之刑。

可證申子言術亦爲法也。《史記·商鞅傳》載鞅壹賞罰之法則如下：

有軍功者，各以率受上爵。爲私鬥者，各以輕重被刑。……宗室非
有軍功，不得爲屬籍。明尊卑爵秩等級各以差次。名田宅臣妾衣服
以家次。有功者顯榮；無功者，雖富，無所芬華。

《韓非子·定法篇》亦曰：

商君之法曰：「斬一首者，爵一級，欲爲官者，爲五十石之官。斬二
首者，爵二級，欲爲官者，爲百石之官。」官爵之遷與斬首之功相
稱也。

〔註58〕見戴氏著《名家與西漢吏治》。案戴氏原意以「刑名」爲名、法之複名，拙作
　　　　不同，然其論刑名兼賅刑名與律法，極是。
〔註59〕見《史記·韓非傳》裴駰集解引《新序》及《韓非子·定法篇》。

可見法家原本「法」、「術」兼賅並重，而於「明法任刑」方面，主張「重刑輕罪」，以昭警戒效用，故步過六尺者有罰，棄灰於道者被刑，刑重而必，罪死不赦。漢人言「刑名」，每於法家此一特質置詞菲薄，於是刑罪之義大彰，循名責實反闇而不覩矣。此或「刑名」誤爲「法、名」複名之由來歟！

「刑名」爲法家，說明如上，而晁錯習「申、商刑名」於軹縣張恢先生，晁錯精通法家學理，以法家思想爲思想主體自不待言。法家思想率由人情出發，以爲人情莫不好利惡害。晁錯亦然，曰：

> 臣聞三王計安天下，莫不本於人情。人情莫不欲壽，三王生而不傷也。人情莫不欲富，三王厚而不困也。心情莫不欲安，三王扶而不危也。人情莫不欲逸，三王節其力而不盡也。其爲法令也，合於人情而後行之。其動眾使民也，本於人事，然後爲之，……情之所惡，不以彊人，情之所欲，不以禁民，是以天下樂其政，歸其德。〔註60〕

至於利用人情利害之觀念，其法則爲刑賞。刑賞用以懲惡勸善，而須與功過相稱。如是，賞厚而歛民財，民不之恨；罰重而奪人命，人亦不怨。晁錯之言如次，曰：

> 其立法也，非以苦民傷眾而爲之機陷也，以之興利除害，尊主安民而救暴亂也。其行賞也，非虛取民財妄予人也，以勸天下之忠孝，而明其功也。故功多者賞厚，功少者賞薄。如此，歛民財以顧其功，而民不恨者，知與而安己也。其行罰也，非以忿怒妄誅而從暴心也，以禁天下不忠不孝而害國者也。故罪大者罰重，罪小者罰輕。如此，民雖伏罪至死而不怨者，知罪罰之至，自取也。立法若此，可謂平正之吏矣。〔註61〕

法家重術數，術數者，最廣義指一切統治方法，最狹義指權略計謀。《管子・明法》云：「明主者，有術數而不可欺也。」晁錯本之，以之爲帝王之術，並謂太子教育莫重乎此者也。《漢書》本傳曰：

> 詔以爲太子舍人、門大夫，遷博士。又上書言：「人主所以尊顯功名揚於萬世之後者，以知術數也。故人主知所以臨制臣下而治其眾，則群臣畏服矣。知所以聽言受事，則不欺蔽矣。……竊觀上世之君，不能奉其宗廟而劫殺於其臣者，皆不知術數者也。皇太子所讀書多

〔註60〕 見《漢書・晁錯傳》。
〔註61〕 同註60。

矣，而未深知術數者，不問書說也。夫多誦而不知其說，所謂勞苦
而不爲功。臣竊觀皇太子材智高奇，馭射伎藝過人絕遠，然於術數
未有所守者，以陛下爲心也。竊願陛下幸擇聖人之術可用今世者，
以賜皇太子，因時使太子陳明於前，唯陛下裁察。」

張晏曰：「術數，刑名之書也。」可見一班。

二、輔思想

晁錯思想以法家爲主體，已如前述，至於輔思想則爲儒學，其儒家思想
之來源，史料信而有徵者厥爲：奉旨習《尚書》於伏生。《史記》、《漢書》有
關記載如下：

孝文帝時，天下無治尚書者，獨聞濟南伏生，故秦博士，治尚書，
年九十餘，老不可徵，乃詔太常使人往受之。太常遣錯受尚書伏生
所。還，因上便宜事，以書稱說。詔以爲太子舍人、門大夫、家令。
（《史記 晁錯傳》）

伏生者，濟南人也，故爲秦博士。孝文帝時，欲求能治尚書者，天
下無有，乃聞伏生能治，欲召之，是時伏生年九十餘，老不能行，
於是乃詔太常使掌故朝錯往受之。（《史記 儒林傳》）

孝文時，天下亡治尚書者，獨聞齊有伏生，故秦博士，治尚書，年九
十餘，老不可徵。迺詔太常，使人受之。太常遣錯受尚書伏生所。還，
因上書稱說，詔以爲太子舍人、門大夫，遷博士。（《漢書 晁錯傳》）

伏生，濟南人也，故爲秦博士。孝文時，求能治尚書者，天下亡有，
聞伏生治之，欲召，時伏生年九十餘，老不能行，於是詔太常，使
掌故朝錯往受之。（《漢書・儒林傳》）

案秦火而後，經書傳承之紊亂多詭，以《尚書》爲最。先儒論孔門傳《尚書》
始漆雕開，〔註62〕入漢則有伏生，其間授受源流概無可考。《洞冥記》云：「有
李克者，自言三百歲，少而好學，爲秦博士，門徒萬人。伏生時十歲，就克
石壁山中受尚書，乃以口授伏子。四代之事，略無遺脫，伏子因而誦之。」

〔註62〕 《孔子家語・弟子解》：「漆雕開習尚書，不樂仕。孔子曰：子之齒可以仕矣，
時將過。子若報其書曰：吾斯之未能信。孔子悅焉。」閻若璩《四書釋地》
卷三：「讀《漢書・藝文志》：孔子弟子漆雕啓。則知史列傳漆雕開字子開，
上開本啓字，避景帝諱也。」

此小說家言，荒唐夸誕，全失事實，素不見信也。《史記·儒林傳》曰：

> 秦時焚書，伏生壁藏之，其後兵大起，流亡，漢定，伏生求其書，亡數十篇，獨得二十九篇，即以教於齊魯之間，學者由是頗能言尚書，諸山東大師無不涉尚書以教矣。

蓋秦燔之時，伏生壁藏，鼎革之後，發散簡複壁中以教授，《尚書》講學於焉興盛，伏生乃遂名聞遐邇，為朝廷所重，然老邁不能徵，於是下令奉常遣屬官前往受讀，此晁錯受讀《尚書》之始末也，史傳載之詳矣。第東漢王充已滋異說，《論衡·正說篇》曰：

> 蓋尚書本百篇，孔子以授也。遭秦用李斯之議，燔燒五經。濟南伏生抱百篇藏於山中。孝景皇帝時始存尚書，伏生已出山中，景帝遣晁錯往，從受尚書二十餘篇。伏生老死，書殘不竟。晁錯傳於兒寬。

王充此言與史、漢異者二：（1）易文帝時為景帝世；（2）以兒寬為晁錯弟子。文帝時誤作景帝世，其謬不待贅辯。至若寬果晁錯弟子耶？考《史記·儒林傳》曰：

> 伏生教濟南張生及歐陽生。歐陽生教千乘兒寬，寬既通尚書，以文學應郡舉，詣博士受業，受業孔安國，……以試第次補廷尉史。是時張湯方鄉學，以為奏讞掾，以古法決疑大獄，而愛幸寬。寬為人溫良，有廉智，自持，而善著書書奏，敏於文，口不能發明也。湯以為長者，數稱譽之。及湯為御史大夫，以兒寬為掾，薦之天子。天子見問，說之。湯死後六年，兒寬位至御史，九年而以官卒。

《漢書·儒林傳》亦曰：

> 伏生教濟南張生及歐陽生；張生為博士。……歐陽生，字和伯，千乘人也，事伏生，授兒寬。寬又受業孔安國，至御史大夫，自有傳。寬有俊材，初見武帝，語經學。上曰：「吾始以尚書為樸學，弗好，及聞寬說，可觀。」迺從寬問一篇。歐陽、大小夏侯氏學皆出於寬。寬授歐陽生子，世世相傳，至曾孫高子陽為博士。高孫地餘長賓以太子中庶子授太子，後為博士，論石渠，元帝即位，地餘侍中，貴幸，至少府。……地餘少子政為王莽講學大夫。由是尚書世有歐陽氏學。

又《漢書·兒寬傳》曰：

> 兒寬，千乘人也。治尚書，事歐陽生，以郡國選詣博士，受業孔安國。

由以上諸文證之，兒寬乃出自歐陽和伯，而下開歐陽及大小夏侯之學，沿波

溯流固與晁錯同流於伏生，終兩無瓜葛也。清人陳喬樅讀《論衡》而困惑，
遂強作解人謂兒寬師事多人，晁錯其一也。曰：

> 王充論衡又言景帝使晁錯往受尚書二十餘篇，伏生老死，書殘不竟，
> 晁錯傳於兒寬。考史記及漢書儒林傳皆云：寬受尚書於歐陽生。不
> 云晁錯所傳。仲任之語，未詳何據。然寬本傳言寬以郡國選詣博士，
> 受業孔安國；則寬治尚書實不一師，蓋先受業於歐陽生，後又從晁
> 錯傳伏生所授尚書，最後又受業孔安國，故其業最精，厥後歐陽、
> 大小夏侯之學皆出於寬。〔註63〕

陳氏既不察「景帝」為「文帝」之訛，於晁錯、兒寬、孔安國三人關係又臆
測而調和之，仲任語未詳何據，陳氏語何嘗有據耶？

　　案晁錯弟子見諸史乘者，唯何比干一人耳。《後漢書·何敞傳》云：

> 何敞，字文高，扶風平陵人也。其先家于汝陰，六世祖比干學尚書於
> 晁錯，武帝時為廷尉正，與張湯同時，湯持法深而比干務仁恕，數與
> 湯爭，雖不能盡得，然所濟活者以千數。後遷丹陽都尉，因徙居平陵。

何比干習《尚書》，明經術，而生平以治獄見譽。《後漢書·何敞傳》注引《何
氏家傳》云：

> 六世祖比干，字少卿，經明行修，兼通法律，為汝陰縣獄吏決曹掾，
> 平活數千人，後為丹陽都尉，獄無冤囚，淮汝號曰何公。

又集解引《三輔決錄》：

> 茂陵何比干，漢時丞相公孫弘舉為廷尉右平，獄無冤民，號曰何公。

由是觀之，何比干兼修儒法，精通律法，此殆與晁錯說《尚書》、更定法令，
同出一轍，真師弟子風也。

　　晁錯《尚書》上承伏生，下傳何比干，頗通儒學，已說明如上。唯學者
於晁錯受讀尚多討論，茲條舉重要者兩項，說明如次：

（一）女授與口說

　　此一糾紛蓋緣於伏生年九十餘，論者因謂伏生年邁，非徒不能徵，抑且
不親授，晁錯乃就伏生女就讀。此說起自衛宏。《史記·晁錯傳》張守節正義
引衛宏〈詔定古文尚書序〉云：

> 徵之，老不能行，遣太常掌故晁錯往讀之。年九十餘，不能正言，

〔註63〕　見陳氏著《今文尚書經書攷》卷一、上。

言不可曉,使其女傳言教錯。齊人語多與潁川異,錯所不知者,凡十二三,略以其意屬讀而已。

衛宏以後,論辯聚訟,約有下列諸意見:

一、全部反對者:如閻若璩、姜震英等,直斥爲誣妄不可信。閻氏《古文尚書疏證》曰:

> 按書大序云:「伏生年過九十,失其本經,口以傳授。」〔註64〕此亦是魏晉間衛宏使女子傳言教錯之言盛行,故撰序者採入,而不覺其於史文相背。劉歆有言:「晁錯從伏生受尚書,尚書初出於屋壁,朽折散絶,今其書見在。」〔註65〕曾口授云云乎哉?

姜氏《湛園札記》曰:

> 按漢書:伏生得藏壁書二十九篇,即以教於齊魯之間,齊學者由此頗能言尚書,其後有張生、歐陽生、伏生孫,亦以治尚書徵。據此,則伏生雖老,何必使其女傳言教錯,即傳言而徵明者有人,亦不至以意屬讀也。明是好事者爲之説。

二、反對女讀,贊成口說:如孔穎達等,以爲伏生自傳,不假其女,至於口說之故,則或因熟誦、或因目瞀。孔穎達《尚書》僞安國〈序〉正義曰:

> 案史記:秦時焚書,伏生壁藏之,其後兵火起,流亡,漢定天下,伏生求其書,亡數十篇,獨得二十九篇,以教於齊魯之間,則伏生壁內得二十九篇,而云:「失其本經,口以傳授」者,蓋伏生初實壁內得之以教齊魯,傳教既久,誦文則熟,至其末年,因其誦習,或亦目暗,至年九十,晁錯往受之時,不執經而口授之故也。

三、全部贊成者:如劉台拱、王鳴盛等,謂必伏生女傳言者,乃漢人讀書,簡策而外,講解音讀有賴口授,後世口授之法既寢,流俗遂群目爲迂曲也。《漢書·晁錯傳》王先謙補注引劉台拱曰:

> 伏女傳言,所謂受讀也。漢初音讀訓詁,學者以口相傳。……鄭、賈受周禮讀;馬融受漢書讀;東京猶然。馬、鄭後,就經爲注,口說絶矣。

王鳴盛《尚書後案·辨孔安國序》曰:

〔註64〕 僞孔安國序:「濟南伏生年過九十,失其本經,口以傳授,裁二十餘篇,以其上古之書,謂之尚書,百篇之義,世莫得聞。」
〔註65〕 同註5。

授朝錯自有簡策，似不藉口授，而必使女傳教者，漢人讀書與今異，揚子雲言：「一關之市必立之平，一卷之書必立之師」。如春秋有鄒、夾二氏，口說流行，未著竹帛，故曰未有書，鄒氏著竹帛，師傳之人中絕，故曰無師。蓋漢人之經未有無師者，書簡策雖存，而其間句讀音讀亦須指授，方可承學，非如今人讀書不勞師授，庸夫俗子人人可以挾冊而誦也。

（二）學官與博士

《尚書》自伏生而下，及門弟子數支，《史記・儒林傳》曰：「伏生教濟南張生及歐陽生，張生為博士。」顧二生特不過齊魯私學所授耳，若夫晁錯則奉旨前往，受業畢，理應復命朝廷並以所受《尚書》上。《史記・晁錯傳》即曰：

> 還，因上便宜事，以書稱說，詔以為太子舍人、門大夫、家令。

《漢書》本傳亦曰：

> 還，因上書稱說，詔以為太子舍人、門大夫，遷博士。

顏師古注「稱說」二字云：「稱師法而說其義也。」然則晁錯不但上伏生所傳書，且說引伏生所授義也。明朱西亭《授經圖》，因以晁錯之遷博士為受《尚書》故也。〔註66〕如是，漢尚書博士允推張生與晁錯為最早，而年代明確足徵信者，則唯文帝時晁錯一人而已矣。故王國維《漢魏博士題名考》；尚書博士，即首列張生、晁錯。晁錯受讀身分既異於他弟子，且為文帝書博士，傳人有何比干，顧建元五年春武帝置《尚書》博士，不取晁錯派，反立歐陽；其後，博士十四家，《漢官儀》曰：「書有歐陽和伯、夏侯建、勝。」〔註67〕晁錯一支至銷聲匿迹，絕不復聞，何其怪耶？故金兆梓《今文尚書論》曰：

> 上文言朝錯實受伏生之傳，錯以太常掌故奉詔受書，自必以所受者上之官。下文張生、歐陽生不過伏生教於齊魯間時之弟子耳，以恆理測之，則漢世立於學官者，應為朝氏尚書。何以異日立於學官者，轉為歐陽尚書及張生所授之夏侯尚書。錯所受者何往耶？

推尋其故，晁氏尚書式微有說也。茲從兩方面考查之：

甲、就武帝立書博士考查：武帝時先後以尚書立博士官者厥有：孔安國、孔延年、歐陽高。《史記・孔子世家》曰：

〔註66〕朱西亭《授經圖》卷三：「文帝即位初，遣晁錯受尚書伏生所，還因上書稱說，帝說，詔錯為太子舍人、門大夫，尋遷博士。」
〔註67〕見《後漢書・徐防傳》注引。案歐陽和伯當是歐陽高。

子襄生忠，忠生武，武生延年及安國。安國爲今皇帝博士，至臨淮
太守，蚤卒。

又《漢書·孔光傳》曰：

孔光，字子夏，孔子十四世之孫也。孔子生伯魚鯉，鯉生子思伋，
伋生子上帛，帛生子家求，求生子眞箕，箕生子高穿，穿生順，順
爲魏相。順生鮒，鮒爲陳涉博士，死陳下。鮒弟子襄爲孝惠博士、
長沙太傅。襄生忠，忠生武及安國，武生延年，延年生霸，字次孺。
霸生光焉。安國、延年皆以治尚書，爲武帝博士。

案孔延年生平無考，至於孔安國所傳，學者多謂乃古文尚書是也，出自孔壁，
安國悉得其書，以今文讀之，因起古文家法，授都尉朝，司馬遷亦嘗從問焉。
《漢書·儒林傳》載其事，曰：

孔氏有古文尚書，孔安國以今文讀之，因以起其家，逸書得十餘篇，
蓋尚書茲多於是矣。遭巫蠱，未立於學官。安國爲諫大夫，授都尉朝。

劉歆〈移太常博士書〉亦曰：

及魯恭王壞孔子宅，欲以爲宮，而得古文於壞壁之中，逸禮有三十
九篇，書十六篇。天漢之後，孔安國獻之，遭巫蠱倉卒之難，未及
施行。及春秋左氏丘明所修，皆古文舊書，多者二十餘通，藏於秘
府，伏而未發。孝成皇帝閔學殘文缺，稍離其眞，乃陳發秘藏，校
理舊文，得此三事，以考學官所傳，經或脫簡，傳或間編。博問民
間，則有魯國桓公、趙國貫公、膠東庸生之遺學，與此同。抑而未
施，此乃有識者之所惜閔，士君子之所嗟痛也。

綜歸上文，古文洵未立學官，然則安國以《尚書》爲博士者，蓋亦兼習今文
矣。王國維云：

史記儒林傳言申公弟子爲博士者十餘人，孔安國至臨淮太守。是安國
本治魯詩，亦兼治尚書者，太史公所謂伏生得二十九篇即以教於齊魯
之間，學者由是頗能言尚書，諸山東大師無不涉尚書以教者。故周霸
以申公弟子頗能言尚書，安國亦以申公弟子爲尚書博士也。兒寬傳：
寬受業歐陽生，復詣博士受業，受業孔安國，復以授歐陽生子。是安
國爲尚書博士之證。又安國之學，再傳而復爲歐陽，此又其傳今文尚
書之證也。其所得古文尚書自傳於家，非博士職所當授也。〔註68〕

〔註68〕 見王氏著《漢魏博士題名考》卷上。

王氏說甚是。兒寬傳歐陽和伯學，再習孔安國業，張湯雅愛之，湯遷御史大夫，寬為掾，湯乃薦諸武帝，武帝與語經學，說之，翻然悟《尚書》為可觀，遂從寬問一篇。其後尚書學宗寬，歐陽、大小夏侯悉從寬出。由此觀之，歐陽、大小夏侯之盛，洵因武帝寵幸兒寬，而兒寬之見寵幸，則緣張湯有力推挽故也。反觀晁錯弟子何比干，職不過廷尉正，而數與張湯爭，湯深刻而比干務仁恕，湯嗜刑殺而比干濟活千數，齟齬違離，視同仇讎。湯既力能薦寬，何其不能遮迫比干歟！晁氏尚書廢退，良有以也。

　　乙、就晁氏學風考查：晁錯尚書學承自伏生，而伏生尚書原是齊學。《史記・儒林傳》曰：「言尚書：自濟南伏生。」濟南即齊地，故衛宏〈詔定古文尚書序〉云：「齊人語多與潁川異。」齊學特色舉大端有下列二項：

　　子、言災異，多駁雜：案齊地原為古諸子所萃聚也，復以頻海帶山，民性闊達足智，〔註69〕故齊學尊百家，龐雜不純，雖號稱恢宏，實多非常可怪之論也。皮錫瑞《經學歷史》曰：

> 漢有一種天人之學，而齊學尤甚。伏傳五行，齊詩五際，公羊春秋
> 多言災異；皆齊學也。

「伏傳五行」，即「洪範五行傳」，乃鄒衍陰陽數術與秦漢經說結合之產物也。《漢書・五行志》著錄該傳文，補注引王鳴盛《十七史商榷》云：「志先引經，是尚書洪範文。次引傳是伏生洪範五行傳文。又次引說，是歐陽、大小夏侯等說，當時列於學官，博士所習者。以下歷引春秋及漢事證之，所採皆仲舒、向、歆說也。」茲迻錄首條，以見一班：

> 經曰：初一曰五行：一曰水，二曰火，三曰木，四曰金，五曰土。
> 水曰潤下，火曰炎上，木曰曲直，金曰從革。
> 傳曰：田獵不宿，飲食不享，出入不節，奪民農時，及有姦謀，則
> 木不曲直。
> 說曰：木，東方也。於易，地上之木為觀；其於王事，威儀容貌亦
> 可觀者也。故行步有佩玉之度，登車有和鸞之節，田狩有三驅之制，
> 飲食有享獻之禮，出入有名，使民以時，務在勸農桑，謀在安百姓。

〔註69〕《史記・貨殖傳》：「臨淄亦海岱之間一都會也，其俗寬緩闊達而足智好議論。」又〈齊世家〉：「太史公曰：吾適齊，自泰山屬之琅邪，北被於海，膏壤二千里，其民闊達多匿知，其天性也。」陳槃《春秋齊魯兩地風俗論略》：「案匿同慝，邪也；知同智；然則匿知就是邪說。」

如此，則木得其性矣。若迺田獵馳騁不反宮室，飲食沈緬不顧法度，妄興繇役以奪民時，作爲姦詐以傷民財，則木失性矣。蓋工匠之爲輪矢者多傷敗，及木爲變怪，是爲木不曲直。

春秋成公十六年：正月，雨木冰。劉歆以爲上陽施不下通，下陰施不上達，故雨而木爲之冰霧氣寒，木不曲直也。劉向以爲冰者陰之盛而水滯者也，木者少陽，貴臣卿大夫之象也，此人將有害則陰氣脅木，木先寒，故得雨而冰也。是時叔孫喬如出奔、公子偃誅死。一曰：時晉執季孫行父，又執公，此執辱之異。或曰：今之長老名木冰爲木介，介者甲，甲、兵象也，是歲晉有鄢陵之戰，楚王傷目而敗，屬常雨。

其假經設誼，增採雜說以推衍擴充，庶幾使〈洪範〉成爲漢代陰陽五行說之總匯。馬宗霍謂此係兒寬、歐陽、夏侯一系所發揮者。馬氏曰：

齊學喜言天人之理，魯學則頗守典章制度。蓋戰國時，齊有騶衍善談天，深觀陰陽消息，而作怪迂之變，……於是流風所被，至漢不替。……尚書則伏生大傳有洪範五行傳，夏侯氏衍之於前，劉向敘之於後，而兒寬初見武帝語經學，上曰：「吾始以尚書爲樸學，弗好，及聞寬說可觀。」乃從寬問一篇，可見寬說必有新異可喜者，故上言云然，寬之學即傳自伏生，而歐陽、夏侯之所出也。〔註70〕

丑、多治才，擅用事：案齊地爲呂太公之封國也。太公佐文、武，擴疆土，服鄰邦，遂使西伯三分天下有其二，整軍經武，以撻伐商王紂。天下既定，周公封魯，太公封齊，二公治術迥異，齊魯用是分塗也。《淮南子·齊俗訓》曰：

昔太公望、周公受封，已而相見。太公問周公曰：「何以治魯？」周公曰：「尊尊親親。」太公曰：「魯從此弱矣。」周公問太公曰：「何以治齊？」太公曰：「舉賢而上功。」周公曰：「後世必有劫殺之君。」其後，齊日以大，至於霸，二十四世而田氏代之。魯日以削，至三十二世而亡。

「尊尊親親」者，行禮治，守常道。「舉賢而上功」者，講現實，通權變。其政績則有速緩王霸之別。《說苑·政理篇》曰：

伯禽與太公俱受封，而各之國。三年，太公來朝，周公問曰：「何治之疾也？」對曰：「尊賢，先疏後親，先義後仁也。」此霸者之迹也。周公曰：「太公之澤及五世。」五年，伯禽來朝，周公問曰：「何治之難？」

〔註70〕 見馬氏著《經學歷史》第六篇。

對曰：「親親者，先內後外，先仁後義也。」此王者之迹也。周公曰：

「魯之澤及十世。」故魯有王迹者仁厚也，齊有霸迹者武政也。

可知齊教本義在圖霸強，故齊俗務崇功名也。《漢書‧地理志》曰：

初太公治齊，修道術，尊賢智，賞有功，故至今其土多好經術、矜

功名，舒緩闊達而足智。

職是之故，今文家說《尚書》，率借經以論政，不重訓詁，且多仕宦有成、政

績卓著，其佼佼顯譽者，如次：

晁錯：御史大夫

兒寬：御史大夫

何比干：丹陽都尉

林尊：太子太傅

平當：丞相

陳翁生：信都太傅

龔勝：右扶風

鮑宣：司隸校尉

夏侯始昌：昌邑王太傅

夏侯勝：太子太傅

黃霸：丞相

周堪：光祿勳

孔霸：高密相

孔光：丞相

夏侯建：太子太傅

張山拊：光祿大夫

班伯：水衡都尉

伏生尚書具此風尚，學術與事功結合，通經致用也。

　　晁錯從伏生受《尚書》，影響深鉅者乃第二項也。蓋晁錯本專治刑名於張
恢生，法家尚實圖強為錯所亟務，其尚書學則奉旨受讀於後，其本學及性格
皆重在法術也。通經致用與法家銳意治術適相值，錯乃援引儒學以為階，而
刑名為之本。所以如此者，固以法家習染有自來，抑今文尚書之齊氣輔之也。
故錢穆曰：「齊學言尚書自伏生，其傳為晁錯，亦擅事用權。」〔註71〕晁錯不

─────────────

〔註71〕見錢氏著《兩漢博士家法考》，收於《兩漢經學今古文平議》。

言災異，而援儒用法，所取在此，所用在彼，特以當世事務自任，非措意於教授焉，其弟子紹承師風，以治術稱「何公」，〔註72〕亦非措意於教授焉，故比干之後更索無人，晁氏尙書沈晦矣。

附錄：晁錯思想儒主法輔說析論

晁錯之思想本質，爲一法家爲主而輔以儒學之雜家學者，就其行事、學風、政論（詳下本論第三、四、五及餘論第六章）考之，足證大體不誤，此法、儒主從關係確乎不可移易也，《史記》、《漢書》及歷代史家泰半贊成之，唯近世一二學者有反以儒居要而降法爲次之說法，如是，則於晁錯政論之所從產生、設計與夫其慘遭刑戮之因由，難以說解，職是之故特附錄本節略作析釋，非敢於先賢不敬，嘗試爲之耳。

戴君仁曰：

> 漢書藝文志把他列入法家。據本傳說，他學申商刑名於軹張恢生所。他學的是法，爲人峭直深刻，也確定是法家的性格，把他歸入法家，當然是無問題的。但就他的出身說，卻也是個儒者。本傳說，「以文學爲太常掌故」，文學是儒生之業。而且「當孝文時，天下亡治尙書者，獨聞齊有伏生，故秦博士，治尙書。年九十餘，老不可徵，乃詔太常使人受之。太常遣錯，受尙書伏生所。還，因上書稱說，詔以爲太子舍人、門大夫，遷博士。」所做的是儒生之事。我想晁錯應是個儒而兼法者，說得更確當些，是個儒而實法的學者。他的老師張恢生，本身可能即是如此。顏師古說，張恢是軹縣的儒生，可能是對的；周壽昌駁他，卻不見得對。因爲在史漢中，生字往往是稱儒生的。〔註73〕

以上所述，除受業伏生等一般理由外，主要論據厥爲：（1）晁錯以文學爲太常掌故，而文學是儒生之業；（2）晁錯受業張恢生，「生」字於《史記》、《漢書》用稱儒生。「文學」果爲儒生之專業乎？抑「生」字於《史記》、《漢書》爲儒生之名號耶？試分析如下：

「文學」一詞，由來舊矣。孔子以四科品隲弟子才性之俊秀，有言：「從我於陳蔡者，皆不及門也。德行：顏淵、閔子騫、冉伯牛、仲弓。言語：宰

〔註72〕《後漢書·何敞傳》注引《何氏家傳》，又集解引《三輔決錄》。
〔註73〕見戴氏著《論賈誼的學術並及其前後的學者》。

我、子貢。政事：冉有、季路。文學：子游、子夏。」〔註74〕此「文學」之
始見載籍也。宋邢昺疏云：「文章博學則有子游、子夏。」揚雄《法言‧吾子
篇》亦云：「子游、子夏得其書。」曰文章博學、曰書，則孔門「文學」大不
類今之「文學」矣。蓋「文學」義訓，歷周秦漢魏，代有流變，時異則義轉。
孔門取義最廣，泛指一切書籍知識，猶今人所謂「學問」「學術」，非狹義之
詩詞歌賦者流。郭紹虞述「文學」之流變曰：

> 在文學觀念演進期中可以分爲三個階段，周秦爲一期，兩漢爲一期，
> 魏晉南北朝又爲一期。周秦時期所謂「文學」兼有文章博學二義，
> 文即是學，學不離文，這實是最廣義的文學觀念，也即是最初期的
> 文學觀念。至於兩漢始進一步把「文」與「學」分別而言了，把「文
> 學」與「文章」分別而言了。——用單字則「文」與「學」不同，
> 用連語則「文章」又與「文學」不同。故漢時所謂「文學」雖仍含
> 有學術的意義，但所謂「文」或「文章」便專指詞章而言，頗與近
> 人所稱「文學」之意義相近了。漢時有「文學」「文章」之分，實是
> 文學觀念進程中承前啓後的一個重點關鍵。迨至魏晉南北朝，於是
> 較兩漢更進一步，別「文學」於其他學術之外，於是「文學」一名
> 之含義，始與近人所用者相同。〔註75〕

郭氏既曰「周秦時期文學兼有文章博學二義」，復曰「文即是學，學不離文」，則
文學在後世雖可兩分，於當時必並「文章」與「博學」而一之，非析爲異端也。
推此以言，兩漢以上，「文學」洶「學術」之別稱也。孔門「文學」，《論語》或
省稱「文」、「學」，名互通而誼全同也。其稱「文」者，計有下列諸例：〔註76〕

〔註74〕　《論語‧先進篇》。
〔註75〕　《中國文學批評史》上卷第一篇第二章。
〔註76〕　《論語》「文」凡十六條，除釋「知識學問」六條外，尚有：（一）名詞，典章
　　　　制度：二條。子曰：文王既沒，文不在茲乎。天將喪斯文也，後死者不得與於
　　　　斯文也。天之未喪斯文也，匡人其如予何！（〈子罕篇〉）子曰：吾猶及史之闕
　　　　文也。（〈衛靈公篇〉）（二）名詞，文彩威儀：六條。子曰：周監於二代，郁郁
　　　　乎文哉！吾從周。（〈八佾篇〉）子貢曰：夫子之文章，可得而聞也。夫子之言
　　　　性與天道，不可得而聞也。（〈公冶長篇〉）子貢曰：孔文子何以謂之文？子曰：
　　　　敏而好學，不恥下問，是以謂之文也。（〈公冶長篇〉）子曰：質勝文則野，文
　　　　勝質則史，文質彬彬然後君子。（〈雍也篇〉）公叔文子之臣大夫僎，與文子同
　　　　升諸公。子聞之曰：可以爲文矣。（〈憲問篇〉）棘子成曰：君子質而已矣，何
　　　　以文爲？子貢曰：惜乎！夫子之說君子也。駟不及舌，文猶質也，質猶文也，
　　　　虎豹之鞟猶犬羊之鞟。（〈顏淵篇〉）（三）動詞，潤飾添加：二條。子路問成人。

子曰：弟子入則孝，出則弟，謹而信，汎愛眾而親仁，行有餘力，
則以學文。（〈學而篇〉）

子曰：博學於文，約之以禮，亦可以弗畔矣。（〈雍也篇〉）

子以四教：文、行、忠、信。（〈述而篇〉）

子曰：文，莫若猶人也。躬行君子，則吾未之有得。（〈述而篇〉）

顏淵喟然歎曰：……夫子循循然善誘人，博我以文，約我以禮。……。
（〈子罕篇〉）

曾子曰：君子以文會友，以友輔仁。（〈顏淵篇〉）

上六條「文」字釋義正如前文所述。蓋藻飾雜采乃「文」之本訓，而組字成
章為其引申義。故始造書契，依類象形以成基本字曰文，形聲相益，合基本
字以孳乳寖多曰字；渾言則文與字同，字亦文也。既而，凡綴屬文字為篇章，
復舉「文」名以綱維之。《釋名・釋言語》：「文者，會集眾采以成錦繡，會集
眾字以成詞誼，如文繡然。」說之明矣。其後，典籍卷帙亦曰文，章太炎曰：
「以有文字著於竹帛，故謂之文。」〔註77〕而典籍卷帙所書內容，又當比類
推演而以「文」謂也。至於「學」，乃「斅」之篆省文字，《說文》：「斅，覺
悟也。」林光義氏曰：「从子在冖下。冖，尚蒙之象。臼，兩手以去其蒙。攴、
聲。」學本訓覺悟者，在使受教者去其蒙蔽用自反自強也，後人轉就受教者
學習論：學者學習也。羅根澤曰：「學字之在先秦，大率用作動詞，……泰半
為學習之義。」〔註78〕諒是。「學」於《論語》共三十六見，以學習為義訓者

子曰：若臧武仲之知，公綽之不欲，卞莊之勇，冉求之藝，文之以禮樂，亦可
以為成人矣。（〈憲問篇〉）子夏曰：小人之過也必文。（〈子張篇〉）

〔註77〕《國故論衡》・〈文學論略〉。

〔註78〕《中國文學批評史》第二篇第一章。唯羅氏以為「學」字作名詞學問知識解
者，始於漢世，周秦之際未見，與筆者異。羅氏曰：「學字之在先秦，大率用
作動詞。論語學而篇所說『學而時習之』，是不用說的了。即同篇所說：『賢
賢易色，事父母能竭其力，事君能致其身，與朋友交言而有信；雖曰未學，
吾必謂之學矣。』也是動詞。此外若荀子，是很重要的了，其書發端首篇就
是『勸學』。但其所謂『學』，亦泰半為『學習』之意，也是動詞。儒效篇謂：
『縱性情而不足問學，則為小人矣。』『問學』似為名詞，但其上文為『知謹
注錯，慎習俗，大積靡，則為君子矣。』兩者正相對為文，知仍為動詞。韓
非子所謂『顯學』之『學』，當然是名詞了；但是指的『學者』，不是指的『學
術』或『學問』。至中庸說：『尊德性而道問學』，自然是名詞，但此段並非先
秦之書。至兩漢，以用『文』括示文學文的緣故，由是『學』遂用名詞，以
名周秦所謂『文』，就是所謂『學術』或『學問』」。

乃多達三十五處，可知一班。〔註79〕〈述而篇〉乙條：

　　子曰：德之不修，學之不講，聞義不能徙，不善不能改，是吾憂也。

「德」與「學」正相對爲文，俱名詞也；「修」與「講」亦相對爲文，俱動詞也。講學者，講求學問知識也；學之不講者，於學問知識難學習也。然則此「學」字，殆與「文學」「文」辭義無別，納一切應知學術之載諸遺文典策者言。儒家憲章文武，祖述堯舜，特崇知識，欲窮盡學術，識事通理，以廣博爲貴妍，若是者流，概名「文學」也。

　　兩漢之際，「文學」「學」，承孔門餘緒，泛論廣義學術；而「文章」「文」專指狹義文學，此外更輔以「文辭」、「文詞」等諸詞誼。派生質變，分用明顯。文學之士，側重傳道業以幹事施政；文章之士，則工藻彙而言語著論。《史記》、《漢書》一目瞭然。如：

　　上鄉儒術，招賢良，趙綰、王臧等以文學爲公卿。（《史記・孝武本紀》）

　　夫齊魯之間，於文學，自古以來，其天性也。（《史記・儒林傳》）

　　董仲舒子及孫，皆以學至大官。（《史記・儒林傳》）

　　漢承秦絕學之後，祖宗之制因時施宜，自元成後，學者滋蕃。（《漢書・韋賢傳》）

　　臣謹案詔書律令下者，明天下分際，通古今之義；文章爾雅，訓辭深厚，恩施甚美；小吏淺聞，不能究宣。（《史記・儒林傳》）

　　文章則司馬遷、相如。（《漢書・公孫弘傳》）

　　又怪屈原文過相如，至不容，作離騷，自投江而死。（《漢書・揚雄傳》）

　　其文直，其事核，不虛美，不隱惡，故謂之實錄。（《漢書・司馬遷傳》）

　　擇郡國吏木訥於文辭，重厚長者，則召除丞相史。（《史記・曹相國世家》）

　　朔文辭不遜，高自稱譽，上偉之。（《漢書・東方朔傳》）

　　天子問治亂之事，申公時已八十餘，老，對曰：「爲治者不在多言，

〔註79〕三十六見者，言凡見者三十六條也，其或乙條內二三重複，亦概以一見數。計：〈學而篇〉四，〈爲政篇〉三，〈公冶長篇〉一，〈雍也篇〉二，〈述而篇〉四，〈泰伯篇〉三，〈子罕篇〉二，〈先進篇〉一，〈顏淵篇〉一，〈子路篇〉一，〈憲問篇〉二，〈衛靈公篇〉三，〈季氏篇〉二，〈陽貨篇〉三，〈子張篇〉四。

顧力行何如耳。」時天子方好文詞，見申公對，默然。〔註80〕（《史記·儒林傳》）

本傳言錯「以文學爲太常掌故」，係指晁錯飽學多識，終不得謂其擅翰墨，如史遷、相如也。唯漢世「文學」視先代益繁複，其可述者：曰專名、曰泛名。晁錯以「文學」任職太常府史，蓋緣專名而來，非「學術」二字足以盡之。泛名者，不異同秦所謂「學術」也，其曉然可識者，如：

初高祖不脩文學，而性明達，好謀能聽，自監門戍卒，見之如舊。（《漢書·高帝紀》）

日者，淮南、衡山修文學，流貨賂，兩國接壤，怵於邪說，而造篡弒。（《漢書·武帝紀》）

夫不好文學，喜任俠，已然諾，諸所與交通，無非豪桀大猾。（《漢書·灌夫傳》）

惟漢繼五帝末流，接三代絕業，周道既廢，秦撥去古文，焚滅詩書，故明堂石室金鎖玉版圖籍散亂。漢興，蕭何次律令，韓信申軍法，張蒼爲章程，叔孫通定禮儀，則文學彬彬稍進。（《漢書·司馬遷傳》）

魯人俗儉嗇，而丙氏尤盛，以鐵冶起，富至鉅萬。然家自父兄子弟約，頫有拾，卬有取，貰貸行賈徧郡國。鄒魯以其故，多去文學而趨利。（《漢書·貨殖傳》）

專名者則察舉科目是也，我國察舉濫觴乎堯舜。〔註81〕西周則鄉論秀士，載於《禮記·王制》；又賓興之禮，載於《周禮·地官》。〔註82〕漢之初興也，以馬上而匹夫得天下，公卿多起自屠販，乃遂平民可以登庸。高祖二年二月癸未「舉民年五十以上，有脩行，能帥眾爲善，置以爲三老，鄉一人。擇鄉

〔註80〕 《漢書·儒林傳》「文詞」作「文辭」。

〔註81〕 《尚書·虞書》載「四岳舉鯀治水，帝曰：異哉，試可乃巳。」又四岳舉舜嗣位，帝曰：「我其試哉。」及舜歷試諸難，帝曰：「格汝舜，詢事考言，乃言底可績。」沈兼士《中國考試制度史》言其爲濫觴。

〔註82〕 《禮記·王制》：「命鄉論秀士，升之司徒曰選士。司徒論選士之秀者而升之學曰俊士。升於司徒者，不征於鄉，升於學者不征於司徒曰造士。……大樂正論造士之秀者，以告于王而升諸司馬曰進士。司馬辨論官材，論進士之賢者，以告於王，而定其論。論定然後官之，任官然後爵之，位定然後祿之。」《周禮·地官》鄉大夫：「三年則大比，攷其德行道藝，而興賢者能者。鄉老及鄉大夫，帥其吏與其眾寡，以禮禮賓之。……獻賢能之書於王。……」

三老一人為縣三老。與縣令丞尉，以事相教。復勿繇戍，以十月賜酒肉。」
十一年二月命郡國求遣「賢士大夫有肯從我游者」，〔註83〕此漢代察舉制度之
起源也。迨文帝二年十一月日蝕災變，文帝下詔舉「賢良方正能直言極諫者」，
鼓勵士子上書言事，於是設科選士肇始焉。〔註84〕其後，制度日趨詳密，而
名目隨時增置。歸納大類，則略分賢良與孝廉兩大科。賢良重材學，孝廉重
品行。以賢良徵選者，常附加稱謂以備一時之需。其科目名稱及年代見於兩
漢者，如后表：

一、西　漢

科　目　名　稱	年　　代	主要動機或原因	選舉人或單位	選舉名額
賢良方正能直言極諫者	文帝二年	日有食之	二三執政	
賢良能直言極諫者	文帝十五年		諸侯、王公、卿、郡守	
賢良方正直言極諫之士	武帝建元元年		丞相、御史、列侯、中千二石、二千石、諸侯相	
賢良明於古今王事之體	武帝元光元年			
賢良文學士	武帝元光五年			
賢良	昭帝始元元年		郡國	
賢良文學高第	昭帝始元五年		三輔、太常	各二人
			郡國	各一人
賢良方正	宣帝本始四年	郡國地震	三輔、太常、內郡國	各一人
賢良方正可親民者	宣帝地節三年		內郡國	
賢良方正直言極諫者	宣帝地節三年	地震		
賢良方正可親民者	宣帝神爵四年			各一人
茂材異等直言極諫之士	元帝初元二年	地震	丞相、御史、中二千石	

〔註83〕　《漢書・高祖本紀》。
〔註84〕　《漢書・文帝本紀》：「十一月癸卯晦，日有食之。詔曰：朕聞之，天生民，
　　　　　為之置君以養治之。人主不德，布政不均，則天示之災，以戒不治。乃十一
　　　　　月晦，日有食之，適見于天。災孰大焉？朕獲保宗廟，以微眇之身，託於士
　　　　　民君王之上，天下治亂在予一人。唯二三執政，猶吾股肱也。朕下不能治育
　　　　　群生，上以累三光之明，其不德大矣。令至，其悉思朕之過失及知見之所不
　　　　　及，匄以啓告朕。及舉賢良方正能直言極諫者，以匡朕之不逮。」沈兼士言
　　　　　此為對策、射策之起源，二千年來對策即沿襲此例也。（參見《中國考試制度
　　　　　史》第三章）曾維垣亦言高祖下詔求賢，並未設立科目，設科選士始文帝此
　　　　　詔。（參見《兩漢選士制度》第二章）

茂材異等賢良直言之士	元帝永光二年	日有食之	內郡國	各一人
賢良方正	成帝建始二年		三輔、內郡國	各一人
賢良方正能直言極諫之士	成帝建始二年	日蝕地震	丞相、御史、將軍、列侯、中二千石、內郡國	
惇厚有行能直言之士	成帝河平四年	日有食之	光祿大夫、博士	
敦厚有行義能直言者	成帝鴻嘉二年			
賢良方正能直言極諫者	成帝元延元年	日食星隕孛（慧星）見	公卿、內郡國	各一人
賢良方正及能直言者	哀帝元壽元年	日食	公卿、大夫、將軍、列侯、中二千石	各一人
敦厚能直言者	平帝元始元年	日有食之	公卿、將相、二千石	各一人

二、東　漢

科　目　名　稱	年　　代	主要動機或原因	選舉人或單位	選舉名額
賢良方正	光武帝建武六年	感德薄內疚	公卿	各一人
賢良方正	光武帝建武七年	日月薄食	公卿、司隸州牧	各一人
賢良方正能直言極諫之士	章帝建初元年	無德災見	太傅、三公、中二千石、郡國守相	各一人
直言極諫能直朕之過失者	章帝建初五年	日有食之	公卿已下	各一人
賢良方正能直言極諫之士	和帝永元六年	陰陽不和水旱違度	三公、中二千石、二千石內郡守相	各一人
賢良方正有道德之士、明政術、達古今能直言極諫者	安帝永初元年	日有食之	公卿、內外眾官、郡國守相	各一人
賢良方正有道術達於政化能直言極諫之士	安帝永初五年	統理失中思以輔不逮	三公、特進侯、中二千石、二千石郡守諸侯相	各一人
賢良方正能直言極諫之士	順帝即位（安帝延光四年）	京師大疫	公卿、郡守國相	各一人
賢良方正能探賾索隱者	順帝漢安元年	宗祀明堂	大將軍、公卿	各一人
賢良方正幽逸修道之士	沖帝即位（順帝建康元年）	京師等地地震水涌土裂	三公、特進侯卿、校尉	各一人
賢良方正能直言極諫之士	桓帝建和元年	京師地震	大將軍、公卿	各一人
賢良方正能直言極諫之士	桓帝建和元年	日有食之	大將軍、三公、特進侯卿、校尉	各一人
賢良方正能直言極諫之士	桓帝永興二年	京師地震	公卿、校尉	各一人
賢良方正能直言極諫之士	桓帝延熹八年	日有食之	公卿、校尉	
賢良方正	桓帝永康元年	京師地震日有食之	公卿、校尉	

　　以上皆與賢良歸爲一類。《事物紀原》學校舉貢部曰：「通謂之賢良也。」
兩漢經由詔舉賢良，內外號稱得人。據《文獻通考》卷三十三選舉考六，登
錄之才士：〔註85〕

（一）西　漢
　　晁　錯　　以太子家令舉，遷授中大夫。
　　董仲舒　　以博士舉，遷授江都相。
　　公孫弘　　以博士舉，遷授待詔。
　　杜　欣　　以武庫令舉，遷授議郎。
　　嚴　助　　郡舉，擢授中大夫。
　　朱　雲　　以博士舉，遷授槐里令。
　　王　吉　　以雲陽令舉，遷授昌邑中尉。
　　貢　禹　　以博士舉，遷授河南令。
　　魏　相　　郡卒史舉，遷授茂陵令。
　　蓋寬饒　　以郎舉，遷諫大夫。
　　孔　光　　以議郎舉，遷授諫大夫。
　　谷　永　　以太常丞舉，待詔公車。
　　杜　鄴　　以涼州刺士舉，不及拜官卒。
　　何　武　　以太守卒史舉，遷授諫大夫。
　　轅　固　　以清河王太傅舉，尋罷歸里。
　　黃　霸　　以丞相長史舉，遷揚州刺史。
　　朱　邑　　以太守卒史舉，遷大司農丞。

（二）東　漢
　　魯　丕　　郡功曹舉，遷議郎。
　　中屠剛
　　蘇　章
　　李　法

〔註85〕兩漢以賢良舉者實不止此數，即以西漢爲例，如：兒寬、平當、梅福、韓延
　　　　壽、匡衡（以上具見本傳）、鄭崇（《蓋寬饒傳》）、趙綰、王臧（以上見〈郊
　　　　祀志〉）等。〈儒林傳〉言武帝「延文學儒者以百數」，而〈公孫賀傳〉贊論昭
　　　　帝時鹽鐵議曰：「當此之時，英俊並延，賢良茂陵唐生，文學魯國萬生之徒六
　　　　十有餘人。」蓋可推知也。

　　爰　延
　　崔　駰
　　周　燮　　　不就。
　　荀　淑
　　皇甫規
　　張　奐
　　劉　焉

　　晁錯「以太子家令舉，遷授中大夫」，事在文帝十五年。《漢書・文帝紀》十五年：「九年，詔諸侯王公卿郡守舉賢良能直言極諫者，上親策之，傅納以言。」本傳曰：「詔有司舉賢良文學士，錯在選中，上親策。」時晁錯爲平陽侯曹窋、汝陰侯夏侯竈、穎陰侯灌河、廷尉宜昌、隴西太守公孫昆邪所共薦，與百餘人應廷策，唯錯爲高第，繇是遷中大夫。而此次廷策，乃漢廷策士之始，亦歷代策士之始，馬端臨曰：「按自孝文策晁錯之後，賢良方正皆承親策，上親覽而第其優劣。」〔註86〕允推中國選士制度史之盛事也。若夫錯「以文學爲太常掌故」，則史傳未詳年月。考錯於文帝朝，居職凡五（六）遷：（一）爲太常掌故；（二）爲太子舍人、門大夫；〔註87〕（三）遷博士；（四）爲太子家令；（五）遷中大夫。其擢用之故：以文學任太常掌故；以受讀《尙書》，稱說師法，爲太子舍人、門大夫，遷博士；以上書言太子教育，拜太子家令；以詔舉賢良文學，對策第一，遷中大夫；以上具見《漢書》本傳。由是觀之，「以文學爲太常掌故」，宜乎最早。王先謙《漢書》補注於文帝十五年親策下引周壽昌曰：「前此，即位二年詔舉賢良方正能直言極諫者，未聞舉何人。至是（十五年詔）始以三道策士，〔註88〕而晁錯以高第由太子家令遷中大夫。」文帝二年以日蝕開科，應選者未聞，而錯傳「以文學爲太常掌故」，在十五年前，或當繫此也。錯以「文學」，首入仕爲太常掌故，再登庸爲中大夫，「文

〔註86〕　《文獻通考》三十三選舉考六。
〔註87〕　又可作六遷，蓋「太子舍人門大夫」爲二。顏師古注：「初爲舍人，又爲門大夫。」太子舍人，秩二百石。太子門大夫，秩六百石。
〔註88〕　文帝詔：「……故詔有司諸侯王三公及九卿及主郡吏，各帥其志，以選賢良，明於國家之大體，通於人事之終始，及能直言極諫者，各有人數，將以匡朕之不逮。二三大夫之行，當此三道，朕甚嘉之。故登大夫之朝，親諭朕志。大夫其上三道之要，及永惟朕之不德，吏之不平，政之不宣，民之不寧。四者之闕，悉陳其志，毋有所隱。」云云，張晏曰：「三道：國體，人事，直言也。」

學」晁錯進身之要階也，毋庸置疑矣。

　　至於「文學是儒生之業」〔註89〕藉證明晁錯之儒家本色，則有待詳考。
蓋「文學」一詞雖推原自孔門四科，顧非孔門所獨用也。《論語》而外，先秦
典籍敘及者夥，茲附錄二三，以供參稽：

　　凡出言談，由文學之為道也。則不可而不先立義法，若言而無義，
　　譬猶立朝夕於員鈞之上也。則雖有巧工，必不能得正焉。（《墨子‧
　　非命》中）

　　奚謂淫道？為辯知者貴，游宦者仕，文學私名顯之謂也。三者不塞，
　　則民不戰而事失矣。……故欲戰其民者，必以重法，賞則必多，威
　　則必嚴，淫道必塞，為辯知者不貴，游宦者不仕，文學私名不顯。（《商
　　君書　外內篇》）

　　藏書策，習談論，聚徒役，服文學而議說，世主必從而禮之，曰：
　　敬賢士，先王之道也。夫吏之所稅，耕者也；上之所養，學士也。
　　耕者則重稅，學士則多賞；而索民之疾作而少言談，不可得也。（《韓
　　非子　顯學篇》）

　　今修文學，習言談，則無耕之勞而有富之實，無戰之危而有貴之尊，
　　則人孰不為。（《韓非子　五蠹篇》）

　　學道立方，離法之民也，而世尊之曰：文學之士也。（《韓非子　六
　　反篇》）

　　博習辯智如孔墨，孔墨不耕耨，則國何得焉？修孝寡欲如曾、史，
　　曾、史不攻戰，則國何利焉？匹夫有私便，人主有公利。不作而養
　　足，不仕而名顯，此私便也。息文學而明法度，塞私便而一功勞，
　　此公利也。錯法以道民也，而又貴文學，則民之師法也疑。賞功以
　　勸民也，而又尊行修，則民之產利也惰。夫貴文學以疑法，尊行修
　　以貳功，索國之富強，不可得也。（《韓非子　八說篇》）

　　捷敏辯給，繁於文采，則見以為史；殊釋文學，以質性言，則見以
　　為鄙；時稱詩書，道法往古，則見以為誦。此臣非之所以難而重患
　　也。（《韓非子　難言篇》）

〔註89〕同註73。

故中牟、胥己仕，而中牟之民棄田圃而隨文學者，邑之半。(《韓非子　外儲說》左上)

今世之以偃兵疾說者，終身用兵而不自知悖，故說雖彊，談雖辯，文學雖博，猶不見聽。(《呂氏春秋　孟秋紀蕩兵篇》)

中謝，細人也。一言而令威王不聞先王之術，文學之士不得進，令昭螯得行其私；故細人之言，不可不察也。(《呂氏春秋　先識覽去宥篇》)

以上諸說，散見諸子群書，足證兩漢以前，文學乃各家共用，非儒門所壟斷也。唯儒家者流游文於六經之中，專傳六藝之言，流俗以其飽讀經典，多目為文學之士。譬如法家疾私學謗政，淆亂視聽，故反文學極烈，韓非書屢屢鄙薄「文學」與「文學之士」，而歷代法家概以儒家釋之，〔註90〕此不免穿鑿比附，拘執太甚焉。羅根澤於《韓非‧八說篇》「息文學而明法度」云云，曰：「在這句話的前面既說：『博習辯智如孔墨，孔墨不耕耨，則國何得焉？』知所謂文學者就是指的『博習辯智如孔墨』的人物，所以五蠹篇也說：『儒以文亂法。』這也足以證明其所謂文學是指一切學問。」〔註91〕此言切近事實。又譬如墨翟者，廁身賤民，日夜不休，以自苦為極，初學於孔，卒而非儒；亦以為言談者須文學以為基，基已奠而繩以儀法，如此，則改良國家政刑、兼利天下萬民也。若儒門專擅文學，它學派絕不可用，以儒墨之相非，墨徒將杜口不談文學矣。綜觀引錄諸文，參酌研究，文學旨義蓋可覘知矣。

降及漢初，厥旨不變，推文學以應選舉者宜亦然也。直至武帝罷黜百家，獨尊儒術，置經學博士，於是諸子見棄於館閣，為文學者乃專攻經書，賢良文學遂悉數為儒生。故儒未獨尊前，文學可兼習襍說，儒既獨尊後，文學純粹儒術矣。顏師古《漢書‧西域傳》注：「為文學，謂學經書之人。」當如是觀，斯為無誤。前文曾附錄漢「文學」採行泛名以「學術」為誼者數例，如「初高祖不脩文學」、「(灌)夫不好文學」、「淮南、衡山修文學」、「文學彬彬稍進」、「去文學而趨利」，皆不得取「儒術」以替代之。茲中尤明確有據者：淮南、衡山修道德，結門下賓客撰淮南鴻烈之書，內二十一篇，外三十三篇，班固列諸雜家；而劉向父劉德，武帝時奉詔治淮南獄，得枕中鴻寶苑秘書及鄒衍重道延命方，

〔註90〕 如王先慎《韓非子集解》、陳啓天《韓非子校釋》、陳奇猷《韓非子集釋》、梁啓雄《韓非子淺解》、邵增樺《韓非子今註今譯》等。
〔註91〕 見羅氏著《中國文學批評史》第一篇第三章。

此陰陽方士論神僊黃白之事也。〔註92〕再者，司馬遷曰：「漢興，蕭何次律令，韓信申軍法，張蒼爲章程，叔孫通定禮儀；則文學彬彬稍進。」律令、章程具是法，軍法則爲兵，唯獨叔孫通號「聖人」，曾引魯儒生三十餘人與百餘弟子治朝儀，制作儀品十六篇，堪稱爲儒學。〔註93〕然則彬彬然稍盛之「文學」，固總聚萬方，殆不可偏廢矣。其他足資徵信者猶多，舉其大要，如：

（1）《史記・田敬仲世家》曰：「（齊）宣王喜文學游說之士，自如騶衍、淳于髡、田駢、接予、愼到、環淵之徒七十六人，皆賜列第，爲上大夫，不治而議論，是以齊稷下學士復盛，且數百千人。」稷下學者以文學游說而見重於齊宣王，故泰半爲「文學之士」也。然稷下學風煩亂多歧，豈可勝道哉？騶衍治陰陽五行，作主運、終始、大聖等怪迂之變；淳于髡慕雜家晏嬰之爲人，而承意觀色爲務；愼到、田駢、接予、環淵皆學黃老道德之術；此司馬遷一一筆諸〈孟荀列傳〉，司馬遷自書之矣，儻漢世視「文學」爲儒者之專業，史遷自然辨章分別矣。

（2）武帝三度下詔選舉，《史記・汲黯傳》：「天子方招文學儒者。」〈封禪書〉：「上鄉儒術，招賢良，趙綰、王臧等以文學爲公卿。」〈儒林傳〉：「延文學儒者以百數，而公孫弘以春秋，白衣爲天子三公，封以平津侯。」《漢書・董仲舒傳》：「舉賢良文學之士前後百數，而仲舒以賢良對策焉。」賢良文學與儒學宜其密切也。然班固於〈東方朔傳〉曰：「武帝初即位，徵天下舉方正賢良文學材力之士，待以不次之位，四方士多上書言得失，自衒鬻者以千數，其不足采者輒報聞罷。朔初來，上書曰：『臣朔少失父母，長養兄嫂，年十三學書，三冬，文史足用。十五學擊劍，十六學詩書，誦二十二萬言，十九學孫吳兵法，戰陣之具、鉦鼓之教，亦誦二十二萬言。凡臣朔固已誦四十四萬言，又常服子路之言。臣朔年二十二，長九尺三寸，目若懸珠，齒若編貝，勇若孟賁，捷若慶忌，廉若鮑叔，信若尾生。若此，可以爲天子大臣矣。臣朔昧死再拜以聞。』朔文辭不遜，高自稱譽、上偉之，令待詔公車。……久之，朔上書陳農戰彊國之計，因自訟獨不得大官，欲求試用，其言專商鞅韓非之語也。」東方朔學行不純，而若東方朔者以千數，如此之徒可以應舉，足證時賢良文學固不以儒士爲限也。正緣此故，是以衛綰奏請：「所舉賢良或

〔註92〕　參見《漢書・楚元王傳》。
〔註93〕　詳參《史記》、《漢書》〈叔孫傳〉。又王充《論衡》：「高祖詔叔孫通制作儀品十六篇。」

治申、商、韓非、蘇秦、張儀之言，亂國政，請皆罷。」〔註94〕董仲舒奏請：
「今師異道，人異論，百家殊方，指意不同，是以上亡以持一統，法制數變，
下不知所守。臣愚以爲諸不在六藝之科、孔子之術者，皆絕其道，勿使並進。
邪辟之說滅息，然後統紀可一而法度可明，民知所從矣。」〔註95〕否則，衛
縮、仲舒之請，豈非無的放矢耶？

（3）昭帝始元六年，徵賢良文學問以治亂，與在朝公卿丞相車千秋、御
史大夫桑弘羊等，反覆論辯鹽鐵、酒榷、均輸。宣帝時，桓寬推衍增廣，極
其過程，著數萬言，成《鹽鐵論》。大夫文學彼此譏諷攻訐、勢同水火，〈相
刺篇〉大夫責賢良文學曰：「所謂文學高第者，智略能明先王之術，而姿質足
以履行其道，故居則爲人師，用則爲世法。今文學言治則稱堯舜，道行則言
孔墨，授之政則不達。懷古道而不能行，言直而行枉，道是而情非。衣冠有
以殊於鄉曲，而實無以異凡人。」鹽鐵論難去武帝罷諸子有年矣，而賢良文
學猶誦及墨學，遺風餘沫中人深矣。總而言之，前乎武帝獨尊儒術，所謂賢
良文學者，直如武帝制：「賢良修絜、博習之士」，〔註96〕率人人有幸而獲選，
未嘗觝排他家爲異端也。晁錯死於孝景朝，舉賢良文學更在文帝時。今欲假
「文學是儒生之業」，用證晁錯爲儒家，終嫌堅實蔑如也。

再者，戴先生又曰：「我想晁錯應是儒兼法者，說得更確當些，是個儒而
實法的學者。他的老師張恢生，本身可能即是如此。顏師古說，張恢是軹縣
的儒生，可能是對的；周壽昌駁他，卻不見得對。因爲在史漢中，生字往往
是稱儒生的。」又自注：「如秦始皇本紀及叔孫通傳中之諸生，皆是儒生。」
〔註97〕史漢及注家原文如下：

> 晁錯者，潁川人也。學申商刑名於軹張恢先所，與雒陽宋孟及劉禮
> 同師。(《史記》)
> 集解：徐廣曰：先，即先生。
> 索隱：軹縣人張恢先生，所學申商之法。
> 晁錯，潁川人也。學申商刑名於軹張恢生所，與雒陽宋孟及劉帶同

〔註94〕見《漢書・武帝紀》建元元年。
〔註95〕見《漢書・董仲舒傳》。
〔註96〕《漢書・董仲舒傳》：「武帝即位，舉賢良文學之士前後百數，而董仲舒以賢
良對策焉。制曰：『……故廣延四方之豪儁，郡國諸侯公選賢良修絜博習之士，
欲聞大道之要，至論之極。……』」
〔註97〕同註73。

師。（《漢書》）

師古曰：軹縣之儒生，姓張名恢，錯從之受申商法也。

補注：周壽昌曰：傳明云學申商刑名與張恢生，是生乃刑名家，非
儒家，安得稱儒生？生亦先生也。史記作張恢先，徐廣注：「先，即
先生。」索隱：「軹縣人張恢先生。」蓋生爲先生，先亦爲先生也。
此傳：「鄧先」，顏注：「鄧先，猶云鄧先生也。」梅福傳：「叔孫先
非不忠也。」注：「先，先生。」貢禹傳：「朕以生有伯夷之廉。」
注：「生，先生也。」

案「先生」原爲對人之通稱，俗省稱「生」。秦漢以前耳熟能詳而見諸《史記》
者，譬如：鬼谷先生（鬼谷子；見〈蘇秦傳〉、〈張儀傳〉）、張祿先生（范雎；
見〈穰侯傳〉）、史舉先生（甘茂師；見〈甘茂傳〉）、淳于先生（淳于髡；見
〈孟子荀卿傳〉）、馮先生（馮驩；見〈孟嘗君傳〉）、毛先生（毛遂；見〈平
原君傳〉）、散宜生（見〈周本紀〉、〈齊太公世家〉）、安期生（見〈封禪書〉）、
尾生（古之信者，見〈蘇秦傳〉）、蘇生（蘇秦，見〈蘇秦傳〉）、侯生（侯嬴，
見〈魏公子傳〉）。漢世因習不改，而或省稱「先」。「諸生」之始義，蓋亦猶
此也。司馬貞《史記·儒林傳》索隱：「云生者，自漢已來，儒者皆號生，亦
先生也，省字呼之耳。」可知「生」爲儒生，乃漢人新義，非自古已然，否
則毋庸贅述「自漢已來」四字也。漢人所以謂「生」爲儒生者，其理由正與
文學因罷黜百家而後盡是儒士同。茲翻檢《史記》、《漢書》，凡舉用「先生」、
「生」、「先」、「諸生」諸詞，有爲儒生者，有非儒生者。即以〈儒林傳〉諸
先生爲例，諸先生皆以儒業入傳，如：

易：田生（田何）、服生、項生。

書：伏生（伏勝）、張生、歐陽生（歐陽和伯）、翁生。

詩：轅固生、韓生（韓嬰）、韓生（孝宣時涿郡人）、許生、唐生、
褚生、張生、賁生。

禮：高堂生、徐生。

春秋：胡母生（胡母子都）、董生（董仲舒）、江生（瑕丘人）。

上諸先生不僅知其必爲儒生，更知其精通何經業，乃儒生之稱生者也。然〈儒
林傳〉中有黃生者，則非儒生矣。黃生事蹟據《史記》載：

清河王太傅轅固生者，齊人也。以治詩，孝景時爲博士。與黃生爭
論景帝前。黃生曰：「湯武非受命，乃弒也。」轅固生曰：「不然。

夫桀紂虐亂，天下之心皆歸湯武，湯武與天下之心而誅桀紂。桀紂之民不爲之使而歸湯武，湯武不得已而立，非受命爲何？」黃生曰：「冠雖敝，必加於首；履雖新，必關於足。何者？上下之分也。今桀紂雖失道，然君上也；湯武雖聖，臣下也。夫主有失行，臣下不能正言匡過以尊天子，反因過而誅之，代立踐南面。非弒而何也？」轅固生曰：「必若所云是，高帝代秦即天子位，非邪？」於是景帝曰：「食肉不食馬肝，不爲不知味。言學者無言湯武受命，不爲愚。」遂罷。是後學者莫敢明受命放殺者。

按征誅之義，爲儒家所共執。孟子曰：「賊仁者謂之賊，賊義者謂之殘；殘賊之人，謂之一夫。聞誅一夫紂矣，未聞弒君也。」〔註98〕雖以荀子之尊君，亦曰：「桀紂無天下，而湯武不弒君。」〔註99〕法家則一反其道，韓非言：「堯舜湯武或反君臣之義，亂後世之教者也。堯爲人君而君其臣，舜爲人臣而臣其君，湯武爲人臣而弒其主，刑其尸，而天下譽之，此天下所以至今不治者也。」〔註100〕黃生之言適與韓非相合，則黃生乃刑名家也。故蕭公權先生曰：「黃轅爭論爲法儒思想衝突之一例。」〔註101〕又《史記・樂毅傳》太史公曰：「樂臣公學黃帝老子，其本師曰河上丈人，不知所出，河上丈人傳安期生。」安期生道家者流也。至若〈始皇本紀〉，「諸生」但三見，具在三十五年俗所謂「阬儒」事件中，文曰：

始皇聞亡，乃大怒曰：「吾則收天下書，不中用者盡去之，悉召文學方術士甚眾，欲以興太平，方士欲練以求奇藥。今聞韓眾去不報，徐巿等費以巨萬計，終不得藥，徒姦利相告日聞。盧生等吾尊賜之甚厚，今乃誹謗我，以重吾不德也。諸生在咸陽者，吾使人廉問，或爲訞言以亂黔首。」於是使御史悉案問諸生，諸生傳相告引，乃自除犯禁者四百六十餘人皆阬之咸陽，使天下知之以懲後，益發謫徙邊。始皇長子扶蘇諫曰：「天下初定，遠方黔首未集，諸生皆誦法孔子，今上皆重法繩之。臣恐天下不安，唯上察之。」始皇怒，使扶蘇北監蒙恬於上郡。

〔註98〕見《孟子・梁惠王》下。
〔註99〕見《荀子・正論篇》。
〔註100〕見《韓非子・忠孝篇》。
〔註101〕見蕭氏著《中國政治思想史》第二編、第八章四節。

阬儒之緣起，始皇自明言之，乃方士如徐巿、韓眾、盧生之徒，費貲巨萬而事無一成，姦利攻訐，製造糾紛，並誹謗始皇以重其不德。故所坑四百六十餘人，必以方士居多。扶蘇諫曰：「諸生皆誦法孔子」，為過激之言也，何以知其然？蓋所阬諸生大要兩類，即始皇言「悉召文學方術士甚眾」之「文學」與「方術士」；文學不必盡誦孔子為儒士，而可以多儒士。彼方術士殺之無益國家，而儒士殺之有害天下，諫宜諫其有用者，扶蘇去方術士不論，獨言儒士，理宜固然。即其不然，則事緣方士起，乃盡殺誦法孔子之儒，而縱放禍首罪魁，何其不相應至甚邪？故阬儒之「諸生」必含方士無誤矣。至如〈叔孫通傳〉之「諸生」，殆可謂儒生，無疑義也。〈叔孫通傳〉曰：

數歲，陳勝起山東，使者以聞。二世召博士諸儒生問曰：「楚戍卒攻蘄入陳，於公何如？」博士諸生三十餘人前曰：「人臣無將，將則反，罪死無赦。願陛下急發兵擊之。」二世怒，作色。叔孫通前謂曰：「諸生言皆非，夫天下為一家，毀郡縣城，鑠其兵，視天下弗復用。且明主在上，法令具於下，使人人奉職，四方輻輳。安有反者？此特群盜鼠竊狗盜耳，何足置齒牙間？郡守尉今捕論，何足憂！」二世喜。盡問諸生，諸生或言反或言盜，於是二世令御史按諸生言反者下吏，非所宜言，諸言盜者皆罷之，迺賜叔孫通帛三十疋衣一襲，拜為博士。通已出宮、反舍。諸生曰：「生何言之諛也。」通曰：「公不知，我幾不免虎口。」迺亡去，之薛。……通之降漢，從儒生弟子百人，然無所進，專言諸故群盜壯士進之。弟子皆罵曰：「事先生數年，幸得從降漢，今不能進臣等，專言大猾，何也？」通迺謂曰：「漢王方蒙矢石爭天下，諸生寧能鬥乎？故先言斬將搴旗之士。諸生且待我，我不忘矣。」……漢王已并天下，……說上曰：「夫儒者難與進取，可與守成。臣願徵魯諸生與臣弟子，共起朝儀。」……於是通使徵魯諸生三十餘人。魯有兩生不肯行，……通笑曰：「若眞鄙儒，不知時變。」遂與所徵三十人西，及上左右為學者，與其弟子百餘人，為緜蕞野外，習之月餘。通曰：「上可試觀。」……於是高帝曰：「吾迺今日知為皇帝之貴也。」迺拜通為奉常，賜金五百斤。通因進曰：「諸弟子儒生隨臣久矣，與臣共為儀，願陛下官之。」高帝悉以為郎，通出，皆以五百斤金賜諸生。諸生迺喜曰：「叔孫生誠聖人，知當世之要務。」

奉二世廷會諸生,起首曰:「召博士諸儒生」,以下即省稱「諸生」,非他,即「諸儒生」也,承上省略耳。高帝為漢王時,通謂弟子曰「諸生」,弟子與通同業,儒生也。高帝即位後,通徵魯諸生而二生不行,通嘲其「鄙儒」,亦儒生也。故其後通為與共訂朝儀者請官爵,總曰:「弟子儒生隨臣久矣」,於下總結也。綜上所論,則晁錯之師張恢先生,顏師古謂乃軹縣之儒生,或師古稽考有得而後言也,若無確鑿證明,固不宜直指非是。然本傳既曰錯於張恢所習申商刑名,則縱張恢為儒生修儒術,亦非晁錯之所嚮往承習者。張恢儒法兼修,雖於晁錯可以有啟發誘示之功,卻未可遽謂晁錯之儒學習自張恢也。

第三章　賈誼晁錯藩國政論思想

第一節　漢初王國概況

漢初之內政問題，首推諸侯王國臣節未備也。案諸侯王國為漢代封建制度最重要之一環，自推行，不旋踵便產生明顯惡果，驕縱之事例不勝枚數，進而聲氣互通，相為消長，竟導成景帝時吳楚七國反叛，幾至動搖漢廷統治力。從高祖至景帝七國之亂，王國內容亟變，茲按當時情況略述如後：

一、高祖時期

漢初之封建，先以異姓諸侯王。蓋楚漢相爭迄於定鼎，高祖為孤立項羽，擴充己力，勢必外結群雄，內封巨勳，以摧大敵，故已鑄定天下統一時，必須分封諸王之情勢。及即位，為酬庸起見，異姓王有增無減。班固曰：「與天下之豪士賢大夫共定天下、同安輯之，其有功者上致之王。」〔註1〕此輩悉是力足獨當一面而實擁兵權者，所統皆其故地，或手定之地；加以各國行政自主，置百官，統郡縣，而漢室不能制，其視漢帝，僅為盟約主從之關係，外託君臣之名，內有敵國之實，乃事勢所迫，不得已承認割據力量，初非本意分封，自不待言。此一情形，於高祖與諸將約共破楚，已見之彰著。《漢書・高帝紀》曰：

> 五年冬十月，漢王追項羽至陽夏南，止軍，與齊王（韓）信、魏相國（彭）越期會擊楚，至固陵，不會。楚擊漢軍，大破之。漢王復

〔註1〕見《漢書・高帝紀》。

入壁，深塹而守。謂張良曰：「諸侯不從，奈何？」良對曰：「楚兵且破，未有分地，其不至固宜。君王能與共天下，可立致也。齊王信之立，非君王意，信亦不自堅。彭越本定梁地，始君王以魏豹故，拜越爲相國。今豹死，越亦望王，而君王不早定。今能取睢陽之北至穀城皆以王彭越，從陳以東傅海與齊王信，信家在楚，其意欲復得故邑。能捐此地以許兩人，使各自爲戰，則楚易散也。」於是漢王發使使韓信、彭越。至，皆引兵來。

韓信、彭越之王以此，因應一時之利害而已。其後分封之諸異姓王舉相類也，如：趙王張耳因定趙地，自遣使報漢請立鎮撫其國，許之。〔註2〕淮南王英布，爲離間項羽君臣，使使勸歸，立之。〔註3〕

職是之故，翦除動機先存於封建之初矣。劉、項爭衡中，高祖即對諸將勢力發展密切注意，隨時控制，尤以奪軍韓信堪稱代表。《史記·淮陰侯列傳》載：

信之下魏破代，漢輒使人收其精兵，詣滎陽以距楚。……漢王出成皋，東渡河，獨與滕公俱，從張耳軍脩武。至，宿傳舍。晨自稱漢使，馳入趙壁。張耳、韓信未起，即其臥內上奪其印符，以麾召諸將，易置之。信、耳起，乃知漢王來，大驚，漢王奪兩人軍。

其心機猜疑，銳意防範，可見一班焉。故韓信先自齊徙於楚，再擒廢爲侯，終藉口交通陳豨，假呂后手斬諸長樂宮鐘室，並夷其族。《史記》曰：「高祖已從豨軍來，至，見信死，且喜且憐之」〔註4〕其後，大抵以苟小事，或以小事迫反，韓王信、彭越、英布、盧綰、張敖先後誅族夷滅，終高祖之世，僅長沙國小力弱得存，異姓勢力掃蕩殆盡矣。班固曰：

昔高祖定天下，功臣異姓而王者八國。張耳、吳芮、彭越、黥布、臧荼、盧綰與兩韓信，皆徼一時之權變，以詐力成功，咸得裂土，南面

〔註2〕 《史記·淮陰侯傳》：「信與張耳以兵數萬，欲東下井陘擊趙。……（已下趙、燕）乃遣使報漢，因請立張耳爲趙王，以鎮撫其國。漢王許之，乃立張耳爲趙王。」

〔註3〕 案英布本九江王，《史記·黥布傳》：「項王封諸將，立布爲九江王。……漢三年，漢王擊楚，大戰彭城，不利，出梁地，至虞，謂左右曰：『如彼等者，無足與計天下事。』謁者隨何進曰：『不審陛下所謂。』漢王曰：『孰能爲我使淮南（案：即淮南王黥布），令之發兵倍楚，留項王於齊數月，我之取天下可以百全。』隨何曰：『臣請使之。』迺與二十人俱，使淮南。……四年七月，立布爲淮南王，與擊項籍。」

〔註4〕 見《史記·淮陰侯傳》。

稱孤。見疑強大，懷不自安，事窮勢迫，卒謀叛逆，終於滅亡。〔註5〕
茲檢錄漢初異姓諸侯王立廢簡表如後：

國　名	王　名	始封時間	黜廢時間	備　　註
燕（1）	臧　荼	漢元年正月	漢五年九月	
趙	張　耳	漢三年十一月	漢八年三月	故常山王，漢六年一月，張耳死，子敖嗣。
楚	韓　信	漢四年三月	漢六年十一月	先立爲齊王，漢五年正月徙王楚。
韓	韓王信	漢二年十一月	漢六年秋	漢六年正月徙太原。
淮南	英　布	漢四年七月	漢十一年八月	故九江王。
梁	彭　越	漢五年正月	漢十一年三月	
長沙	吳　芮	漢五年一月	文帝後元七年	故封衡山王。
燕（2）	盧　綰	漢五年九月	漢十二年十二月	故封臧荼，五年七月荼反，九月擒，封盧綰。

高祖每芟夷異姓諸王，則樹同姓以塡之：韓信廢，立劉肥、劉交、劉賈，彭越鉏，代以劉反；英布反，代以劉長；盧綰反，代以劉建。蓋懲姬周行封建，雖亂而持久；嬴秦削宗室，外無尺土藩翼之衛，孤懸而速亡；故代以同姓也。同姓之封始於高祖六年，《史記・荊燕世家》曰：

> 漢六年春，會諸侯於陳，廢楚王信，囚之，分其地爲二國。當是時也，高祖子幼，昆弟少，又不賢，欲王同姓以鎮天下，乃詔曰：「將軍劉賈有功，及擇子弟可以爲王者。」群臣皆曰：「立劉賈爲荊王，王淮東五十二城；高祖弟交爲楚王，王淮西三十六城。」因立子肥爲齊王。始王昆弟劉氏也。

其後，又大封新國，凡諸劉，不論親疏，皆在分封之列也。更與功臣刑白馬，盟曰：「非劉氏而王，天下共擊之。」〔註6〕其目的：一方面在於斷絕異姓非分之心，一方面在於厚植漢室屛障，藉藩輔也。《史記・漢興以來諸侯王年表》曰：

> 漢興，序二等。高祖末年，非劉氏而王者，若無功上所不置而侯者，天下共誅之。高祖子弟同姓爲王者九國，唯獨長沙異姓，而功臣侯

〔註5〕 見《漢書・韓彭英盧吳傳》贊曰。
〔註6〕 《史記・呂太后紀》：「太后稱制，議欲立諸呂爲王，問右丞相王陵。王陵曰：『高帝刑白馬，盟曰：「非劉氏而王，天下共擊之。」今王呂氏，非約也。』太后不說。」

者百有餘人。自鴈門、太原以東至遼陽，爲燕代國；常山以南，大
行左轉，度河、濟，阿、甄以東薄海，爲齊、趙國；自陳以西，南
至九疑，東帶江、淮、穀、泗，薄會稽，爲梁、楚、淮南、長沙國：
皆外接於胡、越。……何者？天下初定，骨肉同姓少，故廣疆庶孽，
以鎮撫四海，用承衛天子也。

《漢書·諸侯王表》亦曰：

漢興之初，海內新定，同姓寡少，懲戒亡秦孤立之敗，於是剖裂疆
土，立二等之爵。功臣侯者百有餘邑，尊王子弟，大啓九國。自鴈
門以東，盡遼陽，爲燕、代。常山以南，太行左轉，度河、濟，漸
于海，爲齊、趙。穀、泗以往，奄有龜、蒙，爲梁、楚。東帶江、
湖，薄會稽，爲荊吳。北界淮瀕，略盧、衡，爲淮南。波漢之陽，
亙九嶷，爲長沙。諸侯比境，周帀三垂，外接胡越。

所謂「高祖子弟同姓爲王者九國」、「尊王子弟，大啓九國」，即：楚、齊、荊、
代、趙、淮南、淮陽、梁、燕也。茲檢附簡表如後：〔註7〕

國名	王 名	親 屬	始封時間	所代國	備 註
楚	劉 交	高祖弟	六年正月	韓信	
齊	劉 肥	高祖子	六年正月	韓信	
荊	劉 賈	高祖從父弟	六年正月	韓信	六年十二月爲英布所殺，亡後，十一年別立吳王劉濞。
代	劉 喜	高祖兄	六年正月	韓王信	七年爲匈奴所攻，棄國歸，廢爲郃陽侯。十一年正月立劉恆爲代王。
趙	劉如意	高帝子	九年四月	張（耳）敖	十二年爲呂后所殺，徙梁王劉恢爲趙王。
淮陽	劉 友	高帝子	十一年二月	彭越	十二年徙王趙，呂后七年自殺。
梁	劉 恢	高帝子	十一年三月	彭越	呂后七年徙王趙，自殺。
淮南	劉 長	高帝子	十一年十月	英布	孝文六年謀反，廢徙蜀，死雍。
燕	劉 建	高帝子	十二年二月	盧綰	

〔註7〕案荊王劉賈，《漢書·諸侯王表》作「高帝從父弟」，〈荊燕吳傳〉：「荊王劉賈，
高帝從父兄也，不知其初起時。」師古曰：「父之兄弟之子，爲從父兄弟也。
言本同祖，從父而別。」《史記·吳王濞傳》：「吳王濞者，高祖兄劉仲之子，
高祖已定天下七年，立劉仲爲代王。」集解引徐廣曰：「仲名喜。」

除上述九國外，尚立吳王劉濞、代王劉恆。夫淮南王英布反時，東擊荊，荊王劉賈與戰，弗勝，為布軍所殺，高祖立劉濞為吳王。《史記‧吳王濞傳》曰：

> 吳王濞者，高帝兄劉仲之子也。……高帝十一年秋，淮南王英布反，東併荊地，劫其國兵，西度淮，擊楚，高帝自將往誅之。劉仲子沛侯濞年二十，有氣力，以騎將從破布軍蘄西，會甀，布走。荊王劉賈為布所殺，無後。上患吳、會稽輕悍，無壯王以填之，諸子少，乃立濞於沛為吳王，王三郡五十三城。

韓王信亡歸匈奴，匈奴攻代，代王劉喜棄國，自歸洛陽，廢為郃陽侯。十一年，陳豨反代地，立劉恆為代王。《史記‧高祖紀》曰：

> （陳）豨將趙利守東垣，高祖攻之，不下。月餘，……城降。……
> 於是乃分趙山北，立子恆以為代王，都晉陽。

綜合上述，則終高祖一生所封同姓諸侯共計十一人也。

二、呂后時期

高祖刑白馬之誓，不欲王異姓，顧惠帝既崩，呂后女主稱制，元年即欲封諸呂為王，右丞相王陵諫，呂后明升暗降，拜為帝太傅，奪之相權。陳平、周勃虛與委蛇曰：「高帝定天下，王子弟，今太后稱制，王昆弟諸呂，無所不可。」〔註8〕呂后乃計分數路：

（1）安撫功臣、劉氏子弟，進行諸呂聯姻，先侯呂氏。《史記‧呂太后本紀》曰：

> 太后欲侯諸呂，迺先封高祖之功臣郎中令無擇為博城侯，……封齊悼惠王子章為朱虛侯，以呂祿女妻之，齊丞相壽為平定侯，少府延為梧侯。乃封呂種為沛侯，呂平為扶柳侯，張買為南宮侯。

（2）王外孫魯元公主、張敖子張偃為魯王，破白馬盟「非劉氏不王」之約，以為張本。紀曰：

> 魯元公主薨，賜諡為魯元太后。子偃為魯王。魯王父，宣平侯張敖也。

（3）立所名惠帝後宮子為王、侯，乃遂立第一個呂氏子弟呂台為呂王。紀曰：

〔註 8〕 詳見《史記‧呂太后紀》。

太后欲王呂氏，先立孝惠後宮子彊爲淮陽王，子不疑爲常山王，子山爲襄城侯、子朝爲軹侯，子武爲壺關侯。太后風大臣，大臣請立酈侯呂台爲呂王，太后許之。

總之，於面面兼顧下，呂后共立：呂氏異姓王四、外孫張氏異姓王一、惠帝假子爲王六，以及琅邪王劉澤一；〔註9〕共計十二人。如下表：〔註10〕

國名	姓名	親　　屬	始封時間	黜廢時間	備　　　　註
淮陽	彊	惠帝假子	呂后元年五月	呂后五年	卒。
恆山	不疑	惠帝假子	呂后元年五月	呂后二年七月	卒。
恆山	山	惠帝假子	呂后二年	呂后四年	呂后廢殺少帝，立山，更名爲弘。呂后死，爲功臣宗室所誅。
恆山	朝	惠帝假子	呂后四年	呂后八年九月	呂后死，爲功臣宗室所誅。
淮陽	武	惠帝假子	呂后五年	呂后八年九月	呂后死，爲功臣宗室所誅。
濟川	太	惠帝假子	呂后七年	呂后八年九月	初爲呂王，十一月徙濟川王，呂后死，爲功臣宗室所誅。
呂	呂台	呂后兄子	呂后元年	呂后六年	卒，子嘉嗣，六年廢。
梁	呂產	呂后兄子	呂后六年	呂后八年九月	六年爲呂王，七年二月徙梁王，呂后死，爲功臣宗室所誅。
趙	呂祿	呂后兄子	呂后七年	呂后八年九月	呂后死，爲功臣宗室所誅。
燕	呂通	呂后兄子	呂后八年七月	呂后八年九月	呂后死，爲功臣宗室所誅。
魯	張偃	呂后外孫	呂后元年四月	呂后八年九月	呂后死，廢爲侯。
琅邪	劉澤	高祖從祖昆弟	呂后七年		文帝元年徙爲燕王，以琅邪歸齊。

呂后封諸呂爲王，爲漢興以來第二次分封異姓。但呂后崩，功臣、宗室聯袂剷除呂氏，「遣人分部悉捕諸呂男女，無少長皆斬之」，〔註11〕自此之後，異姓諸侯遂成歷史名詞。

三、文、景（七國之亂前）時期

呂禍既敉，諸大臣陰謀新主：或曰齊王乃高祖嫡長孫，可立，以其母舅

〔註9〕 《史記・呂太后紀》：「太后女弟呂嬃，有女爲營陵侯劉澤妻，澤爲大將軍。太后王諸呂，恐即崩後劉將軍爲害，迺以劉澤爲琅邪王，以慰其心。」

〔註10〕 案惠帝假子，呂后所名，以來歷不明，不標姓氏。《漢書》悉入〈異姓諸侯王表〉。

〔註11〕 同註8。

馺鈞，惡戾，如虎而冠，則後爲呂氏；又欲立淮南王，以爲年少，舅趙兼又惡。唯代王劉恆，高祖子，最長，母薄氏謹良。於是乃迎立之，是爲文帝。

文帝即位，即徙琅邪王劉澤爲燕王，諸呂所奪齊、楚故地皆復與之。三月，封淮南王舅父趙兼爲周陽侯，齊王舅父馺鈞爲清郭侯，蓋柔撫之也。

二年二月，以齊劇郡立齊悼惠王子朱虛侯劉章爲城陽王，東牟侯興居爲濟北王。元年正月已立趙幽王長子遂爲趙王，今又立其少子辟彊爲河間王。皇子武爲代王，參爲太原王，揖（或作勝）爲梁王。

四年，徙代王武王淮陽；參爲代王，而盡得太原故地。

六年，淮南王劉長廢先帝法，不聽天子詔，擅爲法令，謀反，遣人使閩越及匈奴，發其兵。事覺，文帝不忍置之法，廢徙蜀嚴道邛都，行至鳳翔，不食死，國除爲九江郡。

十一年，梁王揖死，無子，國除。

十二年，徙淮陽王武爲梁王，北界泰山，西至高陽，得大縣四十餘城。

十六年，徙淮南王喜復王城陽，再分齊爲六，王悼惠王劉肥諸子：將閭爲齊王，志爲濟北王，辟光爲濟南王，賢爲菑川王，卬爲膠西王，雄渠爲膠東王。分淮南爲三，王厲王三子：安爲淮南王、勃爲衡山王，賜爲廬江王。

綜括言之，文帝在位，諸侯王概分三類：皇子、高祖呂后所封舊國、新立王子。略述如下：

（1）皇子：

劉武：二年二月始封爲代王。四年徙爲淮陽王。十二年復徙爲梁王。

劉參：二年二月始封爲太原王。四年徙爲代王。

劉勝（或作劉揖）：二年二月始封爲梁王，十一年薨，無後。

（2）高祖呂后所封舊國。高祖立十一王、呂后立十二王，其紹嗣存留者猶六國。

楚：始封劉交（高祖弟），二十三年薨。孝文二年，子郢客嗣，四年薨。六年，子戊嗣。（孝景三年，反，誅。）

齊：始封劉肥（高祖子），孝惠七年，子襄嗣，十二年薨。孝文二年，則嗣，十四年薨，亡後。十六年復封將閭（肥子）爲齊王。

趙：始封劉如意（高帝子），呂后殺之，先後徙劉恢、劉友（高帝子）爲趙王，皆自殺。孝文元年王劉友子遂。（景帝三年，反，誅。）

淮南：始封劉長（高帝子），文帝六年謀反，廢徙蜀，死雍。十六年四月

子安紹封。(武帝元狩元年,謀反,自殺。)

吳:始封劉濞(高祖兄代王喜子),高祖十二年王。(孝景三年,反,誅。)

燕:始封劉建(高祖子),呂后七年薨,呂后殺其子。文帝元年徙呂后所封琅邪王劉澤爲燕王。

(3)新立王子:

城陽:劉章(劉肥子)二年二月始封,後二年卒,子喜嗣,十一年徙爲淮南王,國除爲郡,屬齊,十六年喜還王城陽。

濟北:劉興居(劉肥子),二年二月始封,明年謀反,誅。地入於漢,屬泰山郡。十六年復置,封劉志(劉肥子)復爲濟北王。

濟南:劉辟光(劉肥子),十六年始封。(景帝三年,反,誅。)

菑川:劉賢(劉肥子),十六年始封。(景帝三年,反,誅。)

膠西:劉卬(劉肥子),十六年始封。(景帝三年,反,誅。)

膠東:劉雄渠(劉肥子),十六年始封。(景帝三年,反,誅。)

上齊悼惠王肥子、加兩紹封之齊王,共計九子爲王:

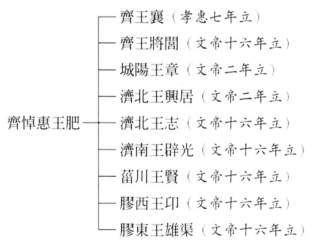

河間:劉辟彊(劉友子),文帝二年始封。十五年,子福嗣,一年薨,無後,國除爲郡。

上趙幽王友子,加紹封之趙王遂,共二子爲王:

衡山:劉勃(劉長子),文帝十六年始封。(景帝時徙爲濟北王,徙廬江

王賜爲衡山王。）

　　盧江：劉賜（劉長子），文帝十六年始封。（景帝時徙爲衡山王。）

　　上淮南屬王劉長子，加紹封之淮南王安，共三子爲王：

```
                   ┌── 淮南王安（文帝十六年立）
     淮南屬王長 ──┼── 衡山王勃（文帝十六年立）
                   └── 盧江王賜（文帝十六年立）
```

　　景帝嗣，二年春三月，立皇子德爲河間王，閼爲臨江王，餘爲淮陽王，非爲汝南王，彭祖爲廣川王，發爲長沙王。三年春正月，吳楚七國舉兵謀反，是曰七國之亂也。

　　案文、景時期，已無異姓諸侯王。高祖大啓同姓九國，封子弟親疏十一人，於防杜異姓再起與對抗呂氏之亂，確乎發揮實效也。文帝時，宋昌曰：

> 高帝封王子弟，地犬牙相制，此所謂盤石之宗也，天下服其彊。……
> 今大臣雖欲爲變，百姓弗爲使，其黨寧能專一邪？方今內有朱虛、
> 東牟之親，外畏吳、楚、淮南、琅邪、齊、代之彊。〔註12〕

班固亦曰：

> 高祖創業，日不暇給，孝惠享國又淺，高后女主攝位，而海內晏如，
> 亡狂狡之憂，卒折諸呂之難，成太宗之業者，亦賴之於諸侯也。〔註13〕

然爲收夾甫之功，高祖皆賜土廣大，并予經濟、政治大權，足以抗拒中央，至此，同姓諸侯坐大，日漸驕縱自得，滋長野心，形成尾大不掉之勢，轉爲治安之梗焉。跋扈恣睢，無以復加，時中央與王國對峙，儼然爲秦與六國之重演，諸王國求擴展自我，中央務鞏固集權，事態嚴重而緊蹙，宛如矢之在弦，一觸即發也。文帝年間，亂象已萌，景帝時期滋甚，尤以濟北、淮南、吳、楚最烈。

　　濟北王劉興居，齊悼惠劉肥子；肥，高祖長子，惠帝兄也，母曹氏。高祖六年，田肯說高祖曰：「夫齊，東有琅邪、即墨之饒，南有泰山之固，西有濁河之限，北有勃海之利。地方二千里，持戟百萬，縣隔千里之外，齊得十二焉。故此東西秦也。非親子弟，莫可使王齊矣。」高祖遂以膠東、膠西、臨淄、濟北、博陽、成陽郡七十三縣立肥爲齊王，民能齊言者皆屬之，故漢

〔註12〕　見《史記・文帝紀》。
〔註13〕　見《漢書・諸侯王表・序》。

初齊勢鼎盛。惠帝六年，肥卒，子襄紹立，是爲齊哀王。惠帝崩，呂后稱制，封哀王弟章爲朱虛侯、興居爲東牟侯，宿衛長安中。章有勇識，嘗入侍高后燕飲，進歌舞，曰：「深耕概種，立苗欲疏，非其種者，鋤而去之。」又拔劍斬呂氏一人，自是以後，諸呂憚之。呂后崩，諸呂欲爲亂，劉章知其謀，乃使人陰告兄齊哀王，令發兵西，而章、興居擬爲內應長安中，以誅諸呂，因立齊王爲帝。及呂祿、呂產作亂關中，章首斬呂產未央宮，於是太尉周勃、丞相陳平暨諸大臣乃得盡誅呂氏。亂平，大臣議立齊王，琅邪王及他臣撓之，以齊王母家惡戾，事遂寢，改立文帝，文帝來，興居與太僕嬰入清宮。故誅平諸呂，齊王、章、興居居功首，文帝元年舉定亂之賞，盡以呂后所割之齊地復與齊，益封章、興居各二千戶，二年，復立章爲城陽王，興居爲濟北王。唯始誅呂氏時，以劉章功偉，許盡王章趙地，王興居梁地。及封，二人以爲失職奪功，中心不平。明年，章死，五月，匈奴大入北地、上郡，興居聞文帝親幸太原自擊胡，乃遂發兵反，襲滎陽，文帝罷擊胡兵，歸長安，遣棘蒲侯柴武討逆，興居自殺。〔註14〕

淮南厲王劉長，高祖少子也，高祖十一年淮南王英布反，立以爲淮南王，王英布故地。長母乃故趙王張敖美人，高祖八年過趙，趙王獻之。及貫高等謀反柏人事發覺，並收捕厲王母，王母告吏曰：「得幸上，有身。」吏以聞，上方怒趙王，未理。厲王母弟趙兼因辟陽侯言呂后，呂后弗肯白，辟陽侯不強爭，以是厲王心怨辟陽侯。文帝初即位，厲王自以爲最親，驕蹇無度，數不奉法。入朝，從帝入苑囿獵，同輦，謂帝「大兄」，又自袖鐵椎椎殺辟陽侯；文帝以親故，皆赦弗治。厲王以此歸國益驕恣，不用漢法，出入稱警蹕，稱制，自爲法令，擬於天子。復令男子但等十七人與棘蒲侯太子奇，謀反谷口，使人交通閩越、匈奴。事覺，治之，論法當棄市，文帝不忍，廢徙蜀郡，道死於雍。而百姓作歌嘲帝曰「一尺布，尚可縫；一斗粟，尚可舂；兄弟二人，不能相容。」〔註15〕

吳王劉濞，高祖仲兄喜子。高祖十一年，英布反，東併荊，西渡淮，擊楚，高祖親征，時濞年二十，以騎將從。布走，荊王劉賈爲布所殺，無後。高祖患吳、會稽輕悍，乃立劉濞於沛，爲吳王。文帝時，劉濞太子賢入朝，與皇太子（即景帝）飲博，博爭道，不恭，皇太子引博局提殺之，於是文帝

〔註14〕 參見史、漢〈呂太后紀〉、《史記‧齊悼惠王世家》、《漢書‧高五王傳》。

〔註15〕 參見史、漢〈淮南衡山傳〉。

遺賢喪歸葬。至吳，劉濞愠，復遣之長安葬，由此濞詐稱病不朝，失藩臣禮，文帝特賜之几杖，准老不朝。然自惠帝、呂后以來，劉濞早存覬覦，吳境內有豫章銅山，濞乃招致天下亡命之徒，盜鑄錢幣，煮海水為鹽，於是國用富饒，以山海之利不賦民租稅，卒踐更吳政府為出錢傭雇，他郡國若有訟獄來捕亡入吳者，吳則收容不予，如此收買民心垂四十年之久。〔註16〕

楚始封高祖同父少弟劉交，是為元王，立二十三年薨，太子辟非先卒。文帝乃以他子郢客嗣，是為夷王。立四年，薨，子戊嗣。文帝為尊寵元王，戊生子，使爵比皇子。景帝即位，復推親親，封元王五子為侯。戊性淫暴，為薄太后服私姦，又陰結吳國，圖謀不軌。申生、白公飽學長者也，諫，戊囚以鎖鍊，衣諸赭衣，令二人杵臼舂於市。〔註17〕

王國之嫚侮跋扈如上述，彼等非僅違背中央命令，且陰結為奧援，日滋覬覦，為患深重。有鑒於此，自文帝起，朝臣如賈誼、晁錯等，悉建言裁制抑黜之。景帝時，吳王劉濞反狀益趨明顯，時晁錯為御史大夫，力主削藩，景帝從之，削楚東海郡，趙常山郡，膠西六縣，既而又下令削吳之會稽與豫章；三年正月甲子吳王起兵廣陵，膠西王卬、楚王戊、趙王遂、濟南王辟光、淄川王賢、膠東王雄渠響應，交口討錯，聯軍西嚮，天下震動。景帝過聽袁盎，斬晁錯以謝諸侯，既斬，袁盎為天子使吳兵，詔吳王拜受詔，劉濞曰：「我已為東帝，尚誰拜？」景帝遣太尉周亞夫、大將軍竇嬰討逆，亂事乃平。至於諸侯王所以得恣肆專擅之原因，殆可從以下兩方面考查觀之。

（1）權限方面：七國之亂以前，諸侯王率掌治其國，實為一國之主，王國組織與中央無異。《漢書・百官公卿表》曰：

> 諸侯王，高帝初置，金璽盭綬，掌治其國。有太傅輔王，內史治國
> 民，中尉掌武職，丞相統眾官，群卿大夫都官如漢朝。

其時，諸侯王坐擁絕對之行政權、財政權，並參與議事，獨立紀年，可入承統緒等等，不一而足。茲舉常見重要者：

子、行政權：諸侯王總攬國事，群卿百官由其任命，僅相一職為中央所置耳。〔註18〕王自治民、斷獄，並延聘賢能以佐理政事，一如天子。可就下列記

〔註16〕 參見史、漢〈吳王濞傳〉。
〔註17〕 參見《史記・楚元王世家》、《漢書・楚元王傳》。
〔註18〕 據本文所引則王國二千石由諸侯王自任命，然亦有引《漢書・齊悼王傳》：「始悼惠王得自置二千石。」又〈淮南厲王傳〉：「漢法，二千石缺，輒言漢補，大王逐漢所置，而請自置相二千石，皇帝戲天下正法，而許大王甚厚。」因

事窺見：

> 諸侯得自除御史大夫、群卿以下，眾官如漢朝，漢獨爲置丞相。(《漢書·高五王傳》)

> 高祖時諸侯皆賦，得自除內史以下，漢獨爲置丞相，黃金印，諸侯自除御史、延衛正、博士，擬於天子。(《史記·五宗世家》)

> 漢興，諸侯王皆自治民聘賢。(《漢書·鄒陽傳》)

> 往者，諸侯王斷獄治政。(《漢書·何武傳》)

丑、財政權：諸侯王徵收國內租稅，爲王國所有。《漢書·食貨志》曰：「漢興，山川園池市肆租稅之人，自天子以至封君湯沐邑，皆名爲私奉養，不領於天子之經費。」師古曰：「言各收其所賦稅以自供，不入國朝之倉廩府庫也。」《史記·五宗世家》亦曰：「高祖時諸侯皆賦。」集解引徐廣曰：「國所出有皆入於王也。」王國稅收既收歸王私有，一旦封域物產資源饒足，則王國財富必累積巨萬，而地大人多之國，更見經濟之雄厚矣。如齊、吳、梁即富過天子也。其狀況如下：

> 齊臨淄十萬戶，市租千金，人眾殷富，巨於長安。(《史記·齊悼惠王世家》)

> 吳有豫章郡銅山，濞則招致天下亡命者盜鑄錢，煮海水爲鹽，以故無賦，國用富饒。(《史記·吳王濞傳》)

> (梁) 地北界泰山，西至高陽，四十餘城，皆多大縣，……而府庫金錢且百巨萬，珠玉寶器多於京師。……孝王未死時，財以巨萬計，不可勝數，及死，藏府餘黃金尚四十餘萬斤，他財物稱是。(《史記·梁孝王世家》)

寅、議事權：諸侯王不但總理王國政事，對於中央之國事則有議論之權。《史記·衡山王賜傳》曰：

> 衡山王賜，淮南王弟也，當坐收，有司請逮捕衡山王，天子曰：「……與諸侯王、列侯會，肆丞相諸侯議。」

卯、紀年權：諸侯王既統有王國，其紀年各依王之存廢。顧炎武指出：「漢

謂二千石本由中央派遣。曾金聲《秦漢政治制度》謂：高祖時法定自任，惠帝元年除諸侯相國法，由中央派遣，如曹參即被派爲齊相，自丞相至二千石，大抵由漢派補，然此制未嘗全行，至文景之世，親貴諸王猶得自置其相及二千石諸官。

時諸侯王得自稱元年，漢書諸侯王表，楚王戊二十一年，孝景三年；楚王延壽二十三年，地節元年之類是也。」〔註19〕趙翼亦曰：「三代諸侯，各自紀年，……至漢猶然。史記諸侯王世家，紀年不用帝年，而仍以諸侯王之年紀事，……梁共王三年景帝崩，是轉以侯國歲年，記天子之事矣！漢書亦然。」〔註20〕

　　辰、入統權：當皇帝無嗣，或他故無帝時，諸侯王有入統爲帝或立爲皇太子之權。如文帝即以代王入繼。他如昌邑王、中山王以藩王入朝繼統，而定陶王爲皇太子。

　　（2）封疆方面：高祖始封同姓，以鎮撫異姓爲意，故所王皆廣大，多者百餘城，少者亦三、四十縣，《史記・漢興以來諸侯王年表》曰：

> 内地北距山以東盡諸侯地，大者或五六郡，連城數十，置百官宮觀，僭於天子。漢獨有三河、東郡、潁川、南陽，自江陵於西至蜀，北自雲中至隴西，與内史凡十五郡，而公主列侯頗食邑其中。

班固亦有「矯枉過正」之慨歎，《漢書・諸侯王表》曰：

> 天子自有三河、東郡、潁川、南陽，自江陵以西至巴蜀，北自雲中至隴西，與京師内史凡十五郡，公主、列侯頗邑其中。而藩國大者夸州兼郡，連城數十，宮室百官同制京師，可謂矯枉過其正矣。……諸侯原本以大，末流濫以致溢，小者淫荒越法，大者睽孤橫逆，以害身耳。

晁錯亦曰：

> 昔高帝初定天下，昆弟少，諸子弱，大封同姓，故王孽子悼惠王王齊七十餘城，庶子元王王楚四十餘城，兄子濞王吳五十餘城，封三庶孽，分天下半。〔註21〕

中央直轄纔不過十五郡，而王國各自連城夸州，大小總計凡三十九郡，〔註22〕三王國可以半分天下，如是者也，詎非上下乖舛而本末倒置也，安得不亂哉？遲速耳。

第二節　賈誼之藩國政論思想

　　賈誼卓識遠見，以爲諸侯王無論異姓、同姓，惟形勢是視，皆有反象，

〔註19〕　見《日知錄》卷二十一「年號當從實書」條。
〔註20〕　見《廿二史劄記》「漢時諸王國各自紀年」條。
〔註21〕　同註16。
〔註22〕　王恢《漢王國與侯國之演變》引王氏《漢郡考》。

宜早謀對策，以免貽禍患於無窮已。其應對之方略，以強幹弱枝爲鵠的，採擇眾建諸侯、以親制疏、嚴法制裁等，尤以眾建爲首要。說明如後：

《漢書》本傳載賈誼〈治安策〉，而〈治安策〉即以痛陳諸侯王之僭亂爲首事。賈誼呼籲：諸王逆亂乃必然之勢，絕不可避免矣。文帝時，雖天下承平，黎民艾安，殆不過文飾與苟且而已，譬猶火上積薪，睡寢薪上，暫無礙者，火未燃及耳，非不燃也。智者見機蚤知，鈍者昧昧然以爲固全也，誼曰：

> 進言者皆曰：「天下已安已治矣。」臣獨以爲未也；曰安且治者，非
> 愚即諛，皆非事實知治亂之體者也。夫抱火厝之積薪之下，而寢其
> 上，火未及燃，因謂之安：方今之勢，何以異此？本末舛逆，首尾
> 衡決，國制搶攘，非甚有紀，胡可謂治？

賈誼考覈王國所以得專橫興暴者，乃決定諸「勢」也。凡具備「相疑之勢」者，莫不以亂終，於國家大凶。賈誼曰：

> 夫樹國固必相疑之勢，〔註23〕下被其殃，上數爽其憂，甚非所以安
> 上而全下也。

何謂「相疑之勢」耶？考《漢書・食貨志》：「疑於南夷。」《史記》「疑」作「擬」，顏師古注：「疑讀曰儗。」《禮記・曲禮》下：「儗人必於其倫。」鄭玄注：「儗猶比也。」故「相疑之勢」即：相比之勢，謂勢相等也。蓋建立藩國，務審度強弱，不使踰制，令與天子等齊，取其本大末小、幹強枝弱也。反之，必爲亂階也。《新書》所言，尤簡明易曉，曰：

> 夫樹國必審相疑之勢，下數被其殃，上數爽其憂，凶飢數動，彼必
> 將有悁者生焉。禍之所離，豈可預知？故甚非所以安主上，非所以
> 活大臣者也，甚非所以全愛子者也。既已令之爲藩臣矣，爲人臣下
> 矣，而厚其力，重其權，使有驕心而難服從也，何異於善砥鏌鋣而
> 予射子，自禍必矣。〔註24〕

〔註23〕 案此句《新書・傷藩篇》作「夫樹國必審相疑之勢。」《漢書》注引鄭氏曰：
「今建立國泰大，其勢必固相疑也。」又臣瓚曰：「樹國於險固，諸侯強大，
則必於天子有相疑之勢也。」王先謙補注云：「齊召南曰：『按如鄭說，則本
文「固」字應倒必字之下，於義不順。如瓚說，則「樹國固」當一讀，於義
甚長。』錢大昕曰：『沈彤云：「『夫』當作『大』，……但言國不可太大，宜
眾建諸侯而少其力，故知『夫』爲『大』之譌。」』先謙曰：……新書作『夫
樹國必審相疑之勢』，當是後人妄改也。」

〔註24〕 見《新書・傷藩篇》。

諸侯勢足以專制，力足以行逆，雖令冠處女，勿謂無敢。勢不足以
專制，力不足以行逆，雖生夏育，有仇讎之怨，猶之無傷也。〔註25〕

昔靈王問范無宇曰：「我欲大城陳、蔡、葉與不羹，賦車各千乘馬，
亦足以當晉矣，又加之以楚，諸侯其來朝乎？」范無宇曰：「不可。
臣聞：大都疑國，大臣疑主，亂之謀也。都疑則交爭，臣疑則並令，
禍之深者也。今大城陳、蔡、葉與不羹，或不充，不足以威晉；若充
之以資財，實之以重祿之臣，是輕本而重末也。臣聞尾大不掉，末大
必折，此豈不施威諸侯之心哉？然終為楚國大患者，必此四城也。」
靈王弗聽，果城陳、蔡、葉與不羹，實之以兵車，充之以大臣；是歲
也，諸侯果朝。居數年，陳、蔡、葉與不羹，或奉公子棄疾內作亂，
楚國云亂，王遂死於乾溪於守亥之井。為計若此，豈不痛哉？悲夫！
本細末大，弛必至心，時乎時乎，可痛惜者此也。〔註26〕

夫人情勢位齊則不壹不使，所謂：「兩貴之不能相事，兩賤不能相使，是
天數也。」〔註27〕若下不及擬上，賤不及冒貴，謹守倫紀，則亂無由生。一
旦寵辱失度，尊卑凌等，則上眩下惑，冀幸比爭興焉，而君臣之際尤甚也。
顧漢初於此緊要處特鬆弛，山以東半壁江山悉奉王國，而行政、財政任憑取
奪，（詳見本章第一節），職是之故，諸侯王遂有徼倖之權，此召禍之業也。《新
書》寫王國「相疑之勢」曰：

諸侯王所在之宮，衛織履蹲夷，以皇帝在所宮法論之。郎中謁者受
謁取告，以官皇帝之法予之。事諸侯王或不廉潔平端，以事皇帝之
法罪之。曰一用漢事諸侯王，乃事皇帝也。誰是則諸侯之王，乃將
至尊也。然則天子之與諸侯王臣之與一，宜撰然齊等若是乎？天子
之相，號為丞相，黃金之印；諸侯之相，號為丞相，黃金之印，而
尊無異等，秩加二千石之上。天子列卿秩二千石，諸侯列卿秩二千
石，則臣已同矣。人主登臣而尊，今臣既同，則法惡得不齊？天子
衛御，號為大僕，銀印，秩二千石；諸侯之御，號曰大僕，銀印，
秩二千石，御已齊矣。御既已齊，則車飾惡得不齊？天子親號云太
后，諸侯親號云太后；天子妃號曰后，諸侯妃號曰后；然則諸侯何

〔註25〕　見《新書·權重篇》。
〔註26〕　見《新書·大都篇》。
〔註27〕　見《荀子·王制篇》。

損，而天子何加焉？妻既已同，則夫何以異？天子宮門曰司馬，闌
入者為城旦；諸侯宮門曰司馬，闌入者為城旦。殿門俱為殿門，闌
入之罪，亦俱棄市；宮牆門衛同名，其嚴一等，罪已鈞矣。天子之
言曰令，令甲令乙是也；諸侯之言曰令，令儀令言是也。天子卑號，
皆稱陛下；諸侯卑號稱陛下。天子車曰乘輿，諸侯車曰乘輿，乘輿
等也。衣被次齊貢死經緯也，苟工巧而志欲之，唯冒上軼主次也。
然則所謂主者安居？臣者安在？〔註28〕

就此觀之，王國官司組織、號令名器具等同天子，是威職相踰，不統尊者，
實難以為治也。

諸侯王既已坐擁相牟之威權，稱兵反逆乃情勢然也，與血緣殊無干涉也，
其勢最彊大其反最先，其勢闇弱、力不足反，則卑服安順；反與不反，繫乎
「形勢大小」，不在「親疏遠近」。按諸事實，毫釐不爽，故異姓王反，同姓
王當亦反也。〈治安策〉曰：

臣竊跡前事，大抵彊者先反：淮陰王楚最彊，則最先反，韓信倚胡
則又反，貫高因趙資則又反，陳豨兵精則又反，彭越用梁則又反，
黥布用淮南則又反，盧綰最弱最後反。長沙迺在二萬五千戶耳，功
少而最完，勢疏而最忠。非獨性異人也，亦形勢然也。曩令樊、酈、
絳、灌據數十城而王，今雖以殘亡可也，令信、越之倫列為徹侯而
居，雖至今存可也。

假設天下如曩時，淮陰侯尚王楚，黥布王淮南，彭越王梁，韓信王
韓，張敖王趙，貫高為相，盧綰王燕，陳豨在代，令此六七公者皆
無恙，當是時而陛下即天子位，能自安乎？臣有以知陛下之不能也。
天下殽亂，高皇帝與諸公併起，非有仄室之勢以豫席之也。諸公幸
者迺為中涓，其次廑得舍人，才之不逮至遠也。高皇帝以明聖威武，
即天子位，割膏腴之地以王諸公，多者百餘城，少者乃三四十縣，
惠至渥也。然其後十年之間，反者九起。陛下之與諸公，非親角材
而臣之，又非身封王之，自高皇帝不能以是一歲為安，故臣知陛
下之不能也。然尚有可諉者曰疏，臣請試言其親者，假令悼惠齊王
王齊，元王王楚，中子王趙，幽王王淮陽，共王王梁，靈王王燕，
厲王王淮南，六七貴人皆亡恙，當是時陛下即位，能為治虖？臣又

知陛下之不能也。若此諸王，雖名為臣，實皆有布衣昆弟之心，慮
亡不帝制而天子自為者：擅爵人、赦死罪，甚者或戴黃屋。漢法令
非行也；雖行不軌如屬王，令之不肯聽，召之安可致乎？幸而來至，
法安可得加？動一親戚，天下圜視而起，陛下之臣，雖有悍如馮敬
者，適啟其口，匕首已陷其匈矣，陛下雖賢，誰與領此？故疏者必
危，親者必亂，已然之效也。其異姓負強而動者，漢已幸勝之矣，
又不易其所以然，同姓襲是跡而動，既有徵矣，其勢盡又復然，殃
禍之變，未知所移，明帝處之，尚不能以安，後世將如何？

析論上文，文帝不能制馭諸王，不足疑也。此非僅緣王國勢疑而已，抑緣於
文帝勢孤也。何哉？誅除諸呂，文帝實未參與，乃諸王與功臣協力完成之，
故齊哀王以嫡長孫與高祖少子淮南屬王，庶幾入繼大統，文帝登基，出意料
之表也。是以文帝元年首論功定賞，以示撫循為重，至於有司請立太子，文
帝則謙辭，曰：

楚王，季父也，春秋高，閱天下之義理多矣，明於國家之大體。吳王
於朕，兄也，惠仁以好德。淮南王，弟也，秉德以陪朕。豈為不豫哉？
諸侯王宗室昆弟有功臣，多賢及有德義者，若舉有德以陪朕之不能
終，是社稷之靈，天下之福也。今不選舉焉，而曰必子，人其以朕為
忘賢有德者而專於子，非所以憂天下也，朕甚不取也。〔註29〕

文帝不敢私己子而欲公天下，戒慎恐懼溢於言詞也。逮有司以「立嗣必子」
固請，乃許之。明年，復請立皇子為諸侯王，文帝又曰：

趙幽王幽死，朕甚憐之，已立其長子遂為趙王。遂弟辟彊及齊悼惠
王子朱虛侯章、東牟侯興居有功，可王。〔註30〕

先立河間、城陽、濟北三王，然後立皇子武、參、勝（揖）。此時，十二諸侯
王：楚、齊、趙、淮南、吳、燕、河間、城陽、濟北、代、太原、梁。除代、
太原、梁為親子，餘皆支屬疏遠，情誼清淡，城陽、濟北以賞功受封文帝，
尚衛「失職奪功」之憾，矧吳、楚、齊等他大國始封於高祖耶？故賈誼譏曰：
「親者或亡地以安天下，疏者或制大權以逼天子。」〔註31〕

　　總而言之，賈誼深以為諸王之亂理難倖免，其禍患生於國王勢等天子，

〔註29〕 同註 12。
〔註30〕 同註 12。
〔註31〕 見《漢書・賈誼傳》〈治安策〉。

而天子無親骨肉爲之挾輔也，於是賈誼提出下列諸改革建議：

（1）眾建諸侯：眾建即廣建，要在原有封土增加國之數量，冀國多力分，以減少威脅也。〈治安策〉曰：

> 然則天下之大計可知已，欲諸王之皆忠附，則莫若令如長沙王，欲
> 臣子之勿菹醢，則莫若令如樊、酈等，欲天下之治安，莫若眾建諸
> 侯而少其力，力少則易使以義，國小則亡邪心，令海內之勢如身之
> 使臂，臂之使指，莫不制從，諸侯之君，不敢有異心，輻湊並進而
> 歸命天子，雖在細民且知其安，故天下咸知陛下之明。割地定制，
> 令齊、趙、楚各爲若干國，使悼惠王、幽王、元王之子孫，畢以次
> 各受祖之分地，地盡而止；及燕、梁它國皆然。其分地眾而子孫少
> 者，建以爲國，空而置之，須其子孫生者，舉使君之。諸侯之地其
> 削頗入漢者，爲徙其侯國及封其子孫也，所以數償之，一寸之地，
> 一人之眾，天子亡所利焉，誠以定治而已，故天下咸知陛下之廉。
> 地制壹定，宗室子孫莫慮不王，下無倍畔之心，上無誅伐之志，故
> 天下咸知陛下之仁。法立而不犯，令行而不逆，貫高、利幾之謀不
> 生，柴奇、開章之計不萌，細民鄉善，大臣致順，故天下咸知陛下
> 之義，臥赤子天下之上而安，植遺腹，朝委裘，而天下不亂，當時
> 大治，後世誦聖，壹動而五業附，陛下誰憚而久不爲此！

王國之叛變，起因於勢彊，儻國弱如長沙王僅二萬五千戶，則力不贍，功小而最完，故苟欲兵不血刃、消弭禍患於無形，莫若使王國土小人寡，小之而不激變，勢非強力以奪削，眾建之奧妙適在此也。令王國各自封其子孫，其本代有子孫者，依長幼次第，析王國以建新國，其子孫尠者，預建新國以待子孫生。其次，受封之新王若有罪見黜，貶爵爲侯，入地於中央，天子乃復還其地，令依倣上述眾建方法以封子孫。如此一來，宗室子孫人人樂得封土，絕無背畔之心，而一國既析爲若干國，力量分散，足以個個擊破。故眾建堪稱最上之計，外有親親、廉正之名，內實鞏固強化中央之統治權也。

（2）以親制疏：王國叛變之另一主因，乃漢帝勢孤，蓋文帝以外藩入主，內乏心腹，外無奧援，功臣多高祖馬上故人，梟悍難制，王國則支庶旁屬，有布衣昆弟之心；環顧海內，唯三子爲王耳，然而所轄不大，一旦兵起，何所恃耶？故賈誼主張「以親制疏」。《漢書》本傳曰：

> 初，文帝以代王入即位，後分代爲兩國，立皇子武爲代王，參爲太

原主，小子勝爲梁王矣，又後徙代王武爲淮陽王，而太原王參爲代王，盡得故地。居數年，梁王勝死，亡子。誼復上疏曰：「陛下即不定制，如今之勢，不過一傳再傳，諸侯猶且人恣而不制，豪植而大強，漢法不得行矣！陛下所以爲蕃扞及皇太子之所恃者，唯淮陽、代二國耳，代北邊匈奴，與強敵爲鄰，能自完則足矣；而淮陽之比大諸侯，廑如黑子之著面，適足以餌大國耳，不足以有所禁禦。方今制在陛下，制國而令子適足以爲餌，豈可謂工哉！人主之行異布衣，布衣者，飾小行，競小廉，以自託於鄉黨，人主唯天下安社稷固不耳。高皇帝瓜分天下以王功臣，反者如蝟毛而起，以爲不可，故斮去不義諸侯而虛其國，擇良日，立諸子雒陽上東門之外，畢以爲王而天下安。故大人者不牽小行以成大功。今淮南地遠者或數千里，越兩諸侯而縣屬於漢，其吏民徭役往來長安者，自悉而補，中道衣敝，錢用諸費稱此，其苦屬漢而欲得王至甚，逋逃而歸諸侯者已不少矣，其勢不可久。臣之愚計，願舉淮南地以益淮陽，而爲梁王立後，割淮陽北邊二三列城與東郡以益梁，不可者，可徙代王而都睢陽，梁起於新郪以北著之河，淮陽包陳以南揵之江，則大諸侯有異心者，破膽而不敢謀，梁足以扞齊、趙，淮陽足以禁吳、楚，陛下高枕，終亡山東之憂矣！此二世之利也。……唯陛下財幸。」

梁王劉勝薨，則文帝所恃三子復去其一，帝室益形單薄，而諸王國如餒虎環伺，蠢蠢欲動，故擴充皇子王之地盤，以相抗衡，乃當務之急，是謂「以親制疏」。質言之，即：加強皇子王之國防，以扼形勝之要衝，用捍衛帝室也。

（3）嚴法制裁：賈誼上〈治安策〉之前，濟北王興居、淮南王長，皆已因謀反事洩，分別於四年、六年身亡，吳王濞亦因爲太子提殺，怨恨不朝有年矣，是王國早失臣禮，理應討逆。而文帝意存德化，淮南王死，文帝爲之輟食，引咎哭甚，淮南子四尚七、八歲，皆封侯；〔註32〕吳王見告，文帝乃賜几杖，曲予護全。〔註33〕凡此作爲，賈誼頗謂不可，以爲養虎爲禍，後患

〔註32〕　《漢書・爰盎傳》：「淮南王至雍，病死，聞，上輟食，哭甚哀。」又〈淮南衡山濟北傳〉：「孝文八年，憐淮南王，王有子四人，年皆七、八歲，乃封子安爲阜陵侯、子勃爲安陽侯、子賜爲陽周侯、子良爲東城侯。」

〔註33〕　《史記・吳王濞傳》：「孝文時，吳太子入見，得侍皇太子飲博。吳太子師傅皆楚人，輕悍，又素驕，博，爭道，不恭，皇太子引博局提吳太子，殺之。……吳王由此稍失藩臣之禮，稱病不朝。京師知其以子故稱病不朝，驗問實不病，

無窮，並嚴厲指出天下猶維持安定者，不過因多數諸侯王嗣封穉齡，及其長也，反勢必難免，故宜趁早嚴刑處治，不宜純任德化也。〈治安策〉曰：

> 今或親弟謀爲東帝，親兄之子西鄉而擊，今吳王又見告矣。天子春秋鼎盛，行義未過，德澤有加焉，猶尚如此，況莫大諸侯，權力且十此者虖！然而天下少安何也？大國之王，幼弱未壯，漢之所置傅相，方握其事，數年之後，諸侯之王大抵皆冠，血氣方剛，漢之傅相，稱病而賜罷，彼自丞、尉以上，徧置私人，如此有異淮南、濟北之爲邪？此時而欲爲治安，雖堯舜不治。黃帝曰：「日中必熭，操刀必割。」今令此道順而全安甚易，不肯早爲，已迺墮骨肉之屬而抗剄之，豈有異秦之季世虖？……屠牛坦一朝解十二牛，而芒刃不頓者，所排擊剝割皆眾理解也，至於髖髀之所，非斤則斧。夫仁義恩厚，人主之芒刃也，權勢法制，人主之斧斤也；今諸侯王皆眾髖髀也，釋斤斧之用而欲嬰以芒刃，臣以爲不缺則折，胡不用之淮南、濟北，勢不可也。

事有因時而制宜也者，當寬則寬，當嚴則嚴，剛柔以濟，始克立於不敗之地，若優柔寡斷，一味任德不任刑，逮嗣王壯長，固反受其亂以危社稷焉。

第三節　晁錯之藩國政論思想

晁錯之藩國政論，亦以強幹弱枝爲標的，其辦法曰：「削藩」。晁錯覩諸侯王陰謀不軌，於文帝朝即屢上書倡議削藩，惜帝不用，景帝繼立，乃試行之，終於激起七國之亂，斬錯市朝以謝諸侯。所謂「削藩」也者，即：直接削奪王國領地入於漢；其手段強硬，此激變之主因也。

其實，文、景時期主削藩者，非僅晁錯一人耳，如袁盎，亦嘗於文帝時進言：「諸侯大，驕，必生患，可適削地。」〔註34〕顧主張最具體，實行最堅決者，則允推晁錯爲第一也。《漢書》本傳曰：「錯又言宜削諸侯事，及法令可更定者，書凡三十篇。」惜乎其書早佚，其詳不可考。本傳又曰：

> 遷爲御史大夫，請諸侯罪過，削其支郡（《史記》作：削其地，收其枝郡），奏上，上令公卿列侯宗室雜議，莫敢難，獨竇嬰爭之，由此

> 諸吳使來，輒繫責治之。吳王恐，爲謀滋甚。……於是天子乃赦吳使者歸之，而賜吳王几杖，老，不朝。」
>
> 〔註34〕見《漢書·爰盎傳》。

與錯有隙。錯所更令三十章，諸侯讙譁。

《史記·吳王濞傳》曰：

> 晁錯爲太子家令，得幸太子，數從容言吳過可削。數上書說孝文帝，文帝寬，不忍罰，以此吳日益橫。乃孝景帝即位，錯爲御史大夫，說上曰：「昔高帝初定天下，昆弟少，諸子弱，大封同姓，故王孽子：悼惠王王齊七十餘城，庶弟元王王楚四十餘城，兄子濞王吳五十餘城；封三庶孽，分天下半。今吳王前有太子之郤，詐稱病不朝，於古法當誅，文帝弗忍，因賜几杖。德至厚，當改過自新，乃益驕溢，即山鑄錢，煮海水爲鹽，誘天下亡人，謀作亂。今削之亦反，不削之亦反。削之，其反亟，禍小；不削，反遲，禍大。」三年冬，楚王朝，晁錯因言楚王戊往年爲薄太后服，私姦服舍，請誅之，詔赦，罰削東海郡。因削吳之豫章郡、會稽郡。及前二年趙王有罪，削其河間郡。膠西王卬以賣爵有姦，削其六縣。

由上述諸文推測，晁錯削藩政策蓋分採下列次第進行之：

（1）更改有關王國之法令，黜其權限，嚴其律條，以苛撓諸侯王。

（2）呈報諸侯王之罪過，請求依新法制裁。

（3）宣布削地若干。

景帝中五年，令諸侯王不得復治其國，並省王國之御史大夫、廷尉、少府、宗正、博士，減損大夫、謁者、郎諸官長丞，[註35] 未知是否發自晁錯。至於呈報罪狀、依法削地，據〈吳王濞傳〉所載，事例明確。如：

（1）楚王戊

罪狀：爲薄太后服，私姦服舍。

削地：削東海郡。

（2）趙王遂

罪狀：前二年趙王有罪。

削地：削河間郡。（常山郡）

案《漢書·高五王傳》：「趙王遂立二十六年，孝景時，以過削常山郡，諸侯怨，吳楚反，遂與合謀起兵。」其罪內容未詳。

〔註35〕《漢書·百官公卿表》：「景帝中五年令諸侯王不得復治國，天子爲置吏，改丞相曰相，省御史大夫、廷尉、少府、宗正、博士官，大夫、謁者、郎諸官長丞皆損其員。」

（3）膠西王卬

　　罪狀：以賣爵事有姦。

　　削地：削六縣。

（4）吳王濞

　　罪狀：詐病不朝，不改過自新，僞鑄錢，煮海爲鹽，誘天下亡人等。

　　削地：削會稽郡、豫章郡。

　　其追查諸王罪必疵苛細，吳王濞起兵反，發使遺諸侯書曰：「以漢有賊臣錯，無功天下，侵奪諸侯地，使吏劾繫訊治，以侵辱之爲故，不以諸侯人君禮遇劉氏骨肉，絕先帝功臣，進任姦人，詆亂天下，欲危社稷。」〔註36〕孟康曰：「故，事也。」師古曰：「言專以侵辱諸侯爲事業。」至於削地，則從王國四境始，《史記》本傳曰：「削其地，收其枝郡。」《漢書》：「削其支郡」。師古曰：「支郡，在國之四邊者也。」蓋從四境，漸而蠶食迫蹙之也。此削藩之大概也。

第四節　賈誼晁錯藩國政論比較

　　賈誼、晁錯之藩國政論略如上二節所述，綜括言之，賈誼主「眾建」，其方法在使王國力量因國分而弱，過程較溫和；晁錯主「削藩」，其方法乃直接削奪王國領地入於漢，手段較強硬；故前者未引起激烈反抗，後者則觸怒七國聯袂叛變。

　　進一步言，「眾建」與「削藩」，雖具以「彊本幹，弱枝葉」，〔註37〕減少地方威脅，鞏固中央統治爲出發，然政策之基本原理泂大異其趣也。「眾建」奠基於「推親親之恩」，「削藩」則建立於「以法割削」。武帝時，主父偃說之甚諦，曰：

　　　古者諸侯不過百里，強弱之形易制，今諸侯連城數十，地方千里，
　　　緩者驕奢易爲淫亂；急則阻其彊而合縱以逆京師，今以法割削，則
　　　逆節萌起，前日晁錯是也。今諸侯子弟或十數而適嗣代立，餘雖骨
　　　肉，無尺寸地封，則仁義之道不宣，願陛下令諸侯得推恩，分子弟

〔註36〕見《漢書·吳王濞傳》。

〔註37〕《史記·漢興以來諸侯王年表·序》：「秉其阨塞地利，彊本幹，弱枝葉之勢，尊卑明而萬事各得其所矣。」

以地，侯之，上以德施，實分其國，不削而稍弱矣。〔註38〕

「以法割削，則逆節萌起，前日晁錯是也」，是晁錯任法削藩；至於「分子弟以地，侯之，上以德施，實分其國」，則賈誼「眾建」之闡揚與繼續，主父偃謂曰：「推恩」，是賈誼亦推恩也。

「推恩」者，推親親之恩也。周人封建制度，即緣「親親」關係爲結構，其政體乃家族形式之擴大，以宗法維繫血緣，規制政治與經濟之分配，使血統相連屬，用屏衛王室於不墜也。故古人有言：「公族，公室之枝葉也；若去之，則本根無所庇蔭矣。」又謂：「公室將卑，其宗族枝葉先落。」〔註39〕漢興，高祖封建同姓以填異姓，初肇於此，後亦頗收藩輔之成效也。《漢書‧諸侯王表》曰：「漢興之初，海內新定，同姓寡少，懲戒亡秦孤立之敗，於是剖疆裂土，立二等之爵，功臣侯者百有餘邑，尊王子弟，大啓九國。……卒折諸呂之難，成太宗之業者，亦賴之於諸侯。」賈誼倡議立皇子，王廣要之地，「以親制疏」，實爲封建之基本精神也。至於「眾建諸侯」，則亦令諸侯王各推其親親之恩於王國，以分封子孫，乃承繼姬周：「嫡子世其國，別子爲大夫」之遺義而轉化之耳。

考先秦諸子中，儒家是主張恢復西周封建制度爲職志之學派也。蓋封建親親自有其無法避去之困難，封建以血緣爲紐帶，又以宗子爲提綱，隨世繁衍，小宗枝脈固然愈眾，而親屬之觀念則愈淡薄，故於理論上，其親屬結構可謂明趨鉅大，但實際之親情反日以寡少，一天下分崩離析而爲列國，列國又分崩離析而爲眾家，眾家又分崩離析而爲匹夫匹婦，即與黎庶之家室無異矣。王夢鷗曰：

> 此種日龐的家族觀念，表現爲人我狹隘的畛域。人我的畛域既嚴，而人與人之稱謂亦從「類別的」，進至於「個別的」，僅父有「再」「從」之分，而舅亦有「內」「外」之別。其於甥輩，曰「出」曰「私」以外，且有「姨」「舅」「姑」之不同。凡此種種，雖似人文日進，概念愈見分明；其實上古淳樸之風，公忠體國之團體意識，亦因而消匿矣。降至戰國之末，即公侯子孫已早失其「族屬」之公心，人人但有室家之私念。殷周以來之族屬演變至此，縱無秦人爲之更制，

〔註38〕見《史記‧主父偃傳》。
〔註39〕《左傳》文公七七年樂豫言。又《左傳》昭公三年叔向言。

蓋亦將自行崩潰，無疾而終矣。〔註40〕

故春秋以降，彝倫斁敗，親親之誼斷絕，天子式微，諸侯以霸，而上殺下弒，史不絕書，陵夷至戰國，邪風彌熾，封建制度頻臨瓦解。儒家鑒此，遂力倡抑制僭臣以復王權，其目的在矯臣強之失也。孔子曰：

> 天下有道，則禮樂征伐，自天子出；天下無道，則禮樂征伐，自諸
> 侯出。自諸侯出，蓋十世希不失矣；自大夫出，五世希不失矣；陪
> 臣執國命，三世希不失矣。天下有道，則政不在大夫。天下有道，
> 則庶人不議。〔註41〕

孟子亦曰：

> 五霸者，三王之罪人也。今之諸侯，五霸之罪人也。今之大夫，今
> 之諸侯之罪人也。天子適諸侯曰巡狩。諸侯朝於天子曰述職。春省
> 耕而補不足，秋省斂而助不給。入其疆，土地辟，田野治，養老尊
> 賢，俊傑在位則有慶，慶以地。入其疆，土地荒蕪，遺老失賢，掊
> 克在位則有讓。一不朝則貶其爵，再不朝則削其地，三不朝則六師
> 移之。是故天子討而不伐，諸侯伐而不討。五霸者，摟諸侯以伐諸
> 侯者也。故曰：五霸者，三王之罪人也。〔註42〕

此等觀念充分表明「尊君」思想，唯儒家此種思想含正君臣本位與維護禮制之態度，此為孔孟所戮力以赴者也，衡諸法家絕對君權觀，其本質迥異。

漢初封建同姓，初與周室「立五等爵，封國八百，同姓五十有餘」〔註43〕旨義相同，故末流禍患亦頗類似。司馬遷曰：

> 漢興，序二等，高祖末年，非劉氏而王者，若無功，上所不置而侯
> 者，天下共誅之。高祖子弟同姓為王者九國。……何者？天下初定，
> 骨肉同姓少，故廣彊庶孽，以鎮撫四海，用承衛天子也。漢定百年
> 之間，親屬益疏，諸侯或驕奢忕，邪臣計謀為淫亂，大者叛逆，小
> 者不軌於法，以危其命，殞身亡國。〔註44〕

賈誼為一儒家思想濃厚之學者，職是之故，其藩國政策多本諸孔孟。如《新書》曰：

〔註40〕見王氏著《中國古代家族之形成及其流變》。
〔註41〕見《論語・季氏篇》。
〔註42〕見《孟子・告子篇》下。
〔註43〕同註13。
〔註44〕見《史記・漢興以來諸侯王年表・序》。

人主之尊,辟無異堂陛,陛九級者,堂高大幾六尺矣。若堂無陛級者,堂高殆不過尺矣。天子如堂,群臣如陛,眾庶如地,此其辟也。故陛九級上,廉遠地則堂高,陛無級,廉近地則堂卑。高者難攀,卑者易陵,理勢然也。故古者聖王制爲列等,內有公卿大夫士,外有公侯伯子男,然後有官師小吏,施及庶人,等級分明,而天子加焉,故其尊不可及也。〔註45〕

禮,天子之樂宮縣;諸侯之樂軒縣;大夫直縣,士有琴瑟。叔(孫)於奚者,衛之大夫也;曲縣者,衛君之樂體也;繁纓者,君之駕飾也。齊人攻衛,叔(孫)於奚率師逆之,大敗齊師,衛於是賞以溫。叔孫於奚辭溫,而請曲縣繁纓以朝,衛君許之。孔子聞之曰:「惜乎!不如多與之邑。夫樂者所以載國,國者所以載君。彼樂亡而禮從之,禮亡而政從之,政亡而國從之,國亡而君從之。惜乎!不如多與之邑。」〔註46〕

疏遠無所放,眾庶無以期,即下惡能不疑其上?君臣同倫異服,異等同服,則上惡能不眩於其下?孔子曰:「長民者衣服不二,從容有常,以齊其民,則民德一。」詩云:「彼都人士,狐裘黃裳,行歸於周,萬民之望。」孔子曰:「爲上可望而知也,爲下可類而志也。」則君不疑於其臣,而臣不惑於其君。而此之不行,沐瀆無界,可謂長大息者此也。〔註47〕

依據前文,賈誼「尊君」,嚮往於正君臣、尊禮制之儒家理想,甚明。「眾建諸侯」及「以親制疏」,不但包含削弱王國權力以尊帝室之目的,當亦與上述理想契合也。其〈過秦論〉並認爲秦若能「並殷周之跡,……裂地分民以封功臣之後,建國立君以禮天下」,則可免「傾危之患」。〔註48〕凡此種種,足證賈誼不主張廢除封建。

顧自秦併六國,混同殊方異族而統一爲天下,既以郡縣制度代替世爵世祿之血族封建制度,世職公卿大夫夷爲平民,平民之家與郡縣之系屬,純出乎政治關係,而不因血緣。秦帝國始建,雖有丞相綰、博士淳于越者流,緬

〔註45〕見《新書・階級篇》。
〔註46〕見《新書・審微篇》。
〔註47〕同註28。
〔註48〕詳見《史記・秦始皇紀》,或《新書・過秦論》。

懷舊制，企圖恢復封建而用諸新王朝，〔註49〕終爲潮流推移，難以實現。漢初之封建，乃迫於現實，不得已而封武功，其後復因克抑異姓而大封同姓，然而中央集權早已取代分權分封，而維繫封建之宗法更蕩然無存，封建制度如彊弩之末，將往而不返矣。此時此地，訴諸純綷之親親，則失之迂腐，故賈誼之藩國政論亦帶有強烈之法家思想。

　　法家主張絕對君主集權。春秋戰國時代，乃由分權封建制度演變爲集權郡縣制度之過渡，法家君主集體論，受此蛻變激盪而形成，而法家之言論與實際施政亦直接促成君主集權制趨向於成熟，各國君主多假法家之手，以裁黜公室強臣，完成政治權力之統一。削貴族，集君權，乃法家之專務；一方面不使人臣太貴，防其借力壅主，一方面集中威勢於君主，以秉要統馭。管子曰：

> 凡人君之所以爲君者勢也，故人君失勢，則臣制之矣。勢在下，則君制於臣矣；勢在上，則臣制於君矣。故君臣之易位，勢在下也。……故曰：勢，非所以予人也。〔註50〕

> 權勢者，人主之所獨裁也。故人主失守則危。〔註51〕

韓非子曰：

> 萬乘之主，千乘之君，所以制天下而征諸侯者，以其威勢也。威勢者，人主之筋力也。今大臣得威，左右擅勢，是人主失力；人主失力而能有國者，千無一人。虎豹之所以能勝人，執百獸者，以其爪牙也；當使虎豹失其爪牙，則人必制之矣。今勢重者，人主之爪牙也，君人而失其爪牙，虎豹之類也。〔註52〕

所謂勢者權力，蓋指主權、統治權、政治權力，具有唯一、最高、強制諸特性，爲治理國家、建立功業之要素，君主務「集勢」以「任勢」、「持勢」，其勢要隆重，無敵且不厭尊，綦於無不禁也，是以最忌強臣「擅勢」，強臣擅勢則權力分於下而上位危。韓非子曰：

> 愛臣太親，必危其身。大臣太貴，必易主位。主妾無等，必危嫡子。

〔註49〕《史記・秦始皇紀》：丞相綰曰：「諸侯初破，燕、齊、荊地遠，不爲置王，毋以填之，請立諸子。」又博士淳于越曰：「臣聞之殷周之王千餘歲，封子弟功臣自爲支輔，今陛下有海內，而子弟爲匹夫，卒有田常六卿之臣，無輔拂，何以相救哉？事不師古而能長久者，非所聞也。」

〔註50〕見《管子・法法篇》。

〔註51〕見《管子・七臣七主篇》。

〔註52〕見《韓非子・人主篇》。

兄弟不服，必危社稷。臣聞千乘之君無備，必有百乘之臣在其側，
以徙其民而傾其國。萬乘之君無備，必有千乘之家在其側，以徙其
威而傾其國。是以姦臣蕃息，主道衰亡。是故諸侯之博大，天子之
害也；群臣太富，君主之敗也。將相之後主而隆家，此君人者所外
也。……昔者，紂之亡、周之卑，皆從諸侯之博大也。晉之分也，
齊之奪也，皆以群臣之太富也。夫燕宋之所以弑其君者，皆此類也。
故上比之殷周，中比之齊晉，下比之燕宋，莫不從此術也。是故明
君之蓄其臣也，盡之以法，質之以備。故不赦死，不宥刑。赦死宥
刑，是謂威淫，社稷將危，國家偏威。〔註53〕

有國之君，不大其都；有道之臣，不貴其家；有道之君，不貴其臣·
貴之富之，備將代之。……為人君者，數披其木，毋使木枝扶疏；
木枝扶疏，將塞公閭。私門將實，公庭將虛，主將雍圍。數披其木，
無使木枝外拒；木枝外拒，將逼主處。數披其木，毋使枝大本小；
枝大本小，將不勝春風；不勝春風，枝將害心。掘其根，木乃不神。
填其淵，毋使水清。探其懷，奪之威，主上用之，若電若雷。〔註54〕

以上極言強臣公室太盛，偪主危國也，蓋強臣公室大氐擁封土勢位，君主大
權旁落，必禍啓蕭牆，不可不防備周至也，譬如蒔木，枝茂葉盛，主幹不勝
負荷，必拔根倒本，故務四時修翦，芟汰小枝以固本幹，否則人君失勢，反
制於臣矣。封建制度，為一分權式之組織，就法家觀，不啻借臣以力，猶若
魚失於淵，不復可得，〔註55〕故法家必反對封建制度，嬴政、李斯之言，即
其明證也。《史記·秦始皇紀》曰：

丞相綰等言：「諸侯初破，燕、齊、荊地遠，不為置王，毋以填之，
請立諸子，唯上幸許。」始皇下其議於群臣，群臣皆以為便。廷尉
李斯議曰：「周文武所封子弟同姓甚眾，然後屬疏遠，相攻擊如仇讎，
諸侯更相誅伐，周天子弗能禁止。今海內賴陛下神靈一統，皆為郡
縣，諸子功臣以公賦稅重賞賜之，甚足易制。天下無異意，則安寧
之術也。置諸侯不便。」始皇曰：「天下共苦戰鬥不休，以有侯王。

〔註53〕見《韓非子·愛臣篇》。
〔註54〕見《韓非子·揚搉篇》。
〔註55〕《韓非子·內儲說》下：「勢重者，人主之淵也；君者，勢重之魚也。魚失於
淵，而不可復得也。人主失其勢重於臣，而不可復收也。」

　　　賴宗廟，天下初定，又復立國，是樹兵也，而求其寧息，豈不難哉！

　　　廷尉議是。」

封建子弟，視同樹敵戰鬥，不封則安寧之術，旨意明確也。

　　賈誼之藩國政論，雖主張「眾建諸侯」、「以親制疏」，欲推親親之誼，考其目的，則不外集權君主，不使王國擅勢，陳啓天曰：「賈誼以儒家兼學刑名，並主張眾建諸侯以強幹弱枝，即爲一種集勢論。」〔註56〕再者，賈誼有「嚴法制裁」之論，謂世異則事變，事異則備變，芒刃但可排擊腠理，至於髖髀大骨則非斧斤，無以爲治，今之王國乃髖髀大骨，釋斧斤而欲嬰芒刃，不缺則折，而權勢法制即人主之斧斤，仁義恩厚不過爲芒刃耳。所謂「仁義恩厚」爲儒家之中心思想，而「權勢法制」爲法家之主要論述，賈誼棄彼取此，其受法家之影響，不言而諭矣。

　　若夫晁錯，既始之以明訂律法，再使吏劾繫訊治，終於請罪削地。《史記‧吳王濞傳》曰：「諸侯既新削罰，振恐，多怨晁錯。」其削藩乃使諸侯「振恐」，則一本法家嚴刑峻罰。故史遷、班固具入晁錯於酷吏之林，曰：

　　　孝景時，晁錯以刻深頗用術輔其資，而七國之亂發怒於錯，錯卒以

　　　被戮。〔註57〕

「深刻」、「用術」，爲漢人眼中之法家通象，司馬談云：「法家者流，不別親疏，不殊貴賤，一斷於法，則親親尊尊之恩絕矣。」〔註58〕法家不論親親尊尊，然則晁錯固反對封建制度。晁錯「削藩」與賈誼「眾建」，異中有同、同中有異，其間差別胥在是也。

〔註56〕見陳氏著《中國法家概論》第五章。

〔註57〕見《史記》、〈酷吏傳〉。「錯卒以被戮」，《漢書‧酷吏傳》作「錯卒」。

〔註58〕見《史記‧太史公自序》、司馬談〈論六家要旨〉。

第四章　賈誼晁錯經濟政論思想

第一節　漢初經濟概況

　　漢初，承衰周暴秦餘緒，繼兵革久喪之後，海內虛耗，蕭條至極矣。

　　以人口數言之，《文獻通考·戶口考》：「戰國之時，考蘇張之統計，秦及山東六國，戎卒尙五百餘萬，推人口之數，尙當千餘萬。」據梁啓超推算，七國加宋、衛、中山、東西周等，應不下三千萬；曹松葉主張四千餘萬；管東貫則言二千四百八十萬，舉成數二千五百萬。〔註1〕此一人口數，輾轉至於高祖時，銳減嚴重，情形有如下述：

　　高帝南過曲逆，上其城，望見其屋室甚大，曰：「壯哉縣！吾行天下，獨見洛陽與是耳。」顧問御史曰：「曲逆戶口幾何？」對曰：「始秦時三萬餘戶，間者兵數起，多亡匿，今見五千戶。」〔註2〕

　　漢興自秦二世元年之秋，楚陳之歲，初以沛公總帥雄俊，三年然後西滅秦，立漢王之號，五年東克項羽，即皇帝位，八載而天下迺平，始論功而定封，訖十二年，侯者有四十有三人。時大都名城，民人散亡，戶口可得而數裁什二三，是以大侯不過萬家，小者五六百戶。〔註3〕

曲逆三萬餘僅賸五千，遽減倍數六，姑以戰國三千萬計之，約五百萬，若據

─────────────────

〔註 1〕 梁啓超計算內容，詳見梁氏著《飲冰室文集》第四冊：「中國歷史上人口之統計」。曹松葉計算內容，詳見曹氏著《戰國秦漢三國人口略述》。管東貫計算內容，詳見管氏著《戰國至漢初的人口變遷》。

〔註 2〕 見《史記·陳丞相世家》。

〔註 3〕 見《漢書·高惠文功臣表》。

《漢書》「裁什二三」，則僅得六十至九十萬耳。顧上述比例，乃對秦戶籍言，秦統一後十餘年間，內外興作：北伐匈奴、南征交阯，又復長城之役、五嶺之戍、修馳道、作驪山；百姓死亡如亂麻，秦時人口當大減於戰國。漢初少人，可類推覘知矣。

以經濟言之，戰國中葉，列國競強，於是農業發展，工商業勃興，千丈之城、萬家之邑相望於道，即以齊、魏為例，《戰國策‧齊策》寫臨淄之豐饒曰：「臨淄甚富而實，其民無不吹竽鼓瑟，擊筑彈琴，鬥雞走狗，六博蹹踘者。臨淄之途，車轂擊，人肩摩，連衽成帷，舉袂成幕，揮汗成雨。」又〈魏策〉狀魏之富庶曰：「田舍廬蕪之數，曾無所芻牧，人民之眾，牛馬之多，日夜行不絕。」蓋盛況空前矣。無如兼併日遽，干戈鼎沸，遂迭遭破壞；秦竭天下資財，以奉苛暴之政，民生更形凋弊；楚漢爭鬥，兵燹所遇率多殘破，農民婦再度棄耕耒下織機，結果耕地荒蕪，食穀衣物生產大減，物價騰貴而百姓饑凍。逮及天下既定，而傷夷猶未起也，其時社會經濟如下：

> 漢興，接秦之弊，丈夫從軍旅，老弱轉糧饟，作業劇而財匱，自天子不能具鈞駟，而將相或乘牛車，齊民無藏蓋。〔註4〕

> 漢興，接秦之敝，諸侯並起，民失作業，而大饑饉。凡米石五千，人相食，死者過半。高祖乃令民得賣子，就食蜀漢。天下既定，民亡蓋臧，自天子不能具醇駟，而將相或乘牛馬。〔註5〕

職是之故，高祖登基，行政之首廠為：撫輯流亡、滋殖人口、減賦輕刑；用鼓勵生產、安定社會，謀強國富民也。其實施狀況：

（1）撫輯流亡：所謂流亡，包括流民及解甲戰士，蓋戰亂之際，丁壯徵發為兵源，轉徙南北，老弱不堪蹂躪，多亡匿散走以避烽煙，於是行戍者不返而流民益夥，至於天下騷動而城市農村盡成丘墟也。有鑒於此，高祖五年，既殺項羽降魯，即下令歸民罷兵，撫輯流亡，勉其返鄉生產。《漢書‧高帝紀》曰：

> 夏五月，兵皆罷歸家。詔曰：「諸侯子在關中者，復之十二歲，其歸者半之。民前或相聚保山澤，不書名數，今天下已定，令各歸其縣，復故爵田宅，吏以文法教訓辨告，勿笞辱。民以飢餓自賣為人奴婢者，皆免為庶人。軍吏卒會赦，其亡罪而亡爵及不滿大夫者，皆賜爵為大夫。故大夫以上賜爵各一級，其七大夫以上，皆令食邑，非

〔註4〕見《史記‧平準書》。
〔註5〕見《漢書‧食貨志》。

七大夫以下，皆復其身及戶，勿事。」又曰：「七大夫、公乘以上，
皆高爵也，諸侯子及從軍歸者，甚多高爵，吾數詔吏先與田宅，及
所當求於吏者，亟與。……」

凡百姓飢寒窘困自賣淪爲奴婢者，可以無償而恢復民籍；其去離本土、避難
他地以逃徭役而無戶籍者，赦無罪，願歸還原籍縣邑編入戶冊，即領取原爵、
原田宅。至於從軍吏卒，則各依其軍功大小、從軍久暫，賜予種種優惠，其
辦法大致言之：第七級「公大夫」以上者食邑，第六級「官大夫」以下，加
爵一級、免輸戶賦徭役不等；凡歸田戰士悉詔地方官吏優先行田宅，以安定
生活、從事生產。

（2）滋殖人口：兵革之下，殺戮慘烈，故漢室初肇，戶口垂垂少矣。然
而戶口眾寡，關係乎勞動生產力，苟欲廣興庶事，必致力於繁衍人口，求其
量多而速也。高祖獎勵人口，採行賞賜。〈高祖本紀〉云：

七年……，春，……民產子，復勿事二歲。

師古曰：「勿事，不役使也。」即：凡百姓家生子一人者，免其力役兩年。獎
掖優渥也。

（3）減賦輕刑：高祖改秦苛征暴斂、嚴刑酷法作風，一方面薄賦輕徭，
一方面疏闊網禁。《漢書・食貨志》言高祖即位而後：

約法省禁，輕田租，什五而稅一。量吏祿，度官用，以賦於民。而
山川園池市肆租稅之入，自天子以至封君湯沐邑，皆各爲私奉養，
不領於天子之經費。漕轉關東粟以給中都官，歲不過數十萬石。

以上所述乃：（1）減輕田租，十五稅一；（2）釐清政府與帝室、王侯費用；（3）
節省中央各機關之支出，減少漕轉糧食。十一年，察諸侯王及各郡官吏進獻
無度，貧弱愈困，下詔，曰：

欲省賦甚，今獻未有程，吏或多賦以爲獻，諸侯王尤多，民疾之。
令諸侯王、通侯常以十月朝獻，及郡各以其口數率，人歲六十三錢，
以給獻費。〔註6〕

自五年至十二年崩殂，數赦罪予民更始，見諸記載者有：

五年春正月，下令：兵不得休八年，萬民與苦甚，今天下事畢，其
赦天下殊死以下。

五年六月壬辰，大赦天下。

〔註6〕　見《漢書・高帝紀》。

六年十二月，詔曰：天下既安，豪桀有功者封侯，新立，未能盡圖
其功，身居軍九年，或未習法令，或以其故犯法，大者死刑，吾甚
憐之，其赦天下。

十年秋七月癸卯，太上皇崩，葬萬年，赦櫟陽囚死罪以下。

十一年春正月，大赦天下。〔註7〕

又恐官吏因循秦習、未改細擾，乃諄諄戒其慎以撫循為意，曰：

吏以文法教訓辨告，勿笞辱。

法以有功勞行田宅，今小吏未嘗從軍者多滿，而有功者顧不得，背
公立私，守尉長吏教訓甚不善。其令諸吏善遇高爵，稱吾意。且廉
問，有不如吾詔者，以重論之。〔註8〕

綜前所述，括言之，高祖舉措貴寬簡清靜，一切以富國養民、歸本力農為教
訓，乃推行以「無為思想」為主導之「重農」經濟政策也。

孝惠、呂后承遺訓，仍本清靜之旨，惟「重農」是尚，並開置田官，尊
秩免役以為勸。惠帝四年令：「舉民孝弟力田者，復其身。」六年令：「女子
年十五以上至三十不嫁，五算。」〔註9〕呂后元年：「置孝弟力田二千石者一
人。」〔註10〕悉致力於繁息人民、勵農敦本。如此孜孜矻矻，歷二十餘載慘
澹經營，社會終於漸臻復蘇，具備小康外貌云。故司馬遷曰：「孝惠皇帝、高
后之時，黎民得離戰國之苦，君臣具欲休息乎無為，故惠帝垂拱，高后女主
稱制，政不出房戶，天下晏然，刑罰罕用，罪人是希，民務稼穡，衣食滋殖。」
〔註11〕洎文帝朝，流民已歸，民生轉富，雖不及武帝之充實雄厚，殆亦昇平
氣象矣。

唯無為政策，一任社會事態自為流變，乃致復蘇過程，連帶而來若干弊
患，最著者：商人階級崛起，形成資產集中、貧富不均，並煽惑奢汰惡習。
蓋黃老無為思想應用諸經濟，不外採行「放任主義」經濟政策，農工商賈、
千百行業聽其自然生長、自由競爭。《史記‧貨殖列傳》曰：

夫神農以前，吾不知已。至若詩書所述虞夏以來，耳目欲極聲色之
好，口欲窮芻豢之味，身安逸樂，而心誇矜勢之榮，使俗之漸民久

〔註7〕 同註6。
〔註8〕 同註6。
〔註9〕 見《漢書‧惠帝紀》。
〔註10〕 見《漢書‧高后紀》。
〔註11〕 見《史記‧呂太后紀》。

矣。雖戶說以眇論，終不能化。故善者因之，其次利道之，其次教
誨之，其次整齊之，最下與之爭。

又曰：

故待農而食之，虞而出之，工而成之，商而通之，此寧有政教發徵
期會哉？人各任其能，竭其力，以得所欲。故物賤之徵貴，貴之徵
賤，各勸其業，樂其事，若水之趨下，日夜無休時。不召而自來，
不求而民出之。豈非道之所符，而自然之驗耶？

司馬遷此語適表見「因循為用」、「放任自然」之旨，以為滿足欲望為經濟活
動之起點，人人皆有欲望，人人思求滿足，無須政府橫加干涉，宜其自獲滿
足處所，故上上政策在聽任自然，即所謂「因」，「誘導」、「教誨」、「整齊」，
次而又次，至於用強力與之爭，則最為下策也。無為政治歷孝惠、呂后，至
文、景之世至於顛峰，放任經濟亦隨之極端發展，其結果有二：

（一）生產增加，財富豐殖。如《史記・平準書》所言：

漢興七十餘年之間，國家無事，非遇水旱之災，民則人給家足，都
鄙廩庾皆滿，而府庫餘貨財，京師之錢累巨萬，貫朽而不可校。太
倉之粟，陳陳相因，充溢露積於外，至腐敗不可食。眾庶街巷有馬，
阡陌之間成群。而乘字牝者，擯而不得聚會。守閭閻者食粱肉，為
吏者長子孫，居官者以為姓號。

（二）貧富相懸，失卻均衡，富者驕奢無度，貧者鶉服悲苦。故〈平準
書〉又曰：

當此之時，網疏而民富，役財驕溢，或至兼并。豪強之徒，以武斷
於鄉曲。宗室有土，公卿大夫以下，爭於奢侈。室廬輿服，僭於上，
無限度。

職是之故，文帝社會呈現矛盾狀態：其一：「百姓無內外之繇，得息肩於田畝，
天下殷富，粟至十餘錢，鳴雞吠狗，煙火萬里，可謂和樂者乎！……會天下
新去湯火，人民樂業，因其欲然，能不擾亂，故百姓遂安，自年六七十翁亦
未嘗至市井，游敖嬉戲如小兒狀。」〔註12〕其二：「漢之為漢幾四十年矣，公
私之積猶可哀痛，失時不雨，民且狼顧，歲惡不入，請賣爵、子。」〔註13〕
「重農政策」漸增之財力，緣富商大賈居間盤剝，蠶食鯨吞，衍成小農破產、

〔註12〕　見《史記・律書》。
〔註13〕　同註5。

農村屈竭，於是豪族與平民日以異化。韓復智分析曰：「社會財富的增加，並不是每個人的生活都獲得改善，大多數的農民仍然無法享受社會已經增加的那份財富，因此便產生了『貧窮於富足之中』的矛盾現象。」〔註14〕此一狀況，至武帝尖銳衝突無以復加，而文帝時期已為患極矣。

　　其實，商人崛興，起源甚早。考吾國商業行為濫觴於神農氏，三代之際已有操貨殖業者，惟彼時尚未盤踞社會經濟之要津；春秋戰國以下則貿易大開，非徒商業階級成立，且已貲財鉅萬，勢力鼎盛，自子貢、范蠡，至白圭、郭縱、烏倮氏、卓氏、宛孔氏、邴氏者流，或居積趨時為務，或兼營貨物生產；陽翟呂不韋乃起家商賈竄升秦相國。唯各國猶設關稅制度，禁貨賄自由出入；逮秦始皇混同區宇，關津限制盡去；漢興無為，更「通關梁，弛山澤之禁」，〔註15〕一時之間，富商大賈周流天下，而交易之物莫不得通其所欲，據《史記》〈貨殖傳〉所載，主要者計：酤、醯醬、漿、牛羊彘皮、穀耀、薪槀、船、木、竹竿、輺車、牛車、木器髤、銅器、素木、鐵器、茜、馬蹄躈、牛羊彘、僮手指、筋角、丹沙、帛絮、細布、文采、榻巾、皮革、漆、蘗麴、鹽豉、鮐鮆、鮿、鮑、棗栗、狐貂裘、羔羊裘、旃席、雜果菜等等，衣食器用庶幾樣樣具全矣。李劍農譽曰：「實為中國商人第一次獲得自由發展之安全時期也。」〔註16〕商業空前發達之結果，累積龐大資本，而龐大商業資本運用諸農業社會，其主要形態大氐為：（1）蒐購土地，成為大地主，兼食私租；（2）經營高利貸、迫蹙小農破產；（3）囤積農作物，用以操縱物價、壟斷市場。董仲舒曰：

> 至秦則不然，用商鞅之法，改帝王之制，除井田，民得買賣；富者田連阡陌，貧者無立錐之地。又顓川澤之利，管山林之饒，荒淫越制，踰侈以相高；邑有人君之尊，里有公侯之富，小民安得不困？……或耕豪民之田，見稅什五，故貧民常衣牛馬之衣，食犬彘之食。……漢興，循而未改。〔註17〕

《前漢紀》卷八文帝十三年曰：

> 今漢民或百一而稅，可謂鮮矣；然豪彊富人占田逾侈，輸其大半，

〔註14〕見韓氏著《兩漢的經濟思想》第一章。
〔註15〕同註5。
〔註16〕見李氏著《先秦兩漢經濟史稿》第十五章。
〔註17〕同註5。

官收百一之稅，而民輸豪彊太半之賦；官家之惠優於三代，豪彊之
暴酷於亡秦。是以上惠不通，威福分於豪彊也。

《史記・平準書》亦曰：

漢興，接秦之弊，丈夫從軍旅，老弱轉糧饟，作業劇而財匱，自天
子不能具鈞駟，而將相或乘牛車，齊民無藏蓋。於是爲秦錢重難用，
更令民鑄錢，一黃金一斤，約法省禁。而不軌逐利之民，蓄積餘業
以稽市物，物踊騰糶，米至石萬錢，馬一匹則百金。

以上所舉，皆漢世事實也。商人巧取豪奪，牟得暴利，大者傾都，中者傾縣，
小者傾鄉里，不啻「素封」。〔註18〕夫商業利益遽興之後，下敘二畸形現象亦
繼之萌生：（1）富商大賈，多與官吏權勢之家相結托；（2）官吏權勢之家亦
多求賈利。至此，官商勾結，肆無忌憚，兼併益熾，小民盡淪爲魚肉矣。於
是乎農、商矛盾於焉潛藏，非徒不能相互輔益，反而相互抵觸傾軋，浸以懸
絕焉。傅築夫《由兩漢的經濟變動說明兩漢興亡》，說之綦詳，逐錄於此，藉
供參考。傅氏曰：

在農業和商業的極端發達狀況之下，卻深深的埋伏著一個自己毀滅
的種子，換言之，即經濟機構的內部潛伏著一個不能調和的矛盾，
這一個矛盾便是農業與商業之間的不平衡。當時經濟的生產機構是
農業，經濟的中心是農村，在農村經濟基礎之上發達起來的商業必
須有一定的限度，即發達的程度不能超過與農村在某一點上的平
衡；超過了這一個平衡點則兩者之間的矛盾便要開始暴露，而暴露
之後農業與商業不但不能互相輔益，反而要互相衝突，互相毀滅。
西漢年間因了商業之過度發展，造成了商業資本的大量積集，……
商業資本既大量積集，而商業資本的基本作用又只是買與賣，換言
之，即商業資本永遠輾轉於流通界中，由貨幣資本轉變爲商品資本，
復由商品資本轉變爲貨幣資本。所以商業資本實際上只是一種流通
資本（capital of circulation）輾轉流通於市場，其唯一的再生產作用
便是增大它自身的數量。……在農業社會中，既沒有工業生產來吸

〔註18〕《史記・貨殖傳》：「今有無秩祿之奉，爵邑之入，而樂比封君者，命曰素封。
封者食租稅，歲率戶二百，千戶之君則二十萬，朝覲聘享出其中。庶民農工
商賈，率亦歲萬息二千，戶百萬之家則二十萬，而更傜租賦出其中，衣食之
欲，恣所好美矣。」

收大量資本，則當時可能有的出路只有全部傾入農村，而資本在農
村中的活動不外是收買土地，經營高利貸，及囤積農產物，用以操
縱物價等。……商業資本既都大量的傾入農村，於是便在上述三種
不同的活動方式下殊途同歸的盡了一種破壞農村剝削農民的作用，
使社會階級的對立爲之日益尖銳，經濟內部的矛盾亦因而日益深刻。

　　再者，西漢爲吾國「金屬貨幣」發展之高階段時期，此時金屬貨幣已脫
卻器物形制之束縛，見用於交易、借貸、稅收、餽贈、分產、保藏諸用途，
確實進行其：（1）諸物交換媒介；（2）衡量物價標準；——所謂「易中」任
務。〔註 19〕流通社會，爲政府收支之主要工具。社會形態乃：由現物之「自
然經濟」社會步入「貨幣經濟社會」。顧「自然經濟社會」與「貨幣經濟社會」，
變革鉅大，前者乏貨幣仲介，生活物質不易隨時隨地取給，重視群體分工合
作，其特色：每一社會成員必株守固定崗位，財富流轉路線與分配方式不變。
據宋敘五研究，此種社會之全體成員，依生產與分配崗位區分之，可類歸爲
三類，各類別與類別性質如下：〔註 20〕

    （1）直接生活資料生產者：即以耕織爲業之農民，端賴自身生產物爲生
        活，並遵照法令習俗，以貢賦租稅繳納部分生產物予封君。

    （2）政治統治者：包括帝王、諸侯及各級卿、大夫、士；即所謂治人者。
        其本身不事生產，以法律及社會習慣，取資農民之貢賦租稅爲生。

    （3）非直接生活資料生產者：其生產物不屬於直接生活資料，亦不能仰
        賴本身生產物爲生活。依附於政治統治者，貢獻生產物或勞務，供
        給統治者較高級享受，統治者乃以部分農民賦貢之直接生產物以養
        食之，即所謂「工商食官」者。

上述之社會，結構既呆板且先定，偶或變動，某些人之生活勢將陷入困境也。
若夫「貨幣經濟社會」則否，以貨幣爲仲介，使用普遍，在於把握，則周遊
天下而亡飢寒之患，生活物質可隨時隨地取得，至此，自然經濟社會之種種

〔註 19〕　有關貨幣之任務（即貨幣機能），各家說法各有詳略，如林葭蕃《貨幣學原理》：
    （1）價值尺度與價值表示機能，（2）價格標準單位機能，（3）交換媒介機能，
    （4）支付工具機能，（5）價值蓄藏工具機能，（6）資本工具機能，（7）國際
    貨幣機能。李劍農《先秦兩漢經濟史稿》：（1）諸物交換之媒介，（2）衡量各
    種物價之標準。李氏（1）相當於林氏（3），李氏（2）可涵蓋林氏（1）（2），
    至於（4）（5）（6）（7）乃爲上二基本機能之引申與發展，故從李氏，採「仲
    介」說。李氏說見該書第六章。
〔註 20〕　見宋氏著《西漢貨幣史初稿》第五章。本文據宋文改寫，非迻錄原文。

固定特質瓦解，其改變情形如下：

（1）生產者（包括直接生活資料生產者、非直接生活資料生產者）除去
　　　以租稅方式繳納部分生產物於統治者外，其餘率自由使用，且使用
　　　權隨時代發展所佔比率趨大。

（2）統治者除去徵收部分租稅外，無庸控制全部生產物，同時不可能亦
　　　無需維持「自然經濟社會」原有之財富流通軌道與分配方式。

（3）生產者可自由決定自身生產何種生產物及該生產物數量多寡，個人
　　　受社會束縛大爲鬆弛，獲得轉業之自由。

以上諸改變呈現爲社會行爲，特顯著者莫過於：

（1）職業轉移與職業種類集中。

（2）商業勃興與從事商業者財富遽增。

（3）奢侈品製造與社會風氣浮華。

稽諸漢初，上述三項現象正急遽進行。以商業行爲簡易而利潤大過於耕作，不似農夫胼胝枯槁，所得寡少。所謂：「耕田之利幾倍？曰：十倍。曰：珠玉之贏幾倍？曰：百倍。」〔註21〕「末作奇巧者，一日作而五日食，農夫終歲之作，不足以自食也。」〔註22〕故漢人以爲：「以貧求富，農不如工，工不如商，刺繡文不如倚市門。」〔註23〕影響所至：直接養成豪富奢侈，間接鼓勵農民捐棄本業，漫逐末作。從事農作之農民相率去離農業，轉營商業，大商賈積貯倍息，小商人坐列販賣，大量農業人口流失。而基於「價格指導原則」：財富指揮生產資源運作方向。富人之欲求率先贏致滿足，社會生產遷就其優裕生活與虛榮心理，奢侈品之製造乃加速生產，基本生活物質反無暇顧及，社會風氣丕變，浮奢惡習瀰漫焉。同時，前乎武帝元鼎四年上林三官專司鑄幣，貨幣思想未臻完全，貨幣制度猶在孕釀，本位制與鑄幣權混淆紊雜，政策屢易，不知措施之所從出也。文帝年間，除盜鑄令，開放權限，縱民得自鑄，一時間，錢文大亂，姦僞徼利，劣幣充斥，驅逐良幣，金融失序。矧幣材取諸山澤，赴山採銅，冶鎔鼓鑄，皆仰賴人力與資本，非豪富之家莫能通焉，則鑄錢復爲富人專擅矣。富人挾錢以御輕重，所牟大利，而黎民困重。其詳見後，茲不贅言。

〔註21〕　《戰國策·秦策》，呂不韋欲助子楚，與呂父商磋語。
〔註22〕　見《管子·治國篇》。
〔註23〕　見《史記·貨殖傳》。

鑒於上述諸弊，故漢初帝王於「無為」、「重農」之外，復實施「抑商」政策。高祖頒布「商賈之律」，嚴格約束商人活動，惠帝、高后時雖稍弛解，猶不許參與政治，並加重稅收，冀削減其財富。有關史料如下：

> 天下已平，高祖乃令賈人不得衣絲乘車，重租稅以困辱之。孝惠、高后時，為天下初定，復弛商賈之律，然市井之子孫亦不得仕宦為吏。〔註24〕

> 高祖八年令：賈人毋得衣綿繡綺縠絺紵罽，操兵，乘騎馬。〔註25〕

> 漢律：人出一算，算百二十錢。唯賈人與奴婢倍算。〔註26〕

所謂「賈人與奴婢倍算」，其實悉取自賈人也。錢穆曰：「漢律人出一算，惟賈人與奴婢倍算。所以者何？其人貧不能自納賦，則賣身為奴婢。買奴者率富商大賈，故漢律倍其奴婢之算，實是倍算賈人耳。」〔註27〕顧商人勢力並未稍戢，反而積極轉嫁他人，愈使農民遭受更沈重之剝削，故文、景二帝屢下詔勸農抑商，亟思挽救。如：

> 夫農，天下之本也，其開藉田，朕親率耕，以給宗廟粢盛。民讁作縣官及貸種食未入、入未備者，皆赦之。（文帝前二年詔）

> 農，天下之大本也，民所恃以生也，而民或不務本而事末，故生不遂。朕憂其然，故今茲親率群臣農以勸之。其賜天下民今年田租之半。（文帝前三年詔）

> 道民之路，在於務本。朕親率天下農，十年于今，而野不加辟，歲一不登，民有飢色，是從事焉尚寡，而吏未加務也。吾詔書數下，歲勸民種樹，而功未興，是吏奉吾詔不勤，而勸民不明也。且吾農民甚苦，而吏莫之省，將何以勸焉？其賜農民今年租稅之半。（文帝前十二年詔）

> 朕親率天下農耕以供粢盛，皇后親桑以奉祭服，其具禮儀。（文帝前十三年詔）

> 農，天下之本，務莫大焉。今廑身從事，而有租稅之賦，是謂本末

〔註24〕同註4。
〔註25〕同註6。
〔註26〕《漢書·惠帝紀》六年注引應劭。
〔註27〕見錢氏著《秦漢史》第二章、第二節。

者無以異也，其於勸農之道未備。其除田之租稅。（文帝前十三年詔）

間者數年不登，又有水旱疾疫之災，朕甚憂之。愚而未明，未達其
咎。意者朕之政有所失而行有過與？乃天道有不順，地利或不得，
人事多失和，鬼神廢不享與？何以致此？將百官之奉養或費，無用
之事或多與？何其民食之寡乏也。夫度田非益寡，而計民未加益，
以口量地，其於古猶有餘，而食之甚不足者，其咎安在？無乃百姓
之從事於末以害農者蕃，爲酒醪以靡穀者多，六畜之食焉者眾與？
細大之義，吾未能得其中。其與丞相列侯吏二千石博士議之，有可
以佐百姓者，率意遠思，無有所隱。（文帝後元年詔）

雕文刻鏤，傷農事者也。錦繡纂組，害女紅者也。農事傷則飢之本
也，女紅害則寒之原也。夫飢寒並至，而能亡爲非者寡矣。朕親耕，
后親桑，以奉宗廟粢盛祭服，爲天下先；不受獻，省繇賦，欲天下
務農蠶，素有畜積，以備災害。彊毋攘弱，眾毋暴寡，老者以壽終，
幼孤得遂長。今歲或不登，民食頗寡，其咎安在？或詐僞爲吏，吏
以貨賂爲市，漁奪百姓，侵牟萬民。縣丞，長吏也，奸法與盜盜，
甚無謂也。其令二千石各修其職，不事官職耗亂者，丞相以聞，請
其罪。布告天下，使明知朕意。（景帝後二年詔）

農，天下之本也。黃金珠玉，飢不可食，寒不可衣，以爲幣用，不
識其終始。間歲或不登，意爲末者眾，農民寡也。其令郡國務勸農
桑，益種樹，可得衣食物。更發民若取庸采黃金珠玉者，坐臧爲盜。
二千石聽者，與同罪。（景帝後三年詔）

文景二帝深以民背本競末、導致貧困乏食爲憂，故勉農特力，文帝開藉田，
帝躬耕、后親桑，爲天下萬民表率，倡務農崇本，景帝以後遂以故事遵行；
至於裁抑末業，使不妨農，禁止奢侈品之濫製等，亦明白著之詔令。自是以
後，「崇本抑末」、「重農輕商」，遂成爲漢代強而有力之經濟思想。

　　總而言之，西漢前期，約自開國至文景止，因應戰後殘破，最具勢力之
經濟思想，初爲道家無爲放任主義，其後衍生無數弊竇，直接間接逼迫貧富
遽趨異化，社會問題日以沈痾。凡此種種，皆使漢初「重農抑商」、「崇本抑
末」政策益形堅實，而干涉思想亦因之萌芽焉。干涉經濟思想見端於文帝時，
賈誼、晁錯即倡導有力之主要人物也。《漢書·食貨志》言：文帝感賈誼上書，

始開藉田；從晁錯建言，令民入粟，終至除民租稅達十三載。二人之重要性，說明如后：

第二節　賈誼之經濟政論思想

　　賈誼之經濟政論，表現於「重農抑商」與「禁鑄私幣」諸方面，其思想從富民與教化出發，近於儒家而帶有法家色彩也。

一、重農抑商

　　賈誼「重農抑商」思想，源自對社會現象之反省，賈誼見於放任主義、商業勃興，造成：背本競末、貧富懸殊、風俗淫侈等等畸形發展，中心頗感忿憂感焉，以爲農業生產與道德倫常，乃謀社稷長治久安與夫強盛富足之礎石，根本動搖，則國家將有覆滅之危也。賈誼指出：

> 筦子曰：「倉廩實而知禮節。」民不足而可治者，自古及今，未之嘗聞。古之人曰：「一夫不耕，或受之飢；一女不織，或受之寒。」生之有時，而用之亡度，則物力必屈。古之治天下，至纖至悉也，故其畜積足恃。今背本而趨末，食者甚眾，是天下之大殘也；淫侈之俗，日日以長，是天下之大賊也。殘賊公行，莫之或止；大命將泛，莫之振救。生之者甚少而靡之者甚多，天下財產何得不蹷！漢之爲漢幾四十年矣，公私之積猶可哀痛。失時不雨，民且狼顧，歲惡不入，請賣爵、子。既聞耳矣，安有爲天下阽危者若是而上不驚者！世有飢穰，天之行也，禹、湯被之矣，即不幸有二三千里之旱，國胡以相恤？卒然邊境有急，數十百萬之眾，國胡以餽之？兵旱相乘，天下大屈，有勇力者聚徒而衡擊，罷夫羸老易子而齩其骨。政治未畢通也，遠方之能疑者並舉而爭起矣，乃駭而圖之，豈將有及乎？〔註28〕

> 一人耕之，十人聚而食之，欲天下亡饑，不可得也。飢寒切於民之肌膚，欲其亡爲姦邪，不可得也。國已屈矣，盜賊直須時耳。〔註29〕

以上極寫民生不足，暨其爲禍鉅烈也。蓋社會形態改變，人民得自由轉業，乃漢初之社會特質，商業行爲具有：工作輕鬆、利潤豐厚諸有利條件，而富人因

〔註28〕同註5。
〔註29〕見《漢書・賈誼傳》。

乘豐厚，優裕其生活，極享受之能事，皆在在誘惑小農背離艱辛之農業生產崗
位，奔競商賈行列，職是之故，「背本趨末」遂熾，成爲嚴重社會問題。此一現
象，於科學技術未發達之古代，首先影響及農業生產力與生產量，農業人口流
失而後，既不能經由耕作技術之改良，以獲致生產力減低而單位面積產量增加
之成果，終至於農田蕪廢、織機休作，以少量之生產力供應大量消費，頓使民
生基本物質匱乏，而民生日用不足，則物價必然騰貴也。惡性因循，富人尙無
礙，若夫窮民唯其愈無賴耳！糟糠不厭，甚且鬻爵賣子，愁怨悽慘極已！矧天
之行氣，不能常熟，一旦水旱相加，飢凍交迫，未遑廉恥，乃遂聚徒眾、爲盜
賊，社會勢將因此動盪不安；再者，百姓既多匱乏，如何蓄積盈餘以強本禦敵
哉？而漢室初肇，內則諸侯王覬覦，外則匈奴壓境，猶如腹心之疾，甚可焦慮
也。是故賈誼深以本業不務爲國之大患也。

　　「背本趨末」之惡果並不止於前述而已，特尤畏者，尙在其導成民風奢
侈浮華，與夫緣奢華風習而轉易之社會倫理道德。賈誼曰：

> 今民賣僮者，爲之繡衣絲履偏諸緣，內之閑中；是古天子后服，所以
> 廟而不宴者也，而庶人得衣婢妾。白縠之表，薄紈之裡，緁以偏諸，
> 美者黼繡，是古天子之服，今富人大賈嘉會召客者以被牆。古者以奉
> 一帝一后而節適，今庶人屋壁得爲帝服，倡優下賤得爲后飾，然而天
> 下不屈者，殆未有也。且帝之其身自衣皂綈，而富民牆屋被大繡；天
> 子之后以緣其領，庶人孽妾緣其履；此臣所謂舛也。……夫俗至大不
> 敬也，至亡等也，至冒上也；進計者猶曰毋爲，可爲長太息者此也。……
> 今世以侈靡相競，而上亡制度，棄禮誼、捐廉恥日甚，可謂月異而歲
> 不同矣，逐利不耳，慮非顧行也。今其甚者，殺父兄矣，盜者剟寢戶
> 之簾，搴兩廟之器，白晝大都之中剽吏而奪之金，矯偽者出幾十萬石
> 粟，賦六百餘萬錢，乘傳而行郡國，此其亡行義之先至者也。而大臣
> 特以簿書不報，期會之間以爲大故，至於俗流失，世壞敗，因恬而不
> 知怪，慮不動於耳目，以爲是適然耳。〔註30〕

以上極寫富人錦衣玉食，揮霍無度，致使禮制大壞，道德隳敗，淪於教化不
行而綱紀失序也。何以商業發達流弊深重若斯乎？

　　（1）從商業本質言：農、商作業習性不同，遂養生相異之社會風俗。大
別之，農業社會較朴質可正、誠愨易治，商業社會反是，文繁質衰，好聲色，

〔註30〕　同註29。

尚侈靡，散敦朴而成貪鄙之化也。緣商業致富較易，故其消費趨於淫辟浪費，社會生產迎合其需要，奇巧無用之奢侈品於焉大額製造，一方面助長汰流習尚，一方面養成貪財賤義之價值觀。是以古來多有商業本質背離教化、難於治理之論，如《亢倉子・農道篇》云：「人忘本而事末則好智，好智則多詐，多詐則巧法令，巧法令則以是爲非、以非爲是。」《鹽鐵論・力耕篇》亦云：「商則長詐，工則飾罵，內懷闚覦而心不怍，是以薄夫欺而敦夫薄。」近人鄭合成論農商異俗，可供參攷。鄭氏曰：

> 商業上最能獲利的商品是奢侈品，而奢侈品之買賣常能刺激人們的嗜慾，以致使一般人陷於窮困之境；而且商人因其收入來得比較容易，所以商人本身的行爲常常是浪費的，與農業社會胼手胝足，日日辛勤，而其所獲僅不過爲粗衣惡食者，大不相同，所以農業社會和商業社會是兩個根本立場不同的社會組織。更則商人盈利的來源，是由於機會，所謂投機取巧，逐什一之利，是商人的本色；而農人則正正道道，規規矩矩，一定時間的播種，經過了相當長的時日，方能獲到可以事前測定數額的收穫，所以農業社會是穩定的，農人心理亦是穩定的，農人的習慣、道德、信仰、以及其與人往還交通的方法，都依正軌而不尚權詐。商業社會恰恰與此相反，尚機智，重投機，如果持重穩健，遵行和農業社會同樣的行爲信條，那便是失敗虧賠的種因。所以重農的社會，對於商業一定賤視，因爲它的道德信條、行爲標準；彼此都扞格不相入的緣故。〔註31〕

（2）從西漢社會言：政權與財權分離，乃西漢社會之表徵，個人可任意支配其財產，政治權再不能侵犯財產權。《史記・貨殖列傳》曰：

> 吳、楚七國兵起時，長安中列侯封君行從軍旅，齎貸子錢。子錢家以爲侯邑國在關東，關東成敗未決，莫肯與，唯無鹽氏出捐千金貸，其息什之。三月，吳、楚平，一歲之中，則無鹽氏之息什倍，用此富垺關中。

宋敘五曾指出司馬氏此段記載，用以說明社會結構及觀念之轉變如下：

> （一）無政治勢力的個人，可由個人努力經營而致大富，無慮政治權力的侵犯。（二）列侯封君等有政治地位者，向富人借貸，祇能以

〔註31〕 見鄭氏著《中國經濟史研究》第三篇、第一章。又此段文字亦見於鄺士元著《中國經世史稿》第三章、第一節，文字全同，但分標一、二子目而已，未詳先後作者。

「私經濟」方式出之。（三）願否貸出款項，悉由子錢家自主。（四）
子錢之歸本付息，列侯封君不得藉政治權勢推卸責任。〔註32〕

由是觀之，則擁有政治地位之封君、舊爲屬民俛首仰給之對象，今日反俛首
仰給於商民矣。於是乎社會觀念遽變，影響所至：富人可肆意裁決財富使用
途徑，恣求高度物質享受，上下禮制因之崩潰，社會心理崇拜富有，由尊重
政權人物轉而尊重富人。天下熙熙，皆爲財利來，天下攘攘，皆爲財利往。
此種社會病態心理，《史記》亦嘗言及。史遷曰：

> 賢人深謀於廊廟，論議朝廷，守信死節，隱居巖穴之士，設爲名高
> 者，安歸乎？歸於富厚也。……富者，人之情性，所不學而俱欲者
> 也。故壯士在軍，攻城先登，陷陣卻敵，斬將搴旗，前蒙矢石，不
> 避湯火之難者，爲重賞使也。其在閭巷少年，攻剽椎埋，劫人作姦，
> 掘冢鑄幣，任俠并兼，借交報仇，篡逐幽隱，不避法禁，走死地如
> 騖，其實皆爲財用耳。今夫趙女鄭姬，設形容，揳鳴琴，揄長袂，
> 躡利屣，目挑心招，出不遠千里，不擇老少者，奔富厚也。游閑公
> 子，飾冠劍，連車騎，亦爲富貴容也。弋射漁獵，犯晨夜，冒霜雪，
> 馳阬谷，不避猛獸之害，爲得味也。博戲馳逐，鬥雞走狗，作色相
> 矜，必爭勝者，重失負也。醫方諸食技術之人，焦神極能，爲重糈
> 也。吏士舞文弄法，刻章僞書，不避刀鋸之誅者，沒於賂遺也。農
> 工商賈畜長，固求富益貨也。〔註33〕

以上所寫，乃「上下交征利」也，直是西漢社會之眞貌。此種濃烈拜金競侈
心理，強化馳逐財利之衝動，蓋好利嗜欲原無分貧富貴賤，富貴者欲過而貧
賤者欲及，群相仿效之結果，封君官吏不克以爵祿官位域民以維繫舊禮制，
其本身亦不視爵祿官位爲滿足，違法干紀，貪贓弄權。上行下效，富民奢僭，
賤民則鋌而走險、殺人越貨；愈加速社會綱常之替廢耳。

綜觀前文，賈誼以爲漢初放任無爲、商業鼎盛，洵百害而無一利也。撮
其大要，約有：

（1）未獲致民生富樂，反落於公府、私家兩相貧瘠，黎庶乏食，國家積
　　　弱。

（2）未提昇生活素質，反造成社會風氣大壞，禮制綱常解紐。

〔註32〕　同註20。
〔註33〕　同註23。

（3）未促使國家安定，反連帶及於吏治不靖，盜賊污吏蠭起。

賈誼目之曰「殘賊公行」、「天下阽危」，為針砭上述諸弊，遂有下列對策：（1）勸農積貯；（2）禁止末作；（3）以禮範民。「勸農積貯」即重農，「禁止末作」即抑商，至於「以禮範民」則以德教治本救弊也。

（一）勸農積貯

基於「背本趨末」，導致農業人口流失，民用窘乏，賈誼倡議「勸農積貯」。勸農也者，鼓勵轉投商賈之農民回歸本業，戮力耕作，冀增加生產力與生產量；積貯也者，蓄積糧食，厚貯財力，期平時有備，兵燹凶荒猝然之警免於凍飢之阨。前者為求開源，後者圖謀節流，相輔相成，足以強國固本，進攻退守，懷敵附遠，綽乎游刃有餘焉。賈誼曰：

> 夫積貯者，天下之大命也。苟粟多而財有餘，何為而不成？以攻則取，以守則固，以戰則勝。懷敵附遠，何招而不至？今敺民而歸之農，皆著於本，使天下各食其力，末技游食之民轉而緣南畮，則畜積足而人樂其所矣，可以為富安天下。〔註34〕

> 王者之法，民三年耕而餘一年之食，九年而餘三年之食，三十歲而民有十年之蓄。故禹水八年，湯旱八年，甚也野無青草，而民無飢色，道無乞人，歲復之後，猶禁陳耕。古之為天下，誠有具也。王者之法，國無九年之蓄，謂之不足；無六年之蓄，謂之急；無三年之蓄，曰國非其國也。今漢興三十年矣，而天下愈屈，食至寡也，陛下不省邪？……天下無蓄，若此甚極也，其在王法，謂之何！……方今秋時，可善為。陛下少閒，可使臣議從丞相御史計之。〔註35〕

> 夫奇巧末技商販遊食之民，形佚樂而心懸愒，志苟得而行淫侈，則用不足而蓄積少矣。即遇凶旱，必先困窮迫身，則苦飢甚焉。今敺民而歸之農，皆著於本，則天下各食於力，末技游食之民，轉而緣南畮，則民安性勸業，而無縣愒之心，無苟得之志。行恭儉蓄積，而人樂其所矣。〔註36〕

《漢書‧食貨志》曰：「文帝即位，躬修儉節，思安百姓。時民近戰國，皆背

〔註34〕同註5。
〔註35〕見《新書‧憂民篇》。
〔註36〕見《新書‧瑰瑋篇》。

本趨末，賈誼說上，……於是上感誼言，始開籍田，躬耕以勸百姓。」所謂
「籍田」者，或作「藉田」、「耤田」。周制，孟春之月，乃擇良辰，天子親載
耒耜，置之車右，帥公卿諸侯大夫躬耕千畝於南郊，天子三推，三公五推，
卿諸侯九推，使庶人耘芓終之，以供上帝之粢盛，致孝享也。籍，借也，謂
借力理之，《詩·周頌·載芟》鄭玄箋：「籍之言借也，借民力治之，故謂之
籍田。」或曰蹈也，《五經要義》云：「籍，踏也，言親自蹈于田而耕之也。」
春秋以下，古制久廢，文帝復之，倡率天下崇本務農也，景帝以後遂以故事
遵行，成爲歷代典制，此賈誼勸農積貯之實效。

（二）禁止末作

豪商滯財役貨、占田假貸，以致富羨，乃依恃富貴之資力，宮室輿馬、
衣服器械，務夸汰侈而無已，玩好無用之器乃逐大盛，雕文刻鏤滋眾；非徒
妨礙農業生產，致民用困乏，更引誘人情競尚浮華，靡敗社會良善風俗。故
黜抑商業，必嚴禁花巧無用之奢侈品，以防塞淫佚之原也。賈誼曰：

> 夫雕文刻鏤，周用之物繁多，孅微苦窳之器，日變而起，民棄完堅，
> 而務雕鏤纖巧，以相競高。作之宜一日，今十日不輕能成；用一歲，
> 今半歲而弊。作之費日挾巧，用之易弊。不耕而多食農人之食，是
> 天下所以困貧而不足也。故以末予民，民大貧；以本予民，民大富。
> 鞴黻文繡纂組害女工，且夫百人作之，不能衣一人，方且萬里，不
> 輕能具，天下之力，勢安得不寒？〔註37〕

錦繡纂組等奢侈品，作之既耗損時日，用之又不中實功，形制雖美，內實苦
惡，揭夫匹婦極其技巧，徒勞罷力屈耳，而天下大窘矣！故奇貨無用之物不
足寶愛，要在示民樸質以節用貴本也。

（三）以禮範民

勸農積貯、禁止末作，固然重要，然收效不宏，但救一世危急，不能圖
奕世治安也。蓋社會弊害之根本，生於奢侈，奢侈由於無上下禮制；若有嚴
格之上下制度，衣服器用率有差別，人民不得僭越，則一切奢侈消費之商品，
將自然歸於無用；奇技淫巧之末作，無從覓得工作，廠販亦無由射利，將自
然歸於農桑。故救時弊，務在以禮制範民，以教化導民，使上下有等，民眾
心理根本崇尚儉樸、尊德貴義也。賈誼曰：

〔註37〕同註36。

世淫侈矣！飾知巧以相詐，利者爲知士，敢犯法禁、昧大奸者爲識理，故邪人務而日起，奸詐繁而不可止，罪人積下，眾多而無時已，君臣相冒，上下無辨，此生於無制度也。今去淫侈之俗，行節儉之術，使車輿有度，衣服器械各有制數。制數已定，故君臣絕尤，而上下分明矣。擅過則讓上，位僭者誅，故淫侈不得生，知巧詐謀無爲起，奸邪盜賊自爲止，則民離罪遠矣。〔註38〕

夫立君臣，等上下，使父子有禮，六親有紀，此非天之所爲，人之所設也。夫人之所設，不爲不立，不植則僵，不修則壞。筦子曰：「禮義廉恥，是謂四維；四維不張，國乃滅亡。」使筦子愚人也則可，筦子而少知治體，則是豈可不爲寒心哉！秦滅四維而不張，故君臣乖亂，六親殃戮，奸人並起，萬民離叛，凡十三歲，而社稷爲虛。今四維猶未備也，故奸人幾幸，而眾心疑惑。豈如今定經制，令君君臣臣，上下有差，父子六親各得其宜，奸人亡所幾幸，而群臣眾信，上不疑惑！此業壹定，世世常安，而後有所持循矣。若夫經制不定，是猶度江河亡維楫，中流而遇風波，舩必覆矣。可爲長太息者此也。〔註39〕

夫禮制倫常，乃人類行爲之規範，社會結構之精神，政治組織之原理。荀子曰：「禮起於何也？曰：人生而有欲，欲而不得，則不能無求，求而無度量分界，則不能不爭。爭則亂，亂則窮。先王惡其亂也，故制禮義以分之，以養人之欲，給人之求。使欲必不窮乎物，物必不屈於欲，兩者相持而長，是禮之所起也，故禮者養也。」又曰：「執位齊而欲惡同，物不能贍，則必爭，爭則必亂，亂則窮矣。先王惡其亂也，故制禮義以分之，使貧富賤貴之等，足以相兼臨者，是養天下之本也。」〔註40〕由此論之，禮義具備養欲給求，節人情性，明分使群之功效也，故以禮範民足以戢嗜欲，使貴賤有等，長幼有差，貧賤輕重稱宜，尊卑大小強弱位定，進而培養賤利輕財之美德，社會風俗乃粲然可得而觀焉。故賈誼有言：

等級既設，各處其檢，人循其度，擅退則讓，上僭則誅。建法以習之，設官以牧之，是以天下見其服而知其貴賤，望其章而知其勢矣。

〔註38〕同註36。
〔註39〕見《新書・俗激篇》。
〔註40〕見《荀子・禮論篇》。

人定其心，各著其目，故眾多而天下不眩，傳遠而天下識祇。卑尊
已著，上下已分，則人倫法矣。於是主之與臣，若日之與星。臣不
幾可以疑主，賤不及可以冒貴。下不凌等，則上位尊；臣不踰級，
則主位安；謹守倫紀，則亂無由生。〔註41〕

苟能如此，則天下至適至和，一切競侈逐利、以富役貧等等陋習，皆無由興
起，此所以救失扶衰之治本良劑也。

二、禁鑄私幣

秦統一中國之後，統一全國貨幣，改革周制，採行「複幣制」，分貨幣為
兩等：（一）黃金為上幣，並定以重量單位，十二兩曰「鎰」，十六兩曰「斤」；
（二）銅幣為通幣，文曰「半兩」，重如其文，名「半兩錢」。漢初，大體襲
秦制，一黃金一斤，至於通幣則半兩錢最盛，高祖嫌其太重，小民運用不便，
乃令更鑄「莢錢」。「莢錢」，或名「榆莢錢」，形如榆莢，《古今注》云：「秦
錢半兩，徑一寸二分，重十二銖。」又云：「榆莢錢重三銖。」榆莢為半兩錢
之四分之一，其輕可知也。〔註42〕莢錢實施之結果，因貨幣標準降低，於是
物價騰漲。《史記‧平準書》曰：「不軌逐利之民，蓄積餘業以稽市物，物踊
騰糶，米至石萬錢，馬一匹則百金。」自是之後，逮武帝元鼎四年行五銖錢，
錢制始確立，其間政策累易，形制多方，沿革略如下：

（1）高后二年，行八銖錢，其文仍為半兩。（《文獻通考》卷八〈錢幣考〉
　　　注云：「即秦半兩也，漢初患其重，更鑄榆莢，人患太甚，故復行此。」）

（2）高后六年，行五分錢，其文仍為半兩。（《文獻通考》卷八〈錢幣考〉
　　　注云：「即莢。」）

（3）文帝五年，行四銖錢，其文亦曰半兩，除盜鑄令，令民縱得自鑄。

（4）景帝中六年，再定鑄錢偽黃金棄市律，嚴禁私鑄。

（5）武帝建元元年，行三銖錢。（《文獻通考》卷八〈錢幣考〉注云：「壞
　　　四銖錢造此也，重如其文。」）

（6）武帝建元五年，罷三銖錢，行半兩錢。此所謂半兩錢乃文帝時所行
　　　四銖錢，非秦半兩重如其文者，《漢書‧食貨志》曰：「今半兩錢，

〔註41〕　見《新書‧服疑篇》。
〔註42〕　《史記‧平準書》司馬貞索隱：「顧氏按：古今注云：秦錢半兩，徑一寸二分，
　　　　　重十二銖。」又：「古今注云：榆莢錢重三銖。」

法重四銖。」

（7）武帝元狩四年，造白金及皮幣。白金幣三品：其一重八兩，圓形，其文龍，名曰白選，值三千；其二重較小，方形，其文馬，值五百；其三重更小，橢形，其文龜，值三百。皮幣，以白鹿皮方尺，緣以藻繢，值四十萬。

（8）武帝元鼎二年，令京師鑄官赤側（《文獻通考》作「赤仄」），以一當五，賦官用，非赤側不得行。

（9）武帝元鼎四年，專令上林三官鑄五銖錢，郡國前所鑄錢皆廢銷之，輸入其銅三官，於是五銖錢制始定。

品類既夥，改革頻仍，為史所罕見也。賈誼禁鑄私幣發表於文帝五年開放私鑄時，乃針對時弊建言，《漢書·食貨志》曰：「上不聽。」雖然，放鑄政策終歸成效不彰，於景帝年間罷廢，恢復舊制。然則文帝何以放鑄？放鑄流弊若何？說明如后，以略見賈誼思想產生之背景暨重要性。

（一）文帝放鑄之因

文帝放鑄以前，幣制之一般狀況，綜括言之曰：「不統一」與「不明確」；無論貨幣本位、貨幣鑄造、貨幣形制等悉呈凌雜參差現象。

（1）貨幣本位：即「本位貨幣」之確立。「本位貨幣」乃法定通用貨幣。林葭蕃《貨幣學原理》釋其義界及形成經過曰：

> 質言之，即在一個貨幣制度亦即近代所謂本位制度形成以後，法律上所承認的某種材料、某種成色、某種重量、某種形式（甚或僅以某種形式為標準）可作為交易支付的價值計算單位與支付的終極工具（最後的支付工具），而且為他種貨幣價值的基準的一種貨幣。亦即經由法律固定了的主要貨幣、標準貨幣，而且定為一整套貨幣制度中的中心貨幣是。蓋在初有鑄幣之時，種類繁多，並無一種價值單位作為各種貨幣間相互比較的基準，無形中阻減了貨幣的作為交換比率的中心標準的作用。其後交易發達，貨幣使用日多，流通界中逐漸有優良貨幣以至主要貨幣等觀念的形成。再至如後所述之一國對外貿易發展，在一國對外關係的立場上，必須統一其國貨幣，簡化其國貨幣，建立一個貨幣系統，確立一種標準的價值計算單位的時代：始由政府選定或規定某種金屬的一定的成色重量，加以一定形式，作為這一國內最主要的貨幣，作為價值計算的單位，其支付受法律的保障，而為他種

貨幣的基準，稱之爲「本位貨幣」。〔註43〕

作爲「本位貨幣」理須具備三種特質：

> 本位幣爲法律所確認的價值計算單位，故其性質上有三種特質：第
> 一爲法貨性，即此種貨幣爲法償貨幣，具有強制通用的力量。第二
> 爲無限法貨性，即在彼此授受時，無數量的限制，可以無限制使用。
> 第三爲標準性，即此種貨幣爲其他同時同地的各種貨幣的價值表示
> 的基準。〔註44〕

當然，西漢前葉未出現如此完全概念之「本位貨幣」，惟由政府頒定行錢之制
度，則起源甚早，確鑿徵信者：《史記・六國年表》：秦惠王二年初行錢；始
皇三十七年復行錢。《漢書・食貨志》曰：「秦兼天下，幣爲二等；黃金以溢
爲名，上幣；銅錢質如周錢，文曰半兩，重如其文。而珠、玉、龜、貝、錫、
銀之屬爲器飾寶臧，不爲幣。」據學者研究，惠文王所行錢尚屬錢鎛形制，
始皇則以「半兩」圓錢整齊紊亂多樣之錢制耳。李劍農曰：

> 惠文王時所行之錢，必尚屬仿自農器形制之錢鎛屬，以秦與三晉爲
> 鄰，而三晉所行者皆錢鎛屬也，故從三晉之形制，而名稱亦曰「錢」
> 也。後世出土之兩足布，著有三晉之地名者，其一部分當爲秦割取
> 其地後之作品，及盡併六國之地後，則依各地之習慣，所行之貨幣，
> 有錢鎛屬，有刀屬，並有初流行之圓錢屬，其孔或圓或方，形制極
> 爲複雜，大小輕重子母相權之系統，至不統一，故有始皇三十七年
> 復行錢之法令。三十七年之行錢，實非復也，特統一錢之制度耳。
> 其名稱雖仍襲「錢」之舊，其形制則從仿以璧瑗之圓錢，蓋以此爲
> 最便利也。於是貝鍰屬，錢鎛屬，刀屬等形制之幣皆廢，圓周方孔，
> 遂成爲中國制錢之定式焉。〔註45〕

若是者，就通幣言，「半兩錢」殆即秦之「本位貨幣」無疑。高帝鑄莢錢，高
后行八銖錢，再行五分錢，文帝放鑄當年四銖錢；上述諸幣，亦皆具有法定
通用「本位貨幣」之特質，故漢人名之曰：「法錢」；〔註46〕並明訂：黃金重
一斤，直錢萬。〔註47〕此乃上幣與銅錢之法定比價也。法錢既出，強制通行，

〔註43〕　見林氏著《貨幣學原理》第一編、第三章。

〔註44〕　同註43。

〔註45〕　見李氏著《先秦兩漢經濟史稿》第二編、第六章。

〔註46〕　如《漢書・食貨志》：「法錢不立。」師古注：「法錢，依法之錢也。」

〔註47〕　《漢書・食貨志》：「黃金一斤直萬錢。」〈惠帝紀〉師古注：「諸賜金不言黃

餘幣理應棄而不用。然而稽諸事實，則緣政策搖擺，變動迅速，以及面值與真值差異，（下貨幣形制敘）；客觀言，洵缺乏絕對安全性，信譽樹立匪易，是以民間商貿同時兼採廢幣，無法達成統一鵠的。王肇鼎推測文帝推行四銖錢後，情形大致爲：

> 高祖行「莢錢」時，不過爲民間增一種重量較輕的錢幣以利運用，「半兩錢」名目上是廢幣；實際上還是通用。所以到文帝行「四銖錢」的時候，國內流行的錢幣，共有三種：最重者「半兩錢」，次重者「四銖錢」，最輕者「莢錢」。〔註48〕

王氏說甚得其實也，臣瓚《漢書·食貨志》注即曰：

> 秦錢重半兩，漢初鑄莢錢，文帝更鑄四銖錢，與莢錢皆當廢，而故與四銖錢並行。

文帝時期如此，文帝以前概類推可知也。

（2）貨幣鑄造：金屬貨幣發展初期，原由商民自行鑄造。《史記·平準書》曰：「農、工、商交易之路通，而龜、貝、金、錢、刀、布之幣興焉。」興，謂自興也，固非一人一時之創作，乃商民依據客觀發展與需要，自行爲之以流通於社會者，浸且基於諸多因素而後收歸國鑄也。馬昂《貨布文字考》曰：

> 範銅爲貨，乃創自商民；民以爲便，便則通行；國君未有禁令，鑄不爲私。商民創此，爲權利之巧術。

李劍農亦曰：

> 蓋貨幣之起源，本由實物交換時代習慣之演進，自當起於商民，而非創自政府。〔註49〕

然則中國官鑄金屬貨幣果起自何時耶？古籍所載，多遠於史實，惟考諸戰國錢刀，所著地名與形制極爲紛雜故，可推知鑄非一家也。《睡虎地雲夢秦簡·秦律·金布律》曰：「賈市居列者及官府之吏，毋敢擇行錢布，擇行錢布者，列伍長弗告，吏循之不謹，皆有罪。」是秦季貨幣已收歸國有，庶民不得私自縱作，犯

者，一斤與萬錢。」李劍農《先秦兩漢史稿》：「漢之所謂『一金』，即黃金一斤。其與當時銅錢之法定比價，爲黃金一斤直萬錢。蓋在漢時，金與錢同爲法定之幣，金一斤與錢萬，亦爲法定之比價。凡稱若干金，或指金若干斤，或指錢若干萬，皆可。」

〔註48〕見王氏著《前漢貨幣問題之研究》。

〔註49〕同註45。

者有罪。〔註50〕漢初制度，則說者紛紜，粗分爲兩派：其一、謂漢制改革秦舊，自高祖即准許人民自由鑄造。主要史證爲《史記・平準書》：「漢興，以爲秦錢重難用，更令民鑄錢。」如鄭家相《中國古代貨幣發展史》云：

> 鑄行貨幣，不但春秋戰國聽民自鑄，而漢初猶然。史記平準書云：「漢興以爲秦錢重難用，更令民鑄錢。」又云：「孝文時，莢錢益多輕，乃更鑄四銖錢。令民縱得自鑄錢。」可證高帝至文帝之世，承周秦之舊規，鼓鑄錢貨，尚聽任人民也。〔註51〕

又如馬乘風《中國經濟史》亦云：

> 漢替秦統，以爲秦錢笨重，使用不便，所以又令民鑄莢錢，當然在法律上已沒有半兩錢的地位了。高帝令民鑄莢錢這一事，在社會經濟上發生了何種影響呢？第一個壞的影響，是人民自由造幣，就把貨幣弄得紊亂無章；第二個壞的影響，是莢錢太輕，鑄造太易，弄得錢愈多而物價愈貴，所以歸根結局是：「不軌逐利之民，畜稽餘贏，以稽市物，痛騰躍。」〔註52〕

其二、謂漢制踵行秦舊，文帝五年以前，概不准私自鑄錢，犯者就律，鑄錢權歸政府掌理。宋敘五主之，宋氏臚列理由如下：〔註53〕

1. 史、漢〈高祖本紀〉，具無鑄幣記載。
2. 賈誼諫鑄錢疏，未言及高祖放民自鑄錢。
3. 《漢書・賈山傳》：「文帝除盜鑄錢令，賈山上書諫，以爲變先帝法，非是。」漢朝大臣，在文帝之上，最崇拜高祖，先帝即高祖，至於高祖此制，不過因秦法以爲己法耳。
4. 《資治通鑑》多錄〈平準書〉文字，能確定時間者，照時序排列，不能確定時間而能確定實有其事者，亦附列於後，冠以「初」字，但「漢興，以爲秦錢重難用，更令民鑄錢。」一段，棄而不錄。

要之，宋氏主於辯駁漢高祖令民自由鑄錢，姑不論此。文帝五年以前則確乎禁鑄也，史、漢二書言之鑿鑿，如：

〔註50〕沈家本《漢律摭遺》：「按盜鑄錢，漢初舊律是死罪，大約承秦之舊，文帝除之，而景帝又復之。」可並參。
〔註51〕見鄭氏著《中國古代貨幣發展史》第十四章。
〔註52〕見馬氏著《中國經濟史》第二冊、第三編、第六章。
〔註53〕參見宋氏著《西漢貨幣史初稿》附錄一、高祖時曾否令民自由鑄錢。此處乃歸納宋氏主張寫之，非迻錄原文。

《史記・漢興以來將相名臣年表》文帝五年：除錢律，民得鑄錢。

《史記 平準書》：孝文時，莢錢益多輕，乃更鑄四銖錢，其文為半兩，令民縱得自鑄錢。

《漢書 文帝紀》：五年夏四月，除盜鑄錢令，更鑄四銖錢。

《漢書 食貨志》：孝文五年，為錢益多而輕，乃更鑄四銖錢，其文為半兩。除盜鑄錢令，使民放鑄。賈誼諫曰：……曩禁鑄錢，死罪積下；今公鑄錢，黥罪積下。……。

顧禁民私鑄，並非設置專司機構而統一權限，所謂收歸政府也者，實由：中央政府與地方政府——郡、國分掌；質言之，中央政府居領導地位，規訂形制，鑄出標準貨幣，責各地方政府遵制鑄行而已，鑄幣權兩操。景帝中六年復禁鑄至武帝元鼎四年，其間制度與文帝五年以前不異，據《史記・平準書》記載：

從建元以來，用少，縣官往往即多銅山而鑄錢。

令縣官銷半兩錢，更鑄三銖錢，文如其重。

有司言：三銖錢輕，易姦詐，乃更請諸郡國鑄五銖錢。

於是，悉禁郡國無鑄錢，專令上林三官鑄。

足徵地方政府實鼓鑄錢幣，由是觀之，漢初無論禁鑄與否，其權限洵至為分散也。

（3）貨幣形制：即指貨幣之成色、重量、大小、形狀、文字及花紋、圖案等。嚴格意義之貨幣，必須具統一、明確之形制，始克充分發揮貨幣效用，否則勢將稽滯交易，造成不便。漢初貨幣形制適為極端紛歧，推究肇因，厥有如下數項：

1. 由於造幣技術低落。
2. 由於造幣機構分散。
3. 由於人民盜鑄。

「本位貨幣」率有法定形制，理應畢同，然鑄造技術精拙有別，實際未能劃一，此點縱令科技昌明之現代亦在所難免，故世界各國規訂「公差」以為之限，〔註54〕漢初，鑄幣機構分散，加以技術低落，貨幣形制混雜，其理易解。

〔註54〕 林葭蕃《貨幣學原理》：「金屬貨幣雖有一定的成色與重量，但因鑄造技術關係，其成色重量未必與法定者完全一致，如必求其完全準確，稍有差異，即須重鑄，則鑄造費不免消耗過甚。如其輕易原諒其差異，則將鼓勵人為誤差的出現，勢必有礙本位幣的流通，更礙其兼充國際貨幣。故過去一般國家為

至於盜鑄乙項爲害特甚，乃漢幣制流弊之首禍也。案貨幣原由商品轉化而來，商品復由生產物轉化而來，自然經濟時期以實物爲媒介，實即以實物計價，逮金屬取得貨幣地位，其初亦係以幣材自身實有價值而流通；若所含金屬幣材價值高則貨幣價值高，反之則低；若所含金屬幣材成色與重量足則爲優良貨幣，反之則否；此殆西方金屬主義主張之「實質貨幣」也。浸且名稱主義出，倡言貨幣價值與所含幣材價值無直接關係，幣材與幣值分離，俾減少幣材而不降低幣值，抑不增加幣材而提升幣值，此之謂「名目貨幣」也。漢興至武帝元狩四年造白金幣與皮幣，漢人觀念大氐猶屬金屬主義「實質貨幣」，惟詳考漢初諸幣，除武帝三銖錢、五銖錢外，呂后八銖錢、五分錢、文帝四銖錢，皆文曰「半兩」，面值與眞值相去遠甚，此爲漢以前所未嘗有，遂啓姦民圖利模仿之心，其法略得三項：（1）減去法定重量，鑄既輕且薄之僞幣；（2）減少法定成色，鑄滲雜鉛、鐵之僞幣；（3）盜磨政府法錢，竊取眞銅；故錢文大亂。李劍農曰：

> 元鼎四年以前之錢制，雖經過多次之變革，然除三銖錢及五銖錢皆「重如其文」外，餘則其文皆爲半兩。因法定之實量，遠在錢面所記之量以下，故人皆私鑄以牟利。雖禁盜鑄，猶不免於私，而況除盜鑄之令，使民得自由放鑄乎。政府所造之錢，法定之實量雖與錢面所記之虛量不符，然實量猶當與法量相等；私鑄者，則非但輕於錢面所記之虛量，且更輕於法量，共將政府所鑄者盜磨之，使之同於私錢。所謂「惡幣驅逐良幣」，自爲必然之趨勢，物價之騰貴，亦爲必然之趨勢。〔註55〕

如上所述，貨幣形制大亂，而劣幣充斥焉。

綜觀前文，漢初幣制之通貌知其大半矣，影響所至：首先造成「錢賤貨貴」，再次造成「錢貴物賤」，衍成全國性經濟恐慌。《史記·平準書》曰：「至孝文時，莢錢益多，輕，乃更鑄四銖錢，其文爲半兩，令民縱得自鑄錢。」《漢

統一金屬本位幣的成色重量計，往往特加規定：所鑄新幣或舊有鑄幣，若其成色重量與法定成色重量相差至一定限度以外時，即須重鑄或收回收鑄，謂之『公差』規定。這個公差的意義，如從反面說來，亦即成色重量縱有誤差，但其誤差程度如在一定程度以內時，則法律亦認爲合格，無須重鑄。換言之，亦即『法律上所公認的鑄造誤差』之意。吾國前銀本位幣鑄造條例第五條：『銀本位幣每元之重量與法定重量相比之公差不得逾千分之三』，又第六條：『銀本位幣每千元合計重量與法定重量相比之公差不得逾萬分之三』，即爲其例。」

〔註55〕見李氏《先秦兩漢經濟史稿》第三編、第十四章。

書‧食貨志》略同，但增一「而」字，曰：「孝文五年，爲錢益多而輕，乃更鑄四銖錢」云云，然則文帝更鑄四銖錢及放鑄之主因起自「錢益多而輕」明矣。何謂「錢益多而輕」？文帝五年以前，流通民間之錢幣如前文所述，約計：秦半兩（重十二銖）、高祖莢錢（重三銖）、高后八銖錢、五分錢（亦名莢錢），以上諸錢悉爲「量名幣」，〔註56〕面值「半兩」，然泰半眞值大減，虛記而已，易言之，即：所含幣材未達所記之標準。以漢人「實質貨幣」觀揆之，成色重量不足，爲賤幣。故「益多而輕」者，謂品類繁多而成色重量減低；輕字含量寡（成色、重量）及值賤兩義也。量寡值賤則錢貶，等量貨物必須使用多量錢換購，物價上揚；此時擁有現幣之富商拋出錢幣，購入貨物，囤積居奇，促使物價貴上加貴，而從中牟取厚利；此曰「錢賤物貴」。初，高祖發行莢錢，即如斯局面也。《史記‧平準書》曰：

> 漢興，接秦之弊，丈夫從軍旅，老弱轉糧饢，作業劇而財匱，自天
> 子不能具鈞駟，而將相或乘牛車，齊民無藏蓋。於是爲秦錢重難用，
> 更令民鑄錢，一黃金一斤，約法省禁，而不軌逐利之民蓄積餘業以
> 稽市物，物踴騰糶，米至石萬錢，馬一匹則百金。

集解：「李奇曰：『稽，貯滯也。』如淳曰：『稽，考也。考校市物價，貴賤有時。』晉灼曰：『踴，甚也。言計市物賤而豫益蓄之也。物貴而出賣，故使物甚騰也。』」索隱：「李奇云：『稽，貯滯。』韋昭云：『稽，留待也。』稽字當如李、韋二釋；晉灼及馬融訓稽爲計及考，於義爲疏。如淳云：『踴騰猶低昂也。低昂者，乍賤乍貴也。』」稽訓從李奇、韋昭者無誤，「蓄積餘業以稽市物」云云，正寫商民搜囤壟斷以控制物價之逐暴利手段也。王肇鼎曾說之，藉供參考，曰：

> 高祖廢秦「半兩錢」而行「莢錢」，「莢錢」較輕於「半兩錢」十倍
> 左右；〔註57〕鶩質輕則值錢，以之量物，按以經濟學的原理，物價
> 必大漲。市民不悉其原委；惟知以餘錢儲市物，期其價漲而售之，
> 可謀大利，較之工作於田間，所得既多，安適尤甚，遂群趨之若鶩；
> 社會交易，發生壟斷，物價因之愈漲。〔註58〕

〔註56〕 同註55，李氏曰：「秦漢之銅錢，雖爲特鑄之貨幣，其幣面皆記重量，可稱之
曰『量名幣』。」

〔註57〕 根據《古今注》，秦半兩重十二銖，莢錢重三銖；（參註42），當差四倍，王氏
所謂「十倍」，未詳算法。

〔註58〕 同註48。

　　此種通貨危機，發展至後期，轉成「錢貴物賤」。文帝時，物價之賤，歷朝未嘗覯，即以糧食爲例，粟升一錢，穀石數十錢。〔註 59〕何故？錢幣奇缺也。至於幣量供需失調之因素，茲從兩方面考察之：

　　（1）就幣制本身言：貨幣品類凌雜紛歧，厥爲漢初幣制之首弊，惟類眾並非等同量眾，史、漢所謂：「莢錢益多、輕」、「錢益多而輕」，乃專就種類立文耳；蓋前乎文帝放鑄，歷朝國鑄幣已四類，而中央、地方以及盜僞之種種形制，更僕難數也。依據經濟學原理，幣類多雜適限制抵銷其總額數。王亞南《中國經濟原論》即指出：

> 中國的貨幣種類，可以說是至爲繁多。但貨幣種類的多，並不能表示流通貨幣數量之多。恰恰相反，惟其種類多，惟其相互對立的限制和抵消，其總的額數，是無法增多的。〔註 60〕

基於此理，自高祖起，時代愈後，種類愈雜，而總額數未增，乃遂陷入錢幣不足之困境。

　　（2）就幣制環境言：幣量豐歉，環境因素之影響深鉅。高祖登祚時，戶口寡少，物質短缺，社會經濟蕭條已極，其後無爲放任，刻意休養生息，逮惠帝、高后人力物力漸甦，洎文帝，衣食滋殖，天下殷富，於是商貿往來旺盛，經濟發達。而貨幣原爲經濟進步之產物，用作交易仲介者，故隨社會經濟日益加甚，貨幣需求量累增。幣求量增幣產量未增，終至於貨幣奇缺，供不給求矣。

　　當貨幣供需失衡，其經濟變動爲：「在本位幣的需要增加，本位幣的供給卻無法增加。此時，不惟物價被迫下落，本位幣的購買力，遠超於其幣材實值之上，且將擾亂生產組織，妨害生產的進展。」〔註 61〕簡言之，即：錢幣增值，物價滑跌；等量貨物但須少量錢幣便可購致。此時，擁有現幣之富商，可以較小金額搜購大批貨物，或吝幣不用，迫麼物價愈慘落，始以最低價格搜購之；然後囤積搜購物，形成匱乏，待機高價出售。同時，錢愈貴物愈賤，則造幣成本（幣材加鑄費）遠遞減於貨幣購買力，盜僞者用低成本鑄造高購買力之錢幣，所得利潤大厚，於是乎盜鑄之風與日俱加，曾不可遏抑也。賈

〔註 59〕　西漢物價以文帝時最低，即以糧價爲例，《史記·律書》：「粟至十餘錢。」《風俗通義》卷二：「粟升一錢。」《太平御覽》卷三十五引桓譚《新論》：「穀至石數十錢。」詳細情形，參見韓復智《西漢物價的變動與經濟政治之關係》。

〔註 60〕　見王氏著《中國經濟原論》第三篇。

〔註 61〕　同註 43。

誼〈上文帝諫鑄幣疏〉曰：

> 令禁鑄錢，則錢必重；重則其利深，盜鑄如雲而起，棄市之罪又不
> 足以禁矣。

《新書・鑄錢篇》亦曰：

> 令禁鑄錢，錢必還重，四錢之粟，必還二錢耳。重則盜鑄錢如雲而
> 起，則棄市之罪，又不足以禁矣。姦不勝而禁法數潰，難言已，大
> 事也。久亂而弗蚤振，恐不稱陛下之明。

此文帝五年縱民鑄幣後，賈誼設言：若復返舊制，禁止自鑄，則一切宜與五年以前不異：「錢貴物賤」，四錢之粟降至二錢，購買力倍蓰，其利可圖，盜鑄大熾，如風雲湧起，雖法有錢律，未足以禦姦也。

緣上述諸因，乃有縱民鑄幣之舉措，其辦法為：撤銷盜鑄抵死之禁，開放自由鑄幣，由政府公布統一形制，凡不依法定規格，減低成色重量以欺矇牟利者黥。其目標在於：增加幣量，消弭貨幣孔缺引發之流弊，穩定物價，減少盜偽，並統一幣制，俾貨幣充分發揮機能，配合總體經濟政策，促進社會經濟繁榮也。

（二）文帝放鑄之結果

文帝縱民鑄幣之結果，利弊互見，而弊多於利也。其施行績效，約如下：

(1) 放鑄乃順應國家政治總目標：約法省禁，予民休息，以德化代刑政。禁鑄期間，犯律者抵死罪，刑戮慘重，開放禁令，則活人不少，達致「省刑」績效。

(2) 放鑄乃遵循國家經濟總目標：無為放任，以恢復戰後凋弊之社會經濟。文景之治，繁榮富贍，自由鑄幣有某種程度之助益。

(3) 放鑄乃欲充裕貨幣數量，減輕物賤錢貴與貨幣混亂等弊端。自由聽鑄，貨幣供需理較禁鑄時為平衡。

至於放鑄流弊，賈誼指出：

(1) 盜鑄之風益熾，陷民於刑罪：案開放鑄幣之理想，原為取銷錢律抵死罪，令民自由鼓造，改用較輕之「黥刑」科罰不按法定形制鑄錢者，冀臻統一。顧鑄錢若循蹈規矩遵制奉行，重量成色與法量契合，則無贏利可牟，若滲入雜礦、減低成色重量，則贏利厚渥。曩昔禁鑄，非大姦不敢冒死罪以射利，今日開禁，小民得操持鑄權，而殽雜利重，令人輕犯，矧贏利為經濟行為之前提，鑄錢為經濟行為之一，亦必有利而後鑄之，若許民私鑄，又不

許圖利，理宜難行也。詎非故張網羅以誣愚民耶？是以鑄偽雲起，較諸開禁以前尤烈，錢文益煩，而罪罰不加少也。賈誼曰：

> 法使天下公得顧租鑄銅錫爲錢，敢雜以鉛鐵爲它巧者，其罪黥。然鑄錢之情，非殽雜爲巧，則不可得贏；而殽之甚微，爲利甚厚。夫事有召禍而法有起姦，今令細民人操造幣之勢，各隱屏而鑄作，因欲禁其厚利微姦，雖黥罪日報，其勢不止。乃者，民人抵罪，多者一縣百數，及吏之所疑，榜笞奔走者甚眾。夫縣法以誘民，使入陷阱，孰積於此！曩禁鑄錢，死罪積下；今公鑄錢，黥罪積下。爲法若此，上何賴焉？〔註62〕

> 迺者竊聞吏復，鑄錢者民人抵罪，多者一縣百數，中者十數，家屬知識，及吏之所疑繫囚榜笞及犇走者，類甚不少。僕未之得驗，然其刑必然，抵禍罪者固乃始耳。此無息時，事甚不少，於上大不便，願陛下幸無忽。法使天下公得顧租鑄錢，鑄錢之情，非殽鉛鐵及石雜銅也，不可得贏，而殽之甚微，又易爲——無異鹽羹之易，而其利甚厚，張法雖公鑄，舍賜而鑄者，情必奸僞也。名曰顧租公鑄，法也，而實皆黥罪也。有法若此，上將何賴焉。夫事有召禍，而法有起奸，今令細民操造幣之勢，各隱屏其家而公鑄作，因欲禁其厚利微奸，雖黥罪日報，其勢不止，此理然也。夫日著以請之，則吏隨而揜之，爲民設阱，孰積於是！上弗蚤圖之，民勢且盡矣。曩禁鑄錢，死罪積下；今公鑄錢，黥罪積下，雖少異乎，未甚也。民方陷溺，上弗其救乎？〔註63〕

「曩禁鑄錢，死罪積下；今公鑄錢，黥罪積下」，刑雖輕省，積下則一，立法不善，辟猶穿地陷獸，安得爲民父母哉？

（2）貨幣品類益歧，商貿交通滯塞：漢初，法錢與廢幣兼用，品類本雜，放鑄而後，成色重量不足之劣幣泛濫，幣制益歧，且因錢有輕重優劣之分，遂萌生差別物價，貿易大亂。賈誼曰：

> 又民用錢，郡縣不同；或用輕錢，百加若干；或用重錢，平稱不受。法錢不立，吏急而壹之虖，則大爲煩苛，而力不能勝；縱而弗呵虖，

〔註62〕 同註5。
〔註63〕 見《新書‧鑄錢篇》。

則市肆異用，錢文大亂。苟非其術，何鄉而可哉！〔註64〕

且世民用錢，縣異而郡不同，或用輕錢，百加若干，輕小異行。或用重錢，平稱不受。法錢不立，將使天下操權族，而吏急而壹之乎？則大煩苛而民弗任，且力不能而勢不可施。縱而弗苛乎，則郡縣異而肆不同，小大異用，錢文大亂。夫苟非其術，則何饗而可哉？〔註65〕

時四銖錢為法定本位貨幣，然錢幣參差，市肆往來如下：有用成色不足之劣幣者，有用較輕之廢幣如莢錢者，為避免欺矇爭訟，政府不得已，乃下令秤量：四銖錢百枚，秤量重一斤十六銖；〔註66〕凡用廢、劣幣，秤量不足者，不以枚數計面值，改行重量計真值，百枚而外加枚數補足之；此所謂「或用輕錢，百加若干」。顧抑有用重於本位貨幣——四銖錢者，如秦半兩，則以一半兩錢購價四銖之物，其值不等，平稱有餘，不能受，此所謂「或用重錢，平稱不受」。一時間，計算繁複，支付賣買延誤，《鹽鐵論‧錯幣篇》曰：「擇錢則物稽滯，而用人反受其苦。」商品交通因而受阻，經濟發展遲緩。

（3）民多棄農鑄錢，加重糧食不足：鑄偽「殺之甚微，為利甚厚」，因所牟大利，民捨生忘死以求之，而採銅鑄幣，多有致殷富者，如劉濞、鄧通者流，錢布天下，貴擬天子。相形之下，農作終歲勞苦，所得寡少，惡食粗衣，無益營生，於是民多捨棄本業，驚驚於鑄錢，農民遽減，田畝休作，更加重穀物生產之不足。賈誼曰：

今農事棄捐而采銅者日蕃，釋其耒耨，冶鎔炊炭，姦錢日多，五穀不為多。善人怵而為姦邪，願民陷而之刑戮，刑戮將甚不詳，奈何而忽！〔註67〕

（三）賈誼之對策

放鑄結果，功不抵過，於是賈誼上書文帝力言上述諸弊後，倡議：「禁鑄私幣」。惟當注意者，賈誼所謂禁鑄私幣，並非復返舊制：由中央政府及地方政府分掌鑄權，以死罪控制姦人盜鑄。蓋如斯也者，不過重蹈文帝五年以前

〔註64〕 同註5。

〔註65〕 同註63。

〔註66〕 《漢書‧食貨志》：「或用輕錢，百加若干。」注引應劭曰：「錢重四銖，法錢百枚，當重一斤十六銖，輕則以錢足之若干枚，令滿平也。」

〔註67〕 同註5。

之覆轍耳，其貽害嚴重，始有放鑄舉措，殷鑑不遠，賈誼知之深切。賈誼之對策如下：

（1）確立法錢，嚴禁廢幣：漢初幣制紊亂之因素雖多，追溯之，實啓釁於高祖鑄莢錢，其後新錢屢頒，而舊幣不去，品類眾雜，購買力差別，是以本位制度難於確立，法錢喪失機能，文帝年間，政府非徒無力管理，反改用秤量，不啻承認廢幣、偽幣之可行，弊害滋甚。惜乎當政之財經官員不克洞矚癥結，故賈誼屢評法錢不立之弊，意在呼籲確立法錢之重要也，其文已錄於（（二）文帝放鑄之結果、放鑄流弊：（2）貨幣品類益歧，商貿交通滯塞），茲不贅引。總之，政府必規定一種通行全國之法定貨幣，其餘廢幣、偽幣，盡數銷毀，無論何時何地，唯法錢為可用，如此，則無厚薄真偽之分，幣信因而建立，法錢制度由此確定。

（2）收幣材於國家，嚴禁私採：設若法錢已立，鑄幣之銅仍縱任自由採取，則私鑄不減，偽幣固將泛濫如故，結果法錢功效全喪。賈誼曰：「姦數不勝而法禁數潰，銅使之然也。故銅布於天下，其為禍博矣。」〔註68〕幣材布天下，所招致之禍約有：

> 銅布於下，為天下菑，何以言之？銅布於下，則民鑄錢者，大抵必雜石鉛鐵焉，黥罪日繁，此一禍也。銅布於下，偽錢無止，錢用不信，民愈相疑，此二禍也。銅布於下，采銅者棄其田疇，家鑄者損其農事。穀不為則鄰於飢，此三禍也。故不禁鑄錢，則錢常亂，黥罪日積，是陷阱也。且農事不為，有疑為菑，故民鑄錢，不可不禁。上禁鑄錢，必以死罪鑄錢者，禁則錢必還重，錢重則盜鑄錢者起，則死罪又復積矣，銅使之然也。〔註69〕

故救弊之術，宜治其根本，由中央政府獨握銅產，嚴禁私採。賈誼曰：

> 今博禍可除，而七福可致也。何謂七福？上收銅勿令布，則民不鑄錢，黥罪不積，一矣。偽錢不蕃，民不相疑，二矣。采銅鑄作者反於耕田，三矣。銅畢歸於上，上挾銅積以御輕重，錢輕則以術斂之，重則以術散之，貨物必平，四矣。以作兵器，以假貴臣，多少有制，用別貴賤，五矣。以臨萬貨，以調盈虛，以收奇羨，則官富實而末民困，六矣。制吾棄財，以與匈奴逐爭其民，則敵必懷，七矣。故

〔註68〕同註5。
〔註69〕見《新書・銅布篇》。

善爲天下者，因禍而爲福，轉敗而爲功。今久退七福而行博禍，臣
誠傷之。〔註70〕

幣材收歸中央，爲利多，賈誼上述七項，簡括解釋如下：

1、經濟方面

（1）可以達致統一鑄造、禁止盜僞之目的：「上收銅勿令布下，則民不
鑄錢，黥罪不積，一矣。」

（2）可以達致確立法錢制度之目的：「僞錢不蕃，民不相疑，二矣。」

（3）可以達致遏止背本歪風，勸農增產之目的：「采銅鑄作者反於耕田，
三矣。」

（4）可以達致掌握貨幣數量、調節貨幣價值之目的：「銅畢歸於上，上
挾銅積以御輕重，錢輕則以術斂之，重則以術散之，貨物必平，四
矣。」

（5）可以達致社會均富，消弭貧富懸殊，充裕國家財政之目的：「以臨
萬貨，以調盈虛，以收奇羨，則官富實而末民困，六矣。」

案鑄幣仰給幣材，曩者盜僞盛，洵緣礦產採掘開放，一旦銅收歸國有，
幣材來源斷絕，自無法造幣。一者，因造幣作僞而觸法之姦人不生，可以去
刑省禁；二者，因造幣作僞而違反法制之僞幣不生，可以整齊幣制；三者，
因惑於鑄僞利厚而轉業之農民回歸本業，可以勸農增產；此誠一勞永逸之良
術也。他方面言，考經濟問題多導源物價波動，而物價波動原因爲二：（1）
商品供需失衡；（2）貨幣供需失衡；苟能控制貨幣，量剩則減，量寡則增，
物價宜其持穩，問題之紓困半矣。且貨幣供需主權在上，則無畏於貨物買賣
操諸商民；當市肆價跌，政府搜購貨物，購買增加，物價立停跌；當市肆價
漲，政府拋售貨物，貨物給求，物價立停漲；商民無所乘，而波動利益歸上，
府庫必盈。矧豪商射利之塗塞，社會貲財漸趨均平，貧富懸絕之社會病態迎
刃解矣。

2、政治方面

（1）可以達致掌握武器鑄造，鞏固內政安定之目的：「以作兵器，以假
貴臣，多少有制，用別貴賤，五矣。」

（2）可以達致充實府庫，加強國防安全之目的：「制吾棄財，以與匈奴

逐爭其民，則敵必懷，七矣。」

經濟乃國家建設之基石，內政外交胥賴財政，儻國貧民困，則阽危已。就內政言，漢初諸侯王如吳王劉濞，既割膏壤之地，復擅山海資源，因山鼓鑄，傍海煮鹽，富無倫比；而臣下如鄧通者流，亦竊取銅鑄幣而致富貴。《漢書·吳王濞傳》曰：

> 會孝惠、高后時天下初定，郡國諸侯各務自拊循其民。吳有豫章郡銅山，即招致天下亡命者盜鑄錢，東海煮海水爲鹽，以故無賦，國用饒足。

又〈佞幸傳〉曰：

> （文帝）於是賜（鄧）通蜀嚴道銅山，得自鑄錢。鄧氏錢布天下，其富如此。

財富則勢盛，勢盛則情驕，劉濞終於叛國而鄧通身亡，放鑄政策因此罷廢。漢時人率能詳其本末云。《史記·平準書》曰：

> 吳，諸侯也，以即山鑄錢，富埒天子，其後卒以叛逆。鄧通，大夫也，以鑄錢財過王者。故吳、鄧氏錢布天下，而鑄錢之禁生焉。

《鹽鐵論·錯幣篇》：

> 大夫曰：「文帝之時，縱民得鑄錢、冶鐵、煮鹽。吳王擅鄣海澤，鄧通專西山，山東姦猾咸聚吳國，秦、雍、漢、蜀因鄧氏，吳、鄧錢布天下，故有鑄錢之禁。禁禦之法立而姦僞息，姦僞息則民不期於妄得，而各務其職，不反本何爲？故統一，則民不二也；幣由上，則下不疑也。」

吳、鄧所以富兼天下者，鑄僞致之也，蓋吳有豫章銅山，鄧有嚴道銅山。故幣材齎人，不啻太阿倒持，上何以堪？財權旁落，將造成政權動搖也。茲收歸國有，則富貴在上，足以制斷。賈山亦曰：「錢者，亡用器也，而可以易富貴。富貴者人主之操柄也；令民爲之，是與人民共操柄，不可長也。」〔註71〕可不慎哉！至於國富則邊費贍，足以外禦彊侮也。漢初匈奴犯屬中國，殺伐郡縣吏民，甚悖逆不軌，宜誅討之日久矣，然苦於國力未逮，軍需空乏，始終忍辱和親，苟興利長財，則能立三振設五餌，利誘德柔（詳邊防政策章），頑虜必繫頸請降，無憂邊之心矣。

〔註71〕見《漢書·賈山傳》。

第三節　晁錯之經濟政論思想

晁錯之經濟政論，一言以蔽之曰：重農；同時富有濃烈抑商意識也。文帝十二年，賈誼既上疏論積貯，其後晁錯復陳表倡貴粟之要，文帝從之，令民入粟拜爵，公府儲糧以是漸贍，帝下詔賜民半稅，終至於悉除田賦，於國計民生，大有裨益焉。貨幣方面，晁錯主張貶抑賤視其地位，旨亦貴尚農業，爲有漢反貨幣思想之前驅也。

一、重農貴粟

晁錯首先說明，農業之於國家，攸關重大。蓋有民此有國，而民以衣食爲天；衣食足則安居戀土，天下可得而治；衣食不足則遠走他徙，何以國爲？重農之要，即在：廣開資源，蓄積日用，以備枯竭也。顧當今之勢，地利未舉辟，農業待興而民多事末，生計窘迫，日困於貧困，民愁無聊，轉爲盜賊，國家不靖，宜其警駭而有所謀劃云。晁錯曰：

> 聖王在上而民不凍飢者，非能耕而食之，織而衣之也，爲開其資財之道也。故堯、禹有九年之水，湯有七年之旱，而國亡捐瘠者，以畜積多而備先具也。今海內爲一，土地人民之眾不避湯、禹，加以亡天災數年之水旱，而畜積未及者，何也？地有遺利，民有餘力，生穀之土未盡墾，山澤之利未盡出也，游食之民未盡歸農也。民貧則姦邪生，貧生於不足，不足生於不農，不農則不地著，不地著則離鄉輕家，民如鳥獸，雖有高城深池，嚴法重刑，猶不能禁也。夫寒之於衣，不待輕煖；飢之於食，不待甘旨；飢寒至身，不顧廉恥。人情，一日不再食則飢，終歲不製衣則寒。夫腹飢不得食，膚寒不得衣，雖慈父不能保其子，君安能以有其民哉！明主知其然也，故務民於農桑，薄賦斂，廣畜積，以實倉廩，備水旱，故民可得而有也。〔註72〕

若夫上述現象之病根，自下言之，厥爲社會經濟發展而造成：大貧大富懸殊，「富者田連阡陌，貧者無立錐之地。」〔註73〕商人富貴，農夫貧賤，勞力不均，分配失衡。晁錯指出：

〔註72〕同註5。
〔註73〕《漢書・食貨志》董仲舒言。

今農夫五口之家，其服役者不下二人，其能耕者不過百晦，百晦之收不過百石。春耕夏耘，秋穫冬藏，伐薪樵，治官府，給繇役；春不得避風塵，夏不得避暑熱，秋不得避陰雨，冬不得避寒凍，四時之間亡日休息；又私自送往迎來，弔死問疾，養孤長幼在其中。勤苦如此，尚復被水旱之災，急政暴賦，賦斂不時，朝令而暮改。當具有者半賈而賣，亡者取倍稱之息，於是有賣田宅鬻子孫以償責者矣。而商賈大者積貯倍息，小者坐列販賣，操其奇贏，日游都市，乘上之急，所賣必倍。故其男不耕耘，女不蠶織，衣必文采，食必粱肉，亡農夫之苦，有仟伯之得。因其富厚，交通王侯，力過吏勢，以利相傾，千里游敖，冠蓋相望，乘堅策肥，履絲曳縞。此商人所以兼并農人，農人所以流亡者也。今法律賤商人，商人已富貴矣；尊農夫，農夫已貧賤矣。故俗之所貴，主之所賤也；吏之所卑，法之所尊也。上下相反，好惡乖迕，而欲國富法立，不可得也。〔註74〕

以上敘農商苦樂，酣暢淋漓，曲盡民瘼。詳考其文，農夫所以貧賤，緣內外因素也；農業生產勞苦寡穫，難於餬口，為其內在因素；賦稅煩苛、天災頻仍，與夫商人兼併，為其外緣因素。至於商人兼併農業之方法：有因乘時機、囤積踊糶者；有借貸高利、盤剝侵削者；有搜購土地，坐食私租者；有交通權貴、魚肉鄉曲者。茲引述史例，陳之如次：

（一）內在因素

1、農業生產勞苦寡穫、難於餬口

中國古代農業技術粗糙，西漢時期較諸先秦愈有改進固屬事實，然其改進程度、效用與範圍，猶甚遲緩也。西漢農業技術之大革命首推武帝時趙過，據李劍農研究趙過之貢獻如下：（1）改進農器：改良犂之製作，使之非徒用以發土，且兼用以播種；（2）改進耕作方法：即所謂「代田」，以畎田代處法取代萊田休耕法，以「畎種」法取代「縵田」法。〔註75〕趙過之新農器與新農藝，嘗推行全國，二千石遣令長、三老、力田、里父老善田者，受田器學耕種，〔註76〕然囿於諸多因由，受惠有限，桓寬《鹽鐵論・未通篇》載，昭

〔註74〕 同註5。
〔註75〕 見李氏著《先秦兩漢經濟史稿》第三編、第十二章。
〔註76〕 《漢書・食貨志》：「過使教田太常三輔。大農置工巧奴與從事，為作田器，二千石遣令長、三老、力田及里父老善田者，受田器，學耕種養苗狀。」

帝時「勞疲而寡功」、「貧苦而衣食不足」如故。〔註 77〕至於趙過以前，農器
楛窳，農藝拙劣，用力畎畝而生產量寡，備極艱辛而生計窘，自不待言矣。
晁錯所謂：「今農夫五口之家，其服役者不下二人，其能耕者不過百晦，百晦
之收不過百石；春耕夏耘，秋穫冬藏，……春不得避風塵，夏不得避暑熱，
秋不得避陰雨，冬不得避寒凍，四時之間，亡日休息。」云云，可窺見一班
也。晁錯取概數估計，五口一戶之農家，除去供政府徭役之丁口二人，勞動
生產力僅得三人，三人耕作百畝田，四時耕殖，不稍止息，平歲亡災害侵襲，
收入亦不過約百石耳。百石微薄，而賦稅、食用、喪葬、應酬等悉取備焉，
故農夫恆支絀，遑論積貯。今考諸前漢人所記，晁錯絕無溢詞。《淮南子·主
術訓》言農民生活，亦云：

> 夫民之爲生也，一人跖耒而耕，不過十畝，中田之獲，卒歲之收，
> 不過四十石。妻子老弱，仰而食之，時有沽旱災害之患，無以給上
> 之徵賦車馬，兵革之費。由此觀之，則人之生憫矣。

所敘更甚於錯也。至於百石之費，以戰國李悝「盡地力之教」揆之，輒入不
敷出。李悝曰：

> 一夫挾五口，治田百畝。歲收畝一石半，爲粟百五十石。除什一之
> 稅十五石，餘百三十五石。食人月一石半，五人終歲爲粟九十石，
> 餘有四十五石。石三十，爲錢千三百五十。除社閭嘗新春秋之祠用
> 錢三百，餘千五十。衣人率用錢三百，五人終歲用千五百，不足四
> 百五十。不幸疾病死喪之費，及上賦斂，又未與此。此農夫所以常
> 困，有不勸耕之心。〔註78〕

李悝以百五十石計，稅什一，較晁錯百石贏五十，而漢初稅什五，他賦稅猶
未與之。近人王文發嘗設論平歲中熟二百石爲準，漢農夫生活如下：

> 以中熟二百石之收爲準，民以食爲天，「十五斗粟，當丁男半月之
> 食」，則丁男月需二石。未成年者食量較低，兩者相抵，大致是「一
> 馬伏櫪，當中家六口之食」，而馬月食「爲米二斛四斗，麥八斛」，
> 則五口之家年食約需一百一十石上下，已去收入泰半。「一車千石，

〔註77〕 《鹽鐵論·未通篇》：「內郡人眾，水泉薦草不能相贍，地勢濕漉，不宜牛馬。
民躡耒而耕，負檐而行，勞罷而寡功，是以百姓貧苦而衣食不足，老弱負輅
於路，而列卿大夫或乘牛車。」鹽鐵辯論在宣帝時，所述爲武帝以後情況。
〔註78〕 同註5。

一衣十鍾」，雖屬豪富驕奢情狀，與平民無涉，但衡諸戰國時期，每
人年需衣著費用相當於十石粟，則蔽體以不違禮又去五十石。所餘
不足四十石之數，便是稅賦與吉凶慶弔費用所寄，非遇豐熟，如何
能不賣田宅鬻子孫以應急。〔註79〕

王氏倍數之，二百石所餘四十石，則晁錯百石，所餘當止二十石耳，農民常
衣牛馬之衣，食犬彘之食，愁怨而無聊。

（二）外在因素

1、賦稅煩苛

漢代賦稅品目繁細，武帝以前計有下列諸項：

（1）田賦：此乃國庫收入之大宗稅源也。高祖最初所定者，為什五稅一
之率，較秦為輕，故《漢書・食貨志》曰：「上於是約法省禁，輕田租，什五
而稅一。」其後嘗廢，惠帝即位復之，《漢書・惠帝紀》元年：「減田租，復
十五稅一。」注：「漢家初十五稅一，儉於周十稅一也；中間廢，今復之也。」
孝文前二年，曾詔賜田租之半，以本年為限。迨晁錯上疏，又詔賜半租，亦
僅限本年；前十三年以入粟有贏，乃全除田賦，洎景帝二年始復令民半出租。
所謂「賜民田租之半」或令民「半出租」者，即減「十五稅一」為「三十稅
一」。自此以來，三十稅一遂為漢代田租定率。《漢書・食貨志》曰：「上（文
帝）復從其（晁錯）言，迺下詔賜民十二年租稅之半，明年遂除田之租稅，
後十三歲孝景二年令民半出田租，三十而稅一也。」

（2）藁稅：蒭藁為田租之副產，故亦列為地租之一。其制似始於秦，《史
記・六國年表》秦簡公七年：「初租禾。」漢代沿而未革，故農夫既奉田賦，
復需附納禾藁也。

（3）算賦：可稱之曰人口稅。《漢書・食貨志》董仲舒說秦法云：「田租
口賦鹽鐵之利，二十倍於古。」則秦已有可知。高祖定天下，即作算賦，《漢
書・高帝紀》四年八月：「初為算賦。」其制：民不分男女，年十五以上至五
十六，人每年出百二十錢以為常。如淳注引《漢儀注》：「民年十五以上至五
十六出賦錢，人百二十為一算，為治庫兵車馬。」而賈人與奴婢倍算二百四
十錢；終漢之世，皆行此制。惠帝六年為獎勵人口，令單身女子三十不嫁五

〔註79〕 見王氏著《西漢重農政策的理論與實際》。

倍六百錢。〔註80〕唯貢禹以爲算賦起自武帝，詳口錢條。

（4）口錢：此亦爲人口稅，所不同者：前項徵收成丁，此項則爲兒童稅。《漢書·貢禹傳》貢禹謂：「古代無算賦口錢，起武帝征伐四夷，重賦於民。民產子三歲，則出口錢，故民重困，至於生子輒殺，甚可悲痛。宜令兒七歲去齒，乃出口錢，年二十乃算。」元帝下其議，自此始令民七歲乃出口錢。依貢禹所言，口錢、算賦似爲武帝創制，然證以他處所記，則貢禹實誤。算賦見載於高帝四年，又《漢書·昭帝紀》元鳳四年：「詔勿收四年五年口賦。」注引如淳曰：「《漢儀注》：民年七歲至十四歲，出口賦錢，人二十三。二十錢以食天子，其三錢者，武帝加口錢以補車騎馬。」則武帝但將口錢由二十加至二十三，並非新創，口錢之起宜在武帝前矣。楊筠如《兩漢賦稅考》以爲算賦、口錢蓋皆源于秦，〔註81〕李劍農論之尤詳，曰：

> 在武帝以前已有口賦算賦，口賦由三歲至十四歲，人出二十錢，武帝加爲二十三錢；算賦由十五歲起，人出百二十錢。至元帝時，貢禹請將徵納口賦之年歲，由三歲改爲七歲；徵納算賦之年歲，由十五歲改爲二十歲。元帝以後，遂以七歲始出口錢爲準，至於算賦開始之年歲是否亦如禹議以二十歲爲起點無明文。要之，二者皆非起自武帝，則可斷言。然則果創自漢祖乎？以情勢推之，似應不起於漢祖。因漢祖入關，方以收集人心爲事，對於田租，尚取其輕於秦者，何至創立新賦稅之項目。考史記秦本紀孝公十四年，有「初爲賦」之語。此所謂初爲賦之賦制如何，固不可臆斷，然在分封制推行時期，農民除向領主供納所謂「粟米之徵」外，尚有一種現物供納的所謂「布縷之徵」，勞動的「力役之徵」。商鞅輔佐孝公，毀棄分封制形式時，「粟米之徵」循當時通行之名，易爲「田租」，「力役之徵」變爲「更賦」；依民戶人口所徵之「算賦」「口賦」，殆即由「布縷之徵」轉變而來，故女子亦不免，然則孝公十四年所定之賦制，人口稅之算賦口賦，似已包括其中。〔註82〕

總之，口錢算賦在漢初即已有之，蓋承秦制也。

〔註80〕 《漢書·惠帝紀》六年：「女子年十五以上至三十不嫁，五算。」

〔註81〕 楊氏云：「算賦亦稱口錢，原始于秦。食貨志董仲舒說秦法云：『田租口賦鹽鐵之利，二十倍於古。』則秦已有口賦可知。」又云：「口錢與算賦性質相似，惟口錢爲幼童之稅，其起原亦似在漢初即有之，蓋亦沿秦制也。」

〔註82〕 見李氏著《先秦兩漢經濟史稿》第三編、第十七章。

　　（5）獻賦：獻賦亦計口收稅，與口賦性質相類。漢初貢獻無定程，高祖十一年定獻賦之制，令郡國徵民獻賦口出六十三錢。《漢書‧高帝本紀》十一年詔曰：「欲省賦甚，今獻未有程，吏或多賦以為獻，而諸侯尤多，民疾之，令諸侯王通侯常以十月朝獻，及郡各以其口數率人歲六十三錢，以給獻費。」文帝復加酎金律，《後漢書‧禮儀志》引丁孚《漢儀》：「酎金律，文帝所加，以正月旦作酒，八月成，名酎酒，因令諸侯助祭貢金。」又引漢律金布令曰：「皇帝齋宿，親帥群臣承祠宗廟，群臣宜分奉請。諸侯、列侯各以民口數，率千口奉金四兩，奇不滿千口至五百口亦四兩，皆會酎，少府受。」〔註83〕

　　（6）戶賦：此專納諸侯王及列侯，《史記‧貨殖傳》曰：「封者食租稅，歲率戶二百。千戶之君則二十萬，朝覲聘享出其中。」凡諸侯王、列侯所領人民，戶歲納二百錢也。

　　上六項為常見賦稅，他如：山澤之禁有假稅，財產之徵有訾算，鼓鐵煮鹽納鹽鐵稅，市籍者納布租等等，〔註84〕以其與多數農民無關尚不列入。至於賦稅以外，兵、繇役之征三品：正卒一歲、戍卒一歲、更卒每年一月。（詳晁錯邊防政論思想章），董仲舒慨曰：「力役三十倍於古。」〔註85〕農民既納賦稅，復給兵力役，真有刻骨之痛也。晁錯所謂「治官府，給繇役，……急征暴虐，賦歛不時，朝令而暮當具，有者半賈而賣，亡者取倍稱之息，於是

〔註83〕文帝前元年：「六月，令郡國無來獻。」（見《漢書‧文帝紀》）此當限一年，唯史文未錄，不得其詳。茲據丁孚《漢儀》，或往後改為酎金。《漢書‧景帝紀》：「高廟酎。」注：「張晏曰：正月旦作酒，八月成，名曰酎，酎之言純。至武帝時，八月嘗酎，會諸侯廟中，出金助祭，所謂酎金也。」則酎金似創自武帝，然文帝既定酎金律，當有酎金。楊筠如《兩漢賦稅考》以之屬獻賦，茲從楊說。

〔註84〕《漢書‧食貨志》董仲舒說秦法云：「頡川澤之利，管山林之饒。」又云：「漢興，循而未改。」〈文帝紀〉後六年令弛山澤，武帝末年乃令百姓漁取山澤、貸耕公田者，皆須繳納假稅。訾算一名，首見〈景帝紀〉，後二年詔：「今訾算十以上乃得官，廉士算不必眾：有市籍不得官，無訾又不得官，朕甚愍之。訾算四得官，亡令廉士失職，貪夫長利。」服虔注：「訾萬錢，算百二十七也。」應劭曰：「十算，十萬也。」「算百二十七」當為「百二十錢」之誤，訾以算稱，明為訾賦，其制訾萬錢出百二十錢為一算。《漢書‧食貨志》董仲舒又云：「田租口賦，鹽鐵之利，二十倍於古。」漢興，仍循而未改，是漢初本有鹽鐵稅，文帝縱民得鑄錢冶鐵煮鹽，當無稅征，武帝以國用不足，收歸專賣。《漢書‧高五王傳》主父偃云：「齊臨菑十萬戶，市租千金。」師古注：「收一市之租，直千金也。」是賈人倍算以外，尚有市租。

〔註85〕同註5。

有賣田宅鬻子孫，以償責者矣。」云云，說最允當。

2、天災頻仍

農業常受困天災，乃無可避免之事也。據方清河統計，西漢之天災為：水、旱、風、雨、蟲、震六類；見諸記載之水災三十五次，旱災三十一次，風災十三次，雪災（含霜、雹等）二十四次，蟲災十六次，震災（含山崩等）三十次。漢初，從高祖至景帝，災荒情如后表所列：〔註86〕

		高帝	惠帝	高后	文帝	景帝	小計
在位年數		8	7	8	23	16	62
有災年數		0	2	4	9	10	25
荒災別個	水	0	0	3	2	2	7
	旱	0	2	0	3	2	7
	風	0	0	0	3	1	4
	霜	0	0	0	1	3	4
	蟲	0	0	0	1	2	3
	震	0	1	1	2	5	9
災荒總數		0	3	4	12	15	34
有災／在位罹災率		0	0.29	0.50	0.39	0.63	0.40

文、景時期，庶幾比年災至，以致穀蔬不登，民有飢色，二帝乃頻下詔，示意哀矜。如文帝後元年詔：「間者數年比不登，又有水旱疾疫之災，朕甚憂之。」景帝前元年詔：「間者歲比不登，民多乏食，夭絕天年，朕甚痛之。」〔註87〕於是開倉廩，賜民爵，減賦弛禁，許民賣爵、遷徙、貸種食，並懲戒貪吏，令郡國、諸侯無貢；力謀賑荒救困也。茲就文、景帝紀稽勒之，如：〔註88〕

令郡國無來獻。（文帝前元年）

民謫作縣官及貸種食未入，入未備者，皆赦之。（文帝前二年）

賜天下民今年田租之半。（文帝前二年）

〔註86〕 本表參考自方清河《西漢的災荒》。

〔註87〕 見《漢書》〈文帝紀〉、〈景帝紀〉。

〔註88〕 以下所列皆緣災荒而救濟，凡非緣災荒者不列入，如：文帝前三年，復晉陽、中都民三歲租，乃因匈奴入寇，文帝親赴高奴，因幸太原，舉功行賞。前十五年，赦天下，乃因黃龍見成紀，文帝幸雍，始郊見五帝。景帝前三年，賜民爵一級，乃因立皇子端為膠西王、勝為中山王。諸如此類不列入。

賜農民今年田租之半。（文帝前十二年）

除田之租稅。（文帝前十三年）

令諸侯無入貢。弛山澤。減諸服御，損郎吏員。發倉庾以振民。民得賣爵。（文帝後六年）

郡國或磽陿，無所農穀畜，或地饒廣，薦草莽，水泉利，而不得徙。其議民欲徙寬大地者，聽之。（景帝前元年）

赦天下，賜民爵一級。（景帝前元年）

令田半租。（景帝前元年）

以歲不登，禁內郡食馬粟，沒入之。（景帝後二年）

今歲或不登，民食頗寡，其咎安在？或詐偽為吏，吏以貨賂為市，漁奪百姓，侵牟萬民。縣丞、長吏也，奸法與盜盜，甚無謂也。其令二千石各修其職；不事官職耗亂者，丞相以聞，請其罪。（景帝後二年）

顧中國幅員廣瀚，政府雖屢頒荒政，終是小惠未遍也。天災薦臻，剝奪毀損生命財產，天災之後，饑饉踵至，更迫蹙天下陷溺困境，農業生產「靠天吃飯」，受害最鉅。晁錯曰：「尚復被水旱之災」，良有以也。

3、商人兼併

有漢一代，商業蓬勃發展，富商大賈大為表見，依倚財勢，以役窮民，蠶食鯨吞之餘，農業耗損，小農破產，衍生諸多流弊。前二節已分別敘及矣，茲復就晁錯之言，分析其兼併方法，歸納為四類型：

（1）因乘時機，囤積踊躍：此為商業射利之最基本方法，重投機，要在：觀察世變，候機逐利，貴而賣，賤而買。此種商人，必智足以權變，勇足以決斷，掌握機利若猛獸鷙鳥之發。其廉者，但候時轉物、因時俯仰，如古之范蠡、白圭者流。《史記・貨殖傳》白圭曰：「人棄我取，人取我與。夫歲孰取穀，予之絲漆；繭出取帛絮，予之食。」歲熟則五穀登，繭出則帛絮盈，其時最低廉，取之貯藏，待穀少帛匱可倍蓰而鬻，利厚而合宜也。至於貪賈則囊括市貨，壟斷買賣，以故踊物價，〈平準書〉所謂：「蓄積餘業以稽市物，物踊騰糶」即此類也，彼等迫蹙物價乍貴乍賤、暴漲暴跌，米可售至一石萬錢，馬可售至一匹百萬錢，逐利益厚，顧甚不合宜也。漢季商賈率貪，興風鼓浪，導致數次經濟危機。楚漢爭雄之際，宣曲任氏即獨窖倉粟以致富。昭宣年間焦、賈二商囤積踊躍尤為有名，雖時代較晚，足供參證，迻錄於此，

以見一斑。《漢書·酷吏列傳》曰：

> 先是茂陵富人焦氏賈氏，以數千萬陰積貯炭葦諸下里物。昭帝大行
> 時，方上事暴起，用度未辦，延年奏言：「商賈或豫收方上不祥器物，
> 冀其疾用，欲以求利，非民臣所當爲，請沒入縣官。」

焦氏賈氏以數千萬錢爲本，大肆囤購葬地用物，市場爲之貨罄，致昭帝陵墓
不完，田延年謂其旨在「欲以求利」。就此事實觀之，漢囤積商謀及帝王，況
農民哉？

　　（2）借貸高利，盤剝侵削：此類商人，漢時謂之「子錢家」，蓋持母錢貸
出以生子錢，取高息也。司馬遷言編戶民致富之道，以經商爲首，通都大邑常
有子錢家一貸千貫。〔註89〕至於取息之厚，下文可睹，《史記·貨殖傳》曰：

> 吳楚七國兵起時，長安中列侯封君行從軍旅，齎貸子錢，子錢家以
> 爲侯邑國在關東，關東成敗未決，莫肯與。唯無鹽氏出捐千金貸，
> 其息什之。三月，吳楚平。一歲之中，則無鹽氏之息什倍，用此富
> 埒關中。

「其息什一」，索隱云：「謂出一得十倍。」甚可駭怖也。然則封君猶尙坐仰
鼻息，農民何堪？春夏農忙，需食糧及款項孔急，普遍稱貸，子錢家因便哄
抬利息，秋收之後，既償貸錢，又完國課，必出售農作易取現金，商人挑難，
泰半半價而酤，待明春，餘糧已罄，購諸市場，商人所賣必倍，循環反復，
稱貸愈甚，而無力償還，不得已販祖田、鬻妻子、爲奴婢，甚之者逃鄉棄籍，
流亡四方，轉爲盜賊；此盤剝侵削之結果也。

　　（3）搜購土地，坐食私租：商業資本之於農業社會，由於缺乏其他出路，
乃大量反傾農村，搜購土地，此第一節概論已說之，茲不復述。此處所言者，
乃漢人所謂「本富」觀。《史記·貨殖傳》云：「本富爲上，末富次之，姦富
最下。」又云：「以末致財，用本守之。」本富者，即以農田致富；末富者，
即以工商致富；奸富者，即以弄法犯奸致富。工商雖爲貧者致富之所資，然
終屬末業，苟欲長保富力於不墜，仍以農田爲本，而農田之基礎在土地，則
土地實爲「本富」之本，故一切士農工商活動，最後以取得大量土地而成豪

〔註89〕　《史記·貨殖傳》：「凡編戶之民，富相什則卑下之，伯則畏憚之，千則役，
萬則僕，物之理也。夫用貧求富，農不如工，工不如商，刺繡文不如倚市門，
此言末業，貧者之資也。通邑大都，酤一歲千釀，醯醬千瓨，……子貸金錢
千貫，節馹會；貪賈三之，廉賈五之：此亦比千乘之家，其大率也。」

富為目的，漢間人士觀念大氐如是也，更加甚商業資本流瀉農村。而自商鞅壞井田、開阡陌，土地私有制已成事實，除少數獨處優饒之封君貴戚，漢人佔地多寡，非取決身份尊卑，而取決經濟大小，有貲者可以買，豪富之家既雄於貲，則攫獲廣袤之土地，自屬當然。職是之故，土地被侵奪，勞力成雇傭，農村破產，大量自耕小農淪為大地主役使壓迫之對象，商業利潤陸續轉化作地租，「分田劫假」之「租佃關係」於焉產生。〔註90〕富裕地主，身不自耕，坐而待食巨利，貧苦農民，忍飢扶犁，耘籽是力，而穀入主家戶廩，利歸質貸之人，苟活而已。是以漢世田賦最輕三十而稅一，文、景年間凡十三年分文未取，然小農常貧寠，未霑澤溉，此乃漢之沈疴，終兩漢未嘗解，王莽即曰：

> 漢氏減輕田租，三十而稅一，……而豪民侵陵，分田劫假，厥名三
> 十稅一，實什稅五也。富者犬馬餘菽粟，驕而為邪，貧者不厭糟糠，
> 窮而為姦，俱陷於辜，刑用不錯。〔註91〕

至於董仲舒：「或耕豪民之田，見稅什五。」荀悅：「官收百一之稅，而民輸豪彊太半之賦。」皆痛切時弊，感慨良深，已錄於前，不贅。〔註92〕

（4）交通權貴，魚肉鄉曲：官商勾結，中外古今，史不絕書，漢世自不能解免也。富商大賈，結托權官，即可用勢縱橫，壓抑小商及貧民以保商利。晁錯曰：「因其富厚，交通王侯，力過吏勢，以利相傾。」直敘其事也。至於史實足證者，如武帝時田信、成哀間羅裒。《漢書》〈張湯傳〉、〈貨殖傳〉曰：

> 使吏捕案湯左田信等，曰：「湯且欲為請奏，信輒先知之，居物致富，
> 與湯分之。」

> 裒舉其半賂遺曲陽定陵侯，依其權力賒貸郡國，人莫敢負，擅鹽井
> 之利，期年所得自倍。

田信囤積射利者，得力於贓官豫告商機，羅裒持錢取息，至於擅鹽井之利者，則依恃於侯門勢力。貪商、惡吏交相往來，狼狽為姦，小民不敵，焉得不困耶？

總而言之，漢世社會：富者貲富鉅萬，貧者曾無片瓦之覆，農商對立，商大富而農赤貧。故晁錯痛心首疾指出：「今法律賤商人，商人已富貴矣；尊

〔註90〕　《漢書·王莽傳》：「豪民侵凌，分田劫假，厥名三十稅一，實什稅伍也。」
　　　　　師古曰：「分田，謂貧者無田而取富人田耕種，共分其所收也。假亦謂貧人賃
　　　　　富人之田也。劫者，富人劫奪其稅，侵欺之也。」
〔註91〕　見《漢書·王莽傳》。
〔註92〕　已錄於本章第一節。

農夫，農夫已貧賤矣。」此一弊病，足以導致窮國敗法，「欲國富法立，不可得也。」至於政府所有重農措施、抑商條文，於晁錯觀之，具鮮實效；敦教化、論積貯如賈誼者，則遠水近火，於時事亡補；於是焉晁錯乃遂倡議「入粟拜爵」，力圖振衰起弊，徹底達成重農抑商、富國立法之目標。晁錯曰：

> 方今之務，莫若使民務農而已矣。欲民務農，在於貴粟；貴粟之道，在於使民以粟為賞罰。今募天下入粟縣官，得以拜爵，得以除罪。如此，富人有爵，農民有錢，粟有所渫。夫能入粟以受爵，皆有餘者也；取於有餘，以供上用，則貧民之賦可損，所謂損有餘補不足，令出而民利者也。順於民心，所補者三：一曰主用足，二曰民賦少，三曰勸農功。……神農之教曰：「有石城十仞，湯池百步，帶甲百萬，而亡粟，弗能守也。」以是觀之，粟者，王者大用，政之本務。令民入粟受爵至五大夫以上，乃復一人耳，……爵者，上之所擅，出於口而亡窮；粟者，民之所種，生於地而不乏。夫得高爵與免罪，人之所甚欲也。使天下入粟於邊，以受爵免罪，不過三歲，塞下之粟必多矣。〔註93〕

《漢書‧食貨志》曰：

> 於是文帝從錯之言，令民入粟邊，六百石爵上造，稍增至四千石為五大夫，萬二千石為大庶長，各以多少級數為差。錯復奏言：「陛下幸使天下入粟塞下以拜爵，甚大惠也。竊恐塞卒之食不足用大渫天下粟。邊食足以支五歲，可令入粟郡縣矣；足支一歲以上，可時赦，勿收農民租。如此，德澤加於萬民，民俞勤農。時有軍役，若遭水旱，民不困乏，天下安寧；歲孰且美，則民大富樂矣。」上復從其言，乃下詔賜民十二年租稅之半。明年，遂除民田之租稅。

以上為晁錯「入粟拜爵」全部史料。茲據以析論，陳之如下。

（一）入粟拜爵之內容

按爵者，祿位也。漢爵二十等，其制沿襲秦。《漢書‧百官公卿表》曰：

> 爵，一級曰公士，二上造，三簪裊，四不更，五大夫，六官大夫，七公大夫，八公乘，九五大夫，十左庶長，十一右庶長，十二左更，十三中更，十四右更，十五少上造，十六大上造，十七駟車庶長，

〔註93〕 同註5。

十八大庶長，十九關內侯，二十徹侯，皆秦制。

入粟拜爵，質言之，即輸粟於政府以購買爵位也。唯可買之爵位，但大庶長以下十八等耳，不含十九等關內侯、二十等徹侯。晁錯疏曰：「令民入粟受爵至五大夫以上，乃復一人耳。」即謂：凡民輸粟若干於政府可以買爵，買至九等爵位五大夫以上者，享受復一人之優惠也。至於文帝之施行辦法厥為：

（1）六百石買第二等爵上造。

（2）四千石買第九等爵五大夫。

（3）一萬二千石買第十八等爵大庶長。

餘各等爵位購買之粟數，則「各以多少級數為差」。循此考之，各級爵位之粟數約如下述：

（1）一等公士：300 石 （600÷2）
（2）二等上造：600 石 （300＋300）
（3）三等簪裊：1086 石 （〔3400÷7〕＋600）
（4）四等不更：1572 石 （1086＋486）
（5）五等大夫：2058 石 （1572＋486）
（6）六等官大夫：2544 石 （2058＋486）
（7）七等公大夫：3030 石 （2544＋486）
（8）八等公乘：3516 石 （3030＋486）
（9）九等五大夫：4000 石 （3516＋486＝4002）
（10）十等左庶長：4889 石 （〔8000÷9〕＋4000）
（11）十一等右庶長：5778 石 （4889＋889）
（12）十二等左更：6667 石 （5778＋889）
（13）十三等中更：7556 石 （6667＋889）
（14）十四等右更：8445 石 （7556＋889）
（15）十五等少上造：9334 石 （8445＋889）
（16）十六等大上造：1,0223 石 （9334＋889）
（17）十七等駟車庶長：1,1112 石 （1,0223＋889）
（18）十八等大庶長：1,2001 石 （1,1112＋889＝1,2001）

漢制殆不至瑣屑如此，取整數計，一等至二等每級約三百石，二等至九等每級約五百石，九等至十八等每級約九百石。錢穆曾將石數易以現額，推

算如下：

> 今按：漢代粟價無可詳考，然約略推之，其常價之高者，一石當不
> 過百錢。則六百名為錢六萬，合六金。四千石為錢四十萬，合四十
> 金。萬二千石為錢百二十萬，合百二十金也。又按出錢六萬得第二
> 級爵，出錢四十萬得第九級爵，中距六級，相差錢三十四萬。則大
> 抵一級爵增價約五萬也。又出錢四十萬得第九級爵，出百二十萬得
> 第十八級爵。中距八級，相差錢八十萬，則第九級以上，每一級爵
> 增約十萬也。〔註94〕

「一石不過百錢」；九等五大夫以下「一級爵增價約五萬」，是增粟五百
石；十八等大庶長以下「每一級爵增約十萬」，是增粟千石。五百石，幸與錢
氏吻合；九百石，則少於錢氏百石，顧錢氏千石，大庶長當萬三千石，盈《漢
書》千石左右，姑以九百石計，則僅餘一石耳。又錢氏以現額易石數，然則
入粟乎？抑入錢乎？竊恕以「入粟」較近事實，錢氏易粟為錢，反嫌蛇足也。
蓋《漢書》原文皆作「入粟」，全篇未見「錢」字；此其一。入粟拜爵之成效，
晁錯曰：「富人有爵，農民有錢，粟有所渫。」富人入粟買爵則富人有爵，農
民出售粟米則農民有錢，政府以所入粟給邊軍糧餉則粟有所渫。若入錢，富
人貲雄直接納錢，不勞先買粟再易錢，農貧如故也；此其二。孝文時粟最賤
售升一錢，石百錢，前文已述，錢氏以石百錢為常價之高者，未詳何故。然
入粟拜爵，則購買遽增，粟價必漲；粟米價格波動大，政府宜以多少為標準
耶？若以低價收，明白圖利，買爵者不踴躍；若以高價收，反予富人賺錢之
機，與政策目標相反；此其三。入粟拜爵主因之一，起於邊食不贍，若入錢，
政府已收錢，必復買粟轉餉，何其煩複耶；此其四。故以實論實，當直接入
粟為允。

至於百姓入粟拜爵之目的，都得三項：1、得高爵；2、除罪；3、復。晁
錯曰：「今募天下入粟縣官，得以拜爵，得以除罪」、「令民入粟受爵至五大夫
以上，乃復一人耳」、「夫得高爵與免罪，人之所甚欲也」、「使天下入粟於邊，
以受爵免罪」。說明如下：

1、得高爵：案漢爵二十等承襲秦制，可上溯至商鞅變法。《史記・商君
傳》曰：

> 有軍功者，各以率受上爵，⋯⋯宗室非有軍功論，不得為屬籍。明

〔註94〕見錢氏著《秦漢史》第三章、第三節。

尊卑爵秩等級，各以差次名田宅，臣妾衣服以家次。有功者顯榮，
無功者雖富無所芬華。

《商君書·境內篇》曰：

軍爵，自一級已下至小夫，命曰校徒操士。公爵，自二級已上至不
更，命曰卒。其戰也，五人束簿爲伍；一人死，而剄其四人。能人
得一首，則復。五人一屯長，百人一將。其戰，百將屯長必得斬首；
得三十三首以上，盈論，百將屯長賜爵一級。……能攻城圍邑斬首
八千已上，則盈論；野戰斬首二千，則盈論。吏自操及校以上大將，
盡賞行間之吏也。故爵公士也，就爲上造也。故爵上造，就爲簪裊。
故爵簪裊，就爲不更。故爵不更，就爲大夫。爵吏而爲縣尉，則賜
虜，六加五千六百。爵大夫而爲國尉，就爲官大夫。故爵官大夫，
就爲公大夫。故爵公大夫，就爲公乘。故爵公乘，就爲五大夫，則
稅邑三百家。故爵五大夫，就爲庶長；故爵庶長，就爲左更；故爵
左更也，就爲大良造——皆有賜邑三百家，有賜稅三百家。爵五大
夫有稅邑六百家者，受客。大將御參，皆賜爵三級。故客卿、相論
盈，就正卿。以戰故，暴首三，乃校三日，將軍以不疑致士大夫勞
爵。夫勞爵，其縣過三日，有不致士大夫勞爵，能。（其縣四尉，）
訾由丞尉，能得甲首一者，賞爵一級，益田一頃，益宅九畝。級除
庶子一人，乃得入兵官之吏。

要之，其基本精神略爲：

（1）爵位賜予之標準，嚴謹而唯一，曰：軍功。凡無軍功，雖貴爲宗室，
　　　不得封。《史記》索隱：「謂宗室若無軍功，則不得入屬籍。」

（2）爵分等級，其等級分明。賜田宅之多寡，乃至服飾之差別，皆依爵
　　　級高低而決定，不得逾制。《史記》索隱：「謂各隨其家爵秩之班次，
　　　亦不使僭侈踰等也。」故爵位代表社會地位高低與榮譽。

（3）所提及之名號，如公士、上造、簪裊、不更、左更、大良造、大庶
　　　長等皆爲二十等爵爵號，縣尉、國尉、客卿、相、正卿等則爲官名。
　　　官、爵尚未完全分離，故爵位不但如前條所述爲社會身份與榮譽之
　　　表識，而且義含職責。

漢爵與秦爵初不異，無軍功不置，高祖論功定封，外戚如周呂侯、建成侯，
王子如羹頡侯、合陽侯、沛侯、德侯，悉初起從軍，推轂與天下；其後擴大

賞賜，有功則賜，不限於軍；又其後名器泛濫，賜及下吏、降將、宦者、流民云云。再者，漢代官、爵判別，爵表身份等級，不含職責，與參政與否無涉。雖然，平民之賜爵，高毋過第八等公乘，爵級過公乘則轉移多餘者予子、兄弟、兄弟之子；〔註95〕而高爵如徹侯、關內侯，地位尊崇，並不因未參政而稍減，徹侯金印紫綬，與丞相、太尉等。〔註96〕故五大夫以上諸爵，其社會身份與榮譽之象徵義猶存。根據史料，有爵者能獲得政府之敬禮與優惠，《漢書‧高帝紀》五年詔：「異日秦民爵公大夫以上，令丞與亢禮。……其令諸吏善遇高爵，稱吾意。」又八年：「爵非公乘以上，毋得冠劉氏冠。」高爵所以為人之甚欲者，理由在此也。

2、除罪：《漢書‧惠帝紀》元年冬十月：「民有罪，得買爵三十級以免死罪。」應劭曰：「一級直二千，凡為六萬，若今贖罪入三十疋縑矣。」師古曰：「令出買爵之錢以贖罪。」此為漢百姓以爵除罪之首見史策者，漢爵僅二十級，此三十級者，一級值錢二千，三十級值錢六萬，實即：輸錢六萬，贖去死罪之意。又〈薛宣傳〉：「況與謀者皆爵減完為城旦。」師古曰：「以其身有爵級，故得減罪而為完也。況身及同謀之人，皆從此科。」是有爵得以減罪也。案《漢律摭遺》卷十〈具律〉「贖」，首錄惠帝「買爵三十級以免死罪」云云，並及景帝「復修賣爵令而裁其賈以招民」；考孝景因上郡以西旱修賣爵令，見載於〈食貨志〉，事在文帝從晁錯「入粟拜爵」議行之後，當屬一事，故晁錯入粟拜爵之「得以除罪」、「以受爵免罪」，即贖也。贖有二等：減、免；免者悉去其罪；減者減其罪等。以應劭〈惠帝紀〉注：「若今贖罪入三十疋縑矣」例之，《後漢書‧明帝紀》中元二年詔：「天下亡命殊死以下聽得贖：死罪入縑二十四，右趾至髡鉗城旦舂十四，完城旦舂至司寇作三匹。」此輕重攸殊，赦款等差也。〔註97〕晁錯「除罪」、「免罪」，為免耶？為減耶？或某等爵減某等罪？文略不可詳考。

〔註95〕《後漢書‧明帝紀》：明帝即位，詔賜民爵，「爵過公乘得移與子若同產、同產子。」又〈章帝紀〉：「爵過公乘得移與子若同產子。」注：「漢制：賜爵自公士已上不得過公乘，故過者得移授也。」

〔註96〕《漢書‧百官公卿表》：「相國、丞相，皆秦官，金印紫綬，掌丞天子助理萬機。」「太尉，秦官，金印紫綬，掌武事。」「徹侯，金印紫綬。」

〔註97〕贖之縑不一。除文中引明帝中元二年詔，他如：永平十五年詔：「自殊死以下贖：死罪縑四十匹，右趾至髡鉗城旦舂十四，完城旦至司寇五匹。」十八年詔：「贖死罪縑三十匹。」章帝建初七年詔、元和元年詔、章和元年詔：「贖死罪縑二十匹，右趾至城旦舂七匹，完城旦至司寇三匹。」

3、復：《漢書・高帝紀》師古注：「復者，除其賦、役也。」沈家本《漢律摭遺》卷十四〈戶律〉復：「復者，復除也，賦、役二者皆免之也。」唯漢世「復」之種類繁多；有只書「復」一字者，當如上釋。亦有明白附列所復對象、項目、時限者，則所復者附列之範疇耳；以對象言：有復本人、一戶若干人、全戶、年若干以上；以項目言：有復某項賦稅、全部賦稅、某項縣役、全部縣役；以時限言：有復一年、二年……終身不等。如：

> 蜀漢軍民給軍事勞苦，復勿租稅二歲。關中卒從軍者，復家一歲……。擇鄉三老一人爲縣三老，與縣令丞尉以事相教，復勿縣役。
> （高帝二年）
>
> 令豐人徙關中者，皆復終身。（高帝十一年）
>
> 舉民孝弟力田者，復其身。（惠帝四年）
>
> 復晉陽、中郡民三歲租。（文帝前三年）
>
> 民年八十復二算，九十復甲卒。（武帝建元元年）
>
> 博陸侯功德茂盛，復其後世，疇其爵邑，世世無有所與。（宣帝地節二年）
>
> 元帝好儒，能通一經者復。（〈儒林傳〉）

復之名目，可見一班也；唯以上所列，率朝廷爲給功、勸事、恤民，主動賜復，與晁錯「令民入粟至五大夫，乃復一人耳」迥異，宋徐天麟《西漢會要》卷四十七〈復除類〉，別立「買復」條，甚是。〔註98〕買復一詞見〈食貨志〉，武帝設武功爵十七級，值三十餘萬金，第十一級千夫比二十等爵第九級五大夫，至此以上，始免徭役。〈食貨志〉曰：「兵革數動，民多買復及五大夫、千夫，徵發之士益鮮。」師古曰：「入財於官，以取優復。」千夫以錢買，五大夫以粟買，有爵得復，皆「買復」之類也。又晁錯所謂「復一人耳」，承上敘述，曰：

> 今令民有車騎馬一匹者，復卒三人。車騎者，天下武備也，故爲復卒。神農之教曰：「有石城十仞，湯池百步，帶甲百萬，而亡粟，弗能守也。」以是觀之，粟者，王者大用，政之本務。令民入粟受爵

〔註98〕案徐天麟別立買復甚是，唯買復而外，又有「車騎馬」：「晁錯疏曰：令民有車騎馬一匹者，復卒三人。」、「入奴婢」：「武帝府庫並虛，迺募民能入奴婢者，得以終身復。」上二條理應並入買復。

至五大夫以上，乃復一人耳，此其與騎馬之功相去遠矣。〔註99〕

上文云：「今令民有車騎馬一匹者，復卒三人」，下文云：「此其與騎馬之功去遠矣」，「入粟受爵至五大夫以上，乃復一人耳」，承上下可省繁文，故「復一人耳」乃略去「卒」字，而實與輸車騎馬之復同屬「復卒」，復卒者免除兵繇役也，（詳邊防政論思想章），但除役，不除賦也。

上述三項乃漢百姓入粟拜爵之目的，除罪與復多實惠，得高爵重虛譽，故學者多以復除為時人響應入粟拜爵政策之主因也。〔註100〕

案爵者，秦世貴重，有爵芬華，入漢爵路愈廣，而價值日黜，平民多有爵；茲考察西漢平民得爵之本末，以為晁錯「入粟拜爵」之參照。西漢平民之有爵，蓋緣下列二因素：

（1）賜爵：爵位之賜予，無論高爵低爵，皆天子權力，天子以外，任何人均不得賜爵予人。至於前漢諸帝之賜爵，最常見者有：〔註101〕

①賞功：包括軍功與非軍功。凡民功勞不及爵關內侯者，當以其功之小大賜予大庶長以下各有差。如：

《漢書　高帝紀》：五年夏五月詔：軍吏卒會赦，其亡罪而亡爵，及不滿大夫者，皆賜爵為大夫。故大夫以上賜爵各一級，其七大夫以上，皆令食邑。

《漢書　卜式傳》：卜式獻財助邊：賜爵左庶長，田十頃，布告天下。

②喜慶：皇室有喜慶，如：即位、立皇太子、立后、立社稷、工事成、行幸、祥瑞、改元、降敵等，為表示與民同樂而恩及萬民，則賜民爵。如：

《漢書　惠帝紀》：五年九月，長安城成，賜民爵，戶一級。

《漢書　文帝紀》：元年詔：朕初即位，賜民爵一級，女子百戶牛酒，酺五日。

《漢書·景帝紀》：七年丁巳，立膠東王徹為皇太子。賜民為父後者爵一級。

《漢書　武帝紀》：元鼎四年冬十月，行幸雍，祠五畤，賜民爵一級，女子百戶牛酒。

〔註99〕同註5。此於前文省略。
〔註100〕如宋敘五《漢文帝時入粟受爵政策之探討》、廖伯源《漢代爵位制度試釋》。
〔註101〕後漢則除下列諸項外，名目尚多，其中最常見者如災異。

《漢書　宣帝紀》：甘露三年，匈奴呼韓邪單于來朝，郅支單于遠遁，匈奴遂定：賜民爵二級，毋出今年租。

《漢書　宣帝紀》：（元康）三年春，以神爵數集泰山，……賜天下吏爵二級，民一級。

《漢書　成帝紀》：河平元年春三月，詔曰：河決東郡，流漂三州，校尉王延世隄塞輒平，其改元爲河平。賜天下吏民爵，各有差。

《漢書　平帝紀》：元始四年：立皇后王氏。……賜天下民爵一級，鰥寡孤獨高年帛。

③教化：藉爵位之賜予，而欲純化社會風氣，勸勵德義善行。如：

《漢書　宣帝紀》：神爵四年：潁川吏民有行義者爵，人二級，力田一級，貞婦順女帛。

《漢書　元帝紀》：永光二年二月，詔丞相、御史舉質樸敦厚遜讓有行者：三月，詔曰：五帝三王任賢使能，以登至平，而今不治者，豈斯民異哉？咎在朕之不明，亡以知賢也。是故王人在位，而吉士雍蔽。重以周秦之弊，民漸薄俗，去禮義，觸刑法，豈不哀哉！……賜吏六百石以上爵五大夫，勤事吏二級，爲父後者民一級，女子百戶牛酒，鰥寡孤獨高年帛。

④賑災：水旱數被，天下饑饉，則天子賜爵以爲哀矜，恤憐也。如：

《漢書·景帝紀》：前元年春，詔：歲比不登，民多乏食，天絕天年……云云：（夏四月），賜民爵一級。

（2）買爵：買爵也者，非帝王主動賞賜，而是人民自願購買，所用以買者，或以錢，或以粟，或以奴婢，不一。至於購買之對象有二：

①購自政府：就政府言，謂之賣爵、鬻爵。原於秦代。《史記·六國年表》：秦始皇四年：「七月，蝗蔽天下，百姓納粟千石，拜爵一級。」此開賣爵之先河也。如：

《漢書　惠帝紀》：元年冬十二月：民有罪，得買爵三十級以免死罪。應劭曰：一級直錢二千。

《漢書　晁錯傳》：議徙民實塞下：募以丁奴婢贖罪，及輸奴婢欲以拜爵者。

《漢書　食貨志》：景帝時：上郡以西旱，復修賣爵令，而裁其賈以

招民。

《漢書 食貨志》：武帝時：有司請令民得買爵及贖禁錮免減罪，請置賞官，名曰武功爵，級十七萬，凡直三十餘萬金。

《漢書 成帝紀》：（鴻嘉）三年夏四月，赦天下，令吏民得買爵，賈納千錢。

②購自他民：除政府賣爵，復有民賣爵之事例，民有爵可轉賣予他人，有賣則有買。唯武帝以後不見，廖伯源謂：「或是其時賜民爵太過普遍，民多有爵，爵賤；而且貧民之爵皆由賜民爵而來，不得高於公乘，無復免租賦之利益，故貧民雖欲賣爵，卻找不到要買低爵之人。富人買爵皆向政府買可以復免租賦之五大夫以上高爵也。」〔註102〕民賣爵之事例，如：

《漢書‧惠帝紀》：六年：令民得賣爵。

《史記‧文帝紀》：後六年：天下旱。蝗。帝加惠：令諸侯毋入貢，弛山澤，減諸服御狗馬，損郎吏員，發倉庾以振貧民，民得賣爵。索隱引崔浩云：「富人欲爵，貧人欲錢，故聽買賣也。」

《漢書‧食貨志》：賈誼說文帝：失時不雨，民且狼顧，歲惡不入，請賣爵子。注引如淳曰：「賣爵級又賣子也。」

《漢書‧嚴助傳》：淮南王安上書曰：歲比不登，民待賣爵贅子以接衣食。

綜觀前述，則晁錯「入粟拜爵」為（2）買爵①購自政府：乃政府出賣爵位以圖預期之政策目標：如秦始皇四年蝗災、景帝旱災，皆以賑荒；武帝武功爵為充裕軍費也。至於「入粟拜爵」之政策目標厥為：

1、長期目標：重農。文帝時，社會經濟發展造成貧富懸殊、勞力不均、分配失衡，為紓解此嚴重社會問題，遂有「入粟拜爵」之倡議，本節論述重點亦在乎是也，故重農為本政策之主要目標。晁錯謂：「所補者三：一曰主用足，二曰民賦少，三曰勸農功。」後二項直接與農民攸關，冀勸導人民棄末歸本，減輕田租負擔，改善農民生計，抬高社會地位；以達致積粟與富實國家財政之理境。

2、近程目標：足邊用。漢初匈奴頻入寇，北境苦警，於是大軍長期戍守邊疆，軍需糧餉耗費不貲，為應付龐大之軍事支出，晁錯「入粟拜爵」之施

〔註102〕見廖氏著《漢代爵位制度試釋》。

行，首「入粟於邊」，期「不過三歲，塞下之粟必多矣。」《史記‧平準書》
云：「匈奴數侵盜北邊，屯戍者多，邊粟不足給當食者，於是募民能輸及轉粟
於邊者拜爵，爵至大庶長。」說之尤明確，此為入粟拜爵之近程目標也。

（二）入粟拜爵之施行結果

文帝從晁錯議，「入粟拜爵」付諸實行，基於目標有長程、近程，故實施
步驟大分為三期：

第一期：入粟邊。目的：足軍餉。預估年限：三年，塞下備贍。

第二期：入粟郡縣。目的：備凶荒。預估年限：邊食積貯達五年，開始
入粟郡縣。

第三期：減除田租。目的：民大富樂。預估年限：郡縣食積貯達一年，
開始時赦，勿收農民租。

據《漢書‧食貨志》記載，此政策計劃，果逐年完成，十二年減田租三
十稅一，十三年終於除民田之租稅。〈食貨志〉曰：

> 於是文帝從錯之言，令民入粟邊，六百石爵上造，稍增至四千石為
> 五大夫，萬二千石為大庶長，各以多少級數為差。錯復奏言：「陛下
> 幸使天下入粟塞下以拜爵，甚大惠也。竊恐塞卒之食不足用大漑天
> 下粟。邊食足以支五歲，可令入粟郡縣矣；足支一歲以上，可時赦，
> 勿收農民租。如此，德澤加於萬民，民俞勤農。時有軍役，若遭水
> 旱，民不困乏，天下安寧；歲孰且美，則民大富樂矣。」上復從其
> 言，乃下詔賜民十二年租稅之半。明年，遂除民田之租稅。

據此，則「入粟拜爵」竟其全功矣。

顧翔實考查，則不然。何故？入粟拜爵之長程目標主在重農，以躋於均
富和樂。蓋農之貧困，緣末業侵削為禍劇烈，欲改善農民生計、提升農民地
位，務農業生產物獲合理售價，避免商人盤剝、穀賤傷農，「入粟」則不得易
以他物，唯粟為可，富人必以錢購粟，粟之需求量激增，粟價可望回漲，利
歸於農，足以打擊商人，此曰損有餘補不足，晁錯之本義固在此也。錯曰：

> 方今之務，莫若使民務農而已矣。欲民務農，在於貴粟；貴粟之道，
> 在於使民以粟為賞罰。今募天下入粟縣官，得以拜爵，得以除罪。
> 如此，富人有爵，農民有錢，粟有所漑。夫能入粟以受爵，皆有餘
> 者也；取於有餘，以供上用，則貧民之賦可損，所謂損有餘補不足，
> 令出而民利者也。

覈言之,「入粟拜爵」政策之重農目標乃:藉抑商行動以達成,其預計之入粟為非賤民,乃富人。且晁錯自信,此政策宜行諸久遠而百利亡害。錯謂:「爵者,上之所擅,出於口而亡窮。粟者,民之所種,生於地而不乏。」爵位之賞賜頒給為皇帝專權,而爵位與官職無干,多予之不影響政治運作,錢大昕曰:

> 文帝用晁錯言:令民入粟拜爵。此賣爵,非賣官也。爵自公士至公乘,凡八等,雖有爵不得復除,與編戶無異;自五大夫至大庶長十等,爵雖高,初無職事,非有治民之責。官有定員,而爵無定員。
> 故曰:爵者上之所擅,出於口而無窮。〔註103〕

職是之故,爵之來源為無限量。至於粟米長於土地,地在則粟生,亦不虞缺乏;故「入粟拜爵」自可作為長行之策也。茲試據上述二方面分析,則晁錯「入粟拜爵」純然罔效。

1、就抑商以臻重農言:此一政策原本期望富人因入粟而購粟,損商益農,但實言之,小農未蒙惠,非獨未緩和貧富極化之病態,反愈加重之。此點古來學者批評甚厲。如:王夫之曰:

> 入粟六百石而拜爵上造,一家之主伯亞旅,力耕而得六百之贏餘者幾何?無亦彊豪挾利以多占,役人以佃而收其半也;無亦富商大賈以金錢籠致而得者也。如是則重農而農益輕,貴粟而金益貴。〔註104〕

陳伯瀛曰:

> 漢興百年,重農而減租,受惠者則褊於地主也。貴粟而拜爵贖罪,無非誘取地主加緊於榨取佃人而已。僅有賤商,亦何補於佃人,蓋不謀於田制間有所更革,不得其本,而謀其末,果與佃農無與。無怪夫景帝元年詔,猶言「民多乏食,天絕天年矣。」〔註105〕

李劍農曰:

> 惟此種貴粟政策所生之實效,其利益果在多數之農民乎?此則大屬疑問。文帝時天下殷富,粟價過賤,每石僅十餘錢,此誠非農民之利,用入粟贖罪拜爵之法,收集天下存粟,以提高粟價,於農民誠不無小利。然耕作百畝之小農與佃農,除一家糧食所資之粟外,所

〔註103〕《史記會注考證》引錢大昕。
〔註104〕見王夫之《讀通鑑論》卷二。
〔註105〕見陳氏著《中國田制叢考》卷三。

餘出售以供他項用途者無幾，斷無入粟拜爵買復之能力；其有買復之能力者，非富商則大地主也。除民田租，及減十五稅一之田租爲三十稅一，小地主之自耕農尚得分其餘潤，若佃農則未沾其涓滴之惠，蓋地主對於國家之田租雖曾免除或減低，而佃農對於地主所納之假稅，則未能免除或減低也。故蒙惠最大者亦爲大地主。然則錯之重農貴粟政策，實際但有利於大地主之大農，於富商並無所損，不但不足以救「商人兼併農人」之弊，恐大農兼併小農之勢反因此而益倀，貧富懸絕之現象如故。〔註106〕

2、就政策預期時效言：晁錯自信「入粟拜爵」，因爵與粟無限量，可以爲長久之策，然而據事實觀，逮景帝二年買爵者漸少，不得已重修政策，裁價以招民，此即緣內在效用界限，而無法持續也。此點宋敍五曾闢專文討論：《漢文帝時期入粟受爵政策之探討》。宋文曰：

> 爵位之用處，第一是榮譽，可以引起社會之尊重，政府之方便。然而在文帝時期的買爵者，爲了榮譽者少，爲了免除兵役勞役者多。免除兵役勞役謂之「復」，在晁錯對此政策之設計中，買爵至五大夫（第九級）可復一人，即是可以有一個人免除了對政府兵役勞役之負擔，這倒是當時一般人買爵的眞正動機。所以，在當時的實在情形：（1）購買力高，能夠買到五大夫的，就買爵至五大夫，以求免役。（2）能力不足，而無法買到五大夫的，就乾脆不買。（3）大多數人，在買到五大夫以後，也就停止，不再買較高的爵位。（4）爵位，當作一種商品來看，是一種消耗性極低的商品。買到以後，不會損耗失去（除少數因爲犯罪失爵者例外）。故一些購買者，買到五大夫，得以免役之後，就無需再買。（5）假設在一特定時期，如果社會上所有有能力買爵（以五大夫爲目標）的人，都已經買到了五大夫，然則在這一特定時期中，新增的買爵者是甚麼人呢？是那一些剛剛達到二十三歲的青年人，因爲漢代人民服力役之年齡爲二十三歲至五十六歲。凡是達到二十三歲的青年人，對爵位都有「需要」，但只有有錢人家的子弟，才具有對爵位的「有效需要」。這種人在比例上不多，因此，爵位的「新增購買者」爲數甚少。既然有上述數種因素存在，故爵位的需求彈性在短短數年中，由極高變爲極低。

〔註106〕見李氏著《先秦兩漢經濟史稿》第三編、第十八章。

因為在開始時，有錢的人都想買爵以求免役，所以搶著買。文帝開
始賣爵時，不數年塞下粟滿；又令民入粟郡縣，至十三年即可免收
田租，這樣的情況一直繼續到景帝二年，可以看出初時對爵位需求
彈性之高。到了景帝二年以後，買爵者即甚少，故政府因買爵而得
到的粟，已不敷支用，不得已又恢復半收田租；同年，上郡以西各
地有旱災，政府又想用賣爵方法來開財源，賑濟災民，但是已經沒
有人買爵了。爵位的需求彈性，至此已降到極低之點。景帝不得已，
將賣爵之價格降低，以刺激新的需求。漢書食貨志載：孝景二年，
令民半出田租，三十而稅一也。其後，上郡以西旱，復修賣爵令，
而裁其賈（價）以招民。為什麼「裁其價以招民」？就是讓原來因
為能力不夠買到五大夫，而不願買爵的人們，也可以來買爵。這樣
可以使爵位的「需求彈性」由極低點再次扳高。

綜合前文，苟欲確切評估「入粟拜爵」政策之成效利弊，理應面面俱到，
始不失偏頗也。自入粟之議行，政府蓄積豐沛，十二年三十稅一，十三年起
迄孝景二年止，凡十三歲間除田之租稅，農民享受免田賦之實惠矣，足證「入
粟拜爵」效果彰著。唯欲經由「入粟拜爵」，以徹底消除貧富問題，臻均產理
想，則尚屬遙遠，難於企及，而若干社會問題反因之日趨惡化；再者，就政
策有效實行期限言，「入粟拜爵」恐僅有目前之效，而無長久之利也。

二、貨幣政論

晁錯之於貨幣，並未專文論說，僅僅附述於上文帝「入粟拜爵」疏，一
鱗半爪而已。晁錯曰：

> 民者，在上所以牧之，趨利如水走下，四方亡擇也。夫珠玉金銀，
> 飢不可食，寒不可衣，然而眾貴之者，以上用之故也。其為物輕微
> 易藏，在於把握，可以周海內而亡飢寒之患。此令臣輕背其主，而
> 民易去其鄉，盜賊有所勸，亡逃者得輕資也。粟米布帛生於地，長
> 於時，聚於力，非可一日成也；數石之重，中人弗勝，不為姦邪所
> 利，一日弗得而飢寒至。是故明君貴五穀而賤金玉。

由上文略可覘知晁錯大意，謂：一旦社會脫離自然經濟型態，交易媒介由民
生日用之實物，改為珠、玉、金、銀等稀有礦產，勢將引發以下諸流弊：

（1）以少量之珠、玉、金、銀，可以易取多量之民生日用，由是價值觀

遽變，追求寶藏珠、玉、金、銀，賤視民生日用生產，造成背本趨末之惡習。

（2）某些稀有礦產既成為交易仲介，只要擁有輕便之仲介物，民生日用即可隨時隨地取給，由是百姓不復株守原生產岡位，生產秩序破壞，人民四散，不地著，多奸邪。

故晁錯比較珠、玉、金、銀與民生日用（尤其是農產物）之重要性與優劣，結果為：

（1）珠、玉、金、銀乏實用價值：飢不可食，寒不可衣；農業生產物則具備實用價值。

（2）珠、玉、金、銀易引發弊端，尤其因較小易藏、攜帶便利，導致不地著、多奸邪諸項最甚；農業生產則非，生產物植根土地，生長期固定，體積重量可觀，因此奸邪無所乘，百姓多安定。

基於以上諸理，晁錯主張抑黜貨幣經濟社會新興之無用易中，重視農業生產物及農業生產，宜「貴五穀而賤金玉」。

晁錯此種抑黜貨幣之思想，殆針對現實狀況，有感而發。蓋西漢處貨幣經濟之初期，時人對貨幣之真正作用認識不清，多以貨幣為財富，拋棄本業，熱中於采銅、鑄錢，即如文帝貴居帝位，猶不能解免，《漢書‧鄧通傳》曰：「上（文帝）使善相者相通，曰：『當貧餓死。』上曰：『能富通者在我，何說貧？』於是賜通蜀漢嚴道銅山得自鑄錢。」為不使鄧通餓死，文帝不賜粟米農田，而賜銅山，錢為財富之觀念，極其顯然也。進一步，則政府以鑄錢可充裕財用，救民飢乏，有謂：「寶路開財百姓贍而民用給，民用給則國富」，〔註107〕文帝五年開放禁令，縱民自鑄錢，正因緣於斯也。錯誤之貨幣觀加上錯誤之貨幣政策，衍生弊病，不一而足，（已於上節賈誼之經濟思想詳細說明），乃逐激起晁錯之反貨幣思想也。

第四節　賈誼晁錯經濟政論思想比較

賈誼、晁錯之經濟政論，悉為現實社會經濟之反響，於漢初無為放任政策所啓釁之弊寶，感觸激烈，就文帝時期，緣物力復甦衍生之貧富懸絕、農商對立，陳之痛切，故二人力主重農抑商、積貯貴粟；至於貨幣思想方面，

〔註107〕見《鹽鐵論‧禁耕篇》。

雖討論之詳略不同，探究本旨，實亦輔成上述政策耳。唯賈誼之儒家色彩較濃，堅持禮制教化，從富民與倫常道德立論；晁錯則較屬意法家，富民而外，特強調益國。

　　案重農主義乃中國傳統經濟思想，儒、法兩派皆主張之，唯其所以重農之精神則異，其大別約如下述：

一、儒家重農以富民爲目的，法家重農以富國爲目的

　　按儒家重民本，主民富，法家重尊君，主國富。儒家思想以道德爲主體，視百姓爲國本，推行仁政必養必教，首先要：安養黎庶使衣食豐贍，仰事父母，俯蓄妻子，凶歲不亡，樂歲飽煖。苟能百姓富足，君孰與不足？此之謂：「藏富於民」。《荀子・王制篇》曰：

> 王者富民，霸者富士，僅存之國富大夫，亡國富筐篋，實府庫。筐篋已富，府庫已實，而百姓貧，夫是之謂上溢而下漏，入不可以守，出不可以戰，則傾覆滅亡可立而待也。

養民雖爲國家之必要政策，卻非最高政策，蓋國家之目的，不僅止於人民物資充裕，而在人民品德良善，俾眞正提升文化水平，使有格心。其應行條目曰：「先富後教」。《論語・子路篇》：

> 子適衛，冉有僕。子曰：「庶矣哉！」冉有曰：「既庶矣，又何加焉？」曰：「富之。」曰：「既富矣，又何加焉？」曰：「教之。」

《孟子・滕文公篇》：

> 飽食煖衣，逸居而無教，則近於禽獸。聖人有憂之，使契爲司徒，教以人倫：父子有親，君臣有義，夫婦有別，長幼有序，朋友有信。……勞之來之，匡之直之，輔之翼之，使自得之。

《荀子・大略篇》：

> 不富無以養民情、不教無以理民性。故家五畝宅，百畝田，務其業而勿奪其時，所以富之也。立大學、設庠序、修六禮、明十教，所以導之也。詩曰：「飲之食之，教之誨之」，王事具矣。

先之以富庶，謀物質幸福耳；繼之以教化，躋諸精神幸福也。政治之主要工作，乃在化人，非治人，更非治事；故政治與教育同功，君長與師傅共職，政教貫通，君師合一，而充裕之物質生活爲其必要條件，二者兼備以循序漸進。富民、教化，即農本說精神之所在也。若就「富民」一端觀之，儒法差

別尙不明顯，《管子·重令篇》亦謂百姓須備「經產」，〈治國篇〉曰：「凡治國之道，必先富民。」二派於經濟問題之重要，等量齊觀也。抑有進者，法家更重視農業生產，以振興農業爲富源，故商鞅、韓非皆有農戰思想。顧儒家以民爲政治之最後目的，其養民富民乃爲全體人民生活之滿足，治國即所以養民，國君之設置胥在達此而已，至於富養而後之教民也者，亦全在謀民之幸福，非爲國之富利而後福民也。法家則傾向以國家與君主爲政治之主體，同時屛道德於政治領域之外，除管子因時代較早，於法治主義大醇小疵，乃遂屢見教化文字，商、韓皆不主教化。雖然，《管子》亦曰：「計上之所以愛民者，爲用之，故愛之。」、「凡牧民者欲民之可御也。」、「凡治國之道，必先富民，民富則易治也，民貧則難治也。奚以知其然也？民富則安鄉重家，安鄉重家則敬上畏罪，敬上畏罪則易治也。民貧則危鄉輕家，危鄉輕家則敢陵上犯禁，陵上犯禁則難治也。故治國常富，而亂國常貧，是以善爲國者，必先富民，然後治之。」〔註108〕民生遂而後國力增，其目標端在民能爲君使用，非愛恤民之本身也，故法家之愛養人民爲手段而非目的。蕭公權論之詳備，曰：

> 區分儒法固有一極明顯而自然之標準，則「君」「民」在思想中所佔地位之輕重是也。儒家貴民，法家尊君。儒家以人民爲政治之本體，法家以君主爲政治之本體。就此以觀二家之異，正如涇渭殊流，入目可辨。儒家諸子中，孟氏最能發貴民之旨。荀子雖有尊君之說，而細按其實，尊君僅爲養民之手段而非政治目的。故孟貴民而輕君，荀尊君以貴民，以今語釋之，儒家之政治思想皆含「民享」「民有」之義。孟荀相較，程度有差而本質無別。至於商鞅韓非諸人，則君民地位，完全顛倒。尊君至極，遂認人民爲富強之資，其本身不復具有絕對之價值。其甚者或視民如禽獸之愚頑必待君長之鞭策而後定。其立說與儒家恰相反背，無可調融。〔註109〕

〔註108〕見《管子》〈法法篇〉、〈權修篇〉、〈治國篇〉。管子教化人民之文字，舉例言之，如：〈權修篇〉：「凡牧民者使士無邪行，女無淫事。士無邪行，教也。女無淫事，訓也。教訓成俗而刑罰省數也。」〈牧民篇〉：「凡有地牧民者，務在四時，守在倉廩，國多財則遠者來，地辟舉則民留處，倉廩實則知禮節，衣食足則知榮辱。」〈小匡篇〉：「罷士無伍、罷女無家。士三出妻，逐於境外。女三嫁，入於舂穀。是故民皆勉爲善士。」蕭公權指出：「管子教育之目的不在個人道德發展之完成，而在人民之順服以事君國，……管子以教衍法。」
〔註109〕見蕭氏著《中國政治思想史》第一編、第六章、第二節。

以富養爲手段，藉此達致尊君富國，以至於強國勝敵。商鞅、韓非重農愈甚，而去教化愈彰。《商君書・墾令篇》曰：

> 民不貴學則愚，愚則無外交，無外交則勉農而不偷。民不賤農，則國安不殆。國安不殆，勉農而不偷，則草必墾矣。……國之大臣諸大夫，博聞辨慧游居之事，皆無得爲，無得居游於百縣，則農民無所聞變見方。農民無所聞變見方，則知農無從離其故事，而愚農不知，不好學問。愚事不知，不好學問，則務疾農。知農不離其故事，則草必墾矣。

《韓非子・外儲說》左上曰：

> 夫好顯巖穴之士而朝之，則戰士怠於行陳；上尊學者，下士居朝，則農夫惰於田。戰士怠於行陳者，則兵弱也；農夫惰於田者，則國貧。兵弱於敵，國貧於內，而不亡者，未之有也。

顯而易見也者，重農富民緣：民易治與國富強；假借重農，以爲君用耳。由此以言，儒家所希冀，只在人民問題之解決，樂民之所樂，利民之所利，別無他求；而法家之重農，則爲一種起點政策，雖雙方皆以農業爲重，其目的實懸絕也。

二、儒家抑商較溫和，法家抑商較劇烈

儒家初期思想，無農商軒輊之分。就孔子言，「子罕言利」，〔註110〕此利爲財富通稱，非指商業，乃持躬之法，與經濟思想無關。就孟子言，〈公孫丑章〉曰：

> 市，廛而不征，法而不廛，則天下之商，皆悅而願藏於其市矣；關，譏而不征，則天下之旅，皆悅而願出於其路矣。

不獨無抑商之文，且有獎掖商業之微意存焉。孟子又反對農家自耕自織之學說，主張各事其職，經由商業以通其功，〔註111〕立論偏向於自然主義。至於荀子，

〔註110〕見《論語・子罕篇》。
〔註111〕《孟子・滕文公篇》：「以粟易器械者不爲厲陶冶，陶冶亦以其械器易粟者，豈爲厲農夫哉？且許子何爲不陶冶，舍皆取諸宮中而用之？何爲紛紛然與百工交易？何許子之不憚煩？……子不通工易事，以羨補不足，則農有餘粟，女有餘布。子如通之，則梓匠輪輿，皆得食於子。……夫物之不齊，物之情也。或相倍蓰，或相什佰，或相千萬，子比同之，是亂天下也。巨屨小屨同價，人豈爲之哉？」即其義也。

則稍稍限制商賈，〈富國篇〉論國貧之因五項，「工商眾」佔居其一也，〔註112〕雖然，荀子未嘗損及商賈利益，尋撢其實，殆不過「以政裕民」，約束商人數目而已，〈富國篇〉曰：「輕田野之稅，平關市之征，省商賈之數，罕興力役，無奪農時，如是則國富矣，夫是之謂以政裕民。」而〈王制篇〉有言：「田野什一，山林澤梁，以時禁發而不稅，相地而衰政，理道之遠近而致貢，通流財物粟米，無有滯留，使相歸移也；四海之內若一家。」〈榮辱篇〉亦言：「農以力盡田，賈以察盡財，百工以巧盡器械。」以上諸文，更是肯定商業之功效與價值也。法家則否，雖偶間有一二重商言語，〔註113〕整體觀之，則抑商意識強烈。如：

管子曰：「萬乘之國必有萬金之賈，千乘之國必有千金之賈，百乘之國必有百金之賈，非君之所賴也，君之所與，故爲人君而不審其號令，則中一國而二君二王也。」桓公曰：「何謂一國而二君二王？」管子對曰：「今君之藉取以正萬物之賈，輕去其分，皆入於商賈，此中一國而二君二王也。」〔註114〕

菽粟不足，末生不禁，民必有飢餓之色，而工以雕文刻鏤相稺也，謂之逆。布帛不足，衣服毋度，民必有凍寒之傷，而女以美衣錦繡纂組相稺也，謂之逆。〔註115〕

夫民之親上死制也，以其旦暮從事於農；夫民之不可用也，見言談游士事君之可以尊身也，商賈之可以富家也，技藝之足以糊口也。民見此三者之便且利，則必避農，避農則民輕其居，輕其居，則必不爲上守戰也。凡治國者，患民之散而不可摶也，是以聖人作壹，摶之也。〔註116〕

今世近習之請行，則官爵可買，官爵可買，則工商不卑矣。姦財商賈得用于市，則商不少矣。聚斂倍農，而致尊過耕戰之士，則耿介之士寡，而商賈之民多。……其商工之民，修治苦窳之器，聚弗靡

〔註112〕〈富國篇〉：「觀國之強弱貧富有徵，上不隆禮則兵弱，上不愛民則兵弱，已諾不信則兵弱，慶賞不漸則兵弱，將率不能則兵弱。上好功則國貧，上好利則國貧，士大夫眾則國貧，工商眾則國貧，無制數度量則國貧。」

〔註113〕如：《管子・小問篇》：「征於關者，勿征於市，征於市者，勿征於關，虛車勿索，徒負勿入，以來遠人。」其實此爲爭國必先爭民，並非保護商利。

〔註114〕見《管子・輕重甲篇》。

〔註115〕見《管子・重令篇》。

〔註116〕見《商君書・農戰篇》。

之財，蓄積待時，而侔農夫之利；此五者，邦之蠹也。〔註117〕

法家輕商，或本諸政治思想，或本諸經濟思想，皆所以尊君益國也，蓋以商人擁高貲，則上足奪人君之柄，下足萃生民之業，故必抑制之也。

綜合前述，儒法重農雖一，其學說本質洞別，儒家從富民教化觀點主張之，法家從尊君富國觀點主張之；儒不抑商，法則抑之。谷霽光曰：「總論戰國秦漢間重農輕商思想，以儒法二家爲主。儒家之觀點基於社會，其論和緩。法家之觀點基於君主與國家，其論急進。」〔註118〕所言事實也。

據此考查賈誼、晁錯之重農，其間異同，一目瞭然矣。賈誼〈論積貯疏〉，雖再引《管子》，〔註119〕然其感念尤深切者，厥爲：「今背本趨末，食者甚眾，是天下之大殘也；淫侈之俗，日日以長，是天下之大賊也。」淫侈之俗日長，此教化隳頹之結果也。〈治安策〉說之愈明確，策中痛陳經濟發展誤導富人奢僭，曰：「俗至不敬也，至亡等也，至冒上也」，是「可爲長太息者」，並責罪商鞅，謂商君治秦急於功利，敗壞社會風習，而希冀「移風易俗，使天下回心而向道」，〔註120〕曰：

> 商君遺禮義，棄仁恩，並心於進取，行之二歲，秦俗日敗，故秦人家富子壯則出分，家貧子壯則出贅，借父耰鉏，慮有德色；母取箕箒，立而誶語；抱哺其子，與公併倨；婦姑不相說，則反脣而相稽；其慈子耆利不同禽獸者亡幾耳。然并心而赴時，猶曰蹶六國兼天下，功成求得矣。終不知反廉愧之節，仁義之厚，信并兼之法，遂進取之業，天下大敗，眾掩寡，智欺愚，勇威怯，壯陵衰，其亂至矣！是以大賢起之，威震海內，德從天下，曩之爲秦者，今轉而爲漢矣。然其遺風餘俗，猶尚未改，今世以侈靡相競而上亡制度，棄禮誼、捐廉恥日甚，可謂月異而歲不同矣，逐利不耳，慮非顧行也。〔註121〕

針砭此，故其重農救弊之方，除「勸農積貯」、「禁止末作」外，務「以禮範

〔註117〕見《韓非子‧五蠹篇》。
〔註118〕見谷氏著《戰國秦漢間重農輕商之理論與實際》。
〔註119〕第一次：「管子曰：食廩實而知禮節。」第二次：「古之人曰：一夫不耕，或受之飢；一女不織，或受之寒。」案語出《管子‧輕重甲篇》，原作：「一農不耕，民或爲之飢；一女不織，民或爲之寒。」補注引沈欽韓曰：「呂覽：神農之教曰：士有當年而不耕者，則天下或受其饑者矣；女有當年而不績者，則天下或受其寒矣。亦見文子。」
〔註120〕同註29。
〔註121〕同註29。

民」，以爲治國之根本大計也。同時，《新書》特推尊民貴與民富思想，政教合一之人治理想溢於言表。〈大政篇〉曰：

> 聞之於政也，民無不爲功也。故國以爲功，君以爲功，吏以爲功。
> 國以民爲興壞，君以民爲強弱，吏以民爲能不能，此之謂民無不爲
> 功也。……下爲非則矜而怒之，道而赦之，柔而假之，故雖有不肖
> 民，化而則之。……夫民者唯君者有之，爲人臣者，助君理之，故
> 夫爲人臣者，以富樂民爲功，以貧苦民爲罪。若君以知賢爲明，吏
> 以愛民爲忠，故臣忠則君明，此之謂聖王。（上）
> 夫民之爲言也，瞑也；萌之爲言也，盲也。故惟上之所以扶而以之，
> 民無不化也，故曰：「民萌民萌哉」，直言其意而爲之名也。……夫
> 民者諸侯之本也，教者政之本也，道者教之本也。有道，然後教也；
> 有教，然後政治也；政治，然後民勸之；民勸之，然後國豐富也。（下）

就上述觀之，賈誼闡發儒家旨義，不待費詞申解。

　　若夫晁錯之論，則貼近商韓。商韓以富民爲手段，以富國爲目的，晁錯曰：「國富法立，必使民務農。」商韓患民散不可摶也，欲縛民於土地，重徙以易治，晁錯曰：「民貧則姦邪生，貧生於不足，不足生於不農，不農則不地著，不地著則離鄉輕家，民如鳥獸，雖有高城深池，嚴法重刑，猶不能禁也。」商韓以賞罰之制裁，晁錯曰：「欲民務農，在於貴粟。貴粟之道，在於使民以粟爲賞罰。」抑有進者，其救弊方術曰入粟拜爵，其事始見秦始皇四年：「七月，蝗蔽天下，百姓納粟千石，拜爵一級。」〔註122〕殆攘摭嬴秦故智，承自商君也。而晁錯首入粟北境，以足兵食、備邊患，亦寓農戰之遺意。

　　雖然，有漢學術重實用，參合混同，駁雜不純，重農思想固非儒法兩析，畛域歷歷。賈誼雖從富民教化出發，蓋以農業生產與道德倫常爲謀國家治安富強之礎石，懼根本動搖，將有覆滅之危也。故曰：「即不幸有方二三千里之旱，國胡以相恤？卒然邊境有急，數十百萬之眾，國胡以餽之？兵旱相乘，天下大屈，有勇者聚徒而衡擊，罷夫羸老，易子而齕其骨，政治未畢通也，遠方之能疑者，並舉而爭起矣。迺駭而圖之，豈將有及乎？」、「夫積貯者，天下之大命也。苟粟多而財有餘，何爲而不成？以攻則取，以守則固，以戰則勝，懷敵附遠，何招而不至？」就此以論，則不異法家富國勝敵之論也。

　　晁錯亦然，晁錯固極端近似商韓，然而商韓以富民尊君爲重農之最後目

〔註122〕見《史記》〈六國年表〉。

的，亦以富民尊君爲重農之最初動機，晁錯則非，乃緣於現實社會現象之反省，此係與賈誼不謀而合者。故其抑商，非起因商賈上奪君權、下紊民業，導致「一國而二君二主」、擾亂「敬上畏罪，則易治也」，〔註123〕其主因鑒於農貧商富，富以役貧，衍生極端不平等，故下筆琳琅，大寫農苦商樂，用心可以推知。由是言之，晁錯富貴民、裕民思想，殆不減於儒家學者也。

就貨幣政策言，晁錯言語未詳備，大要不外貴穀物而賤金玉。賈誼則說解明確：統一幣制，取銷廢幣，集礦權、鑄權於中央；唯此種論點並非爲政府興利，乃所以爲百姓袪害也。綜括賈、晁之貨幣理論，皆由重農政策而延申之，前後條貫，根本相合也。

總之，賈誼、晁錯之經濟思想，乃無爲放任經濟政策之反動，兼承儒法，具主重農，無論農業理論、貨幣理論，大氐帶干涉主義，其本質不忘富民與教化，而實行方法則發揚法家富國強兵之精神。

〔註123〕見《管子》〈輕重甲篇〉、〈治國篇〉。

第五章　賈誼晁錯邊防政論思想

第一節　漢初漢匈概況

　　漢初，內憂而外，外患頻仍，最嚴重者厥為匈奴犯邊，其影響及於帝國之富彊，與安內政策、國力運作攸關。

　　按匈奴先祖乃夏后氏苗裔，唐虞以上曰山戎、獫狁、葷粥。西周，戎狄之禍殆與王朝相終始。春秋之世，山戎伐燕、齊，攻周襄王，襄王出奔鄭氾邑。戰國時，燕、趙、秦界於匈奴，各築城障以備胡。秦滅六國，時匈奴單于曰頭曼，始皇使蒙恬北擊胡，頭曼不勝，卻七百餘里，北徙，秦收河南地，沿河為塞，築四十四縣城，為謀北境安寧，大築直道，始河套外九原郡，抵關內雲陽，長一千八百里，更修葺長城，西起隴西郡臨洮，東迄遼東郡碣城，延袤萬餘里，威震匈奴，胡人不敢南下而牧馬。十有餘年，陳勝、吳廣起義，諸侯畔秦，其後中國擾攘，罷於兵革，於是匈奴得寬，稍復渡河南。頭曼太子冒頓弒父篡立，東敗東胡，西擊月氏，北降渾庾、屈射、丁零、禹昆、薪黎，南并樓煩、白羊、河南王，控弦三十萬騎，為從古以來最強大，乃遂南犯，悉復蒙恬所奪匈奴地，至安定朝那、上郡膚施。

　　入漢，匈奴時時入侵燕、代。高祖六年春，徙韓王信太原以北，都晉陽，備禦胡；韓王信請治馬邑，秋，冒頓大圍信，信數使使匈奴求和解，漢疑信有二心，信恐誅，因與匈奴約共擊漢，以馬邑降胡，攻太原。七年冬，高祖自往征，破信軍於銅鞮，斬信將王喜，信亡走匈奴。信將曼丘臣、王黃等立趙利為王，收拾散兵，與信、冒頓攻漢，冒頓佯敗，高祖乘勝逐北至平城，

出白登，匈奴騎圍之，七日，內外斷絕，不得食，用陳平秘計，[註1]厚遺冒頓閼氏，圍開一角，高祖始得脫。高祖罷歸，患匈奴彊，劉敬為畫「和親」，[註2]奉旨往結約。自是之後，終高、惠、文、景，漢、匈屢戰屢和，匈奴為患劇烈。茲據《史記》、《漢書》帝紀以為體，參酌〈匈奴傳〉暨書、表、列傳等，為「漢初漢匈大事簡表」如後，備覽大概焉。表如下：

漢初漢匈大事簡表（高、惠、呂后、文、景朝）

高祖		
六年	前 201 年	春，徙韓王信太原，信請治馬邑。（《史記·漢興以來諸侯年表》司馬貞索隱繫五年。）
		秋九月，冒頓大圍信馬邑，信以馬邑降匈奴。（《漢書·高帝紀》繫秋九月，《史記·韓王信傳》作六年秋，帝紀在七年。）
七年	前 200 年	冬十月，高祖自擊韓王信銅鞮，信亡走匈奴。信將曼丘臣、王黃立趙利為王，收散兵，與信及冒頓攻漢，高祖從晉陽連戰，乘勝逐北，至平城，為匈奴所圍，七日，用陳平秘計得脫。
		十二月，匈奴攻代，代王仲棄國，自歸洛陽，廢為合陽侯。（《漢書·高帝紀》、《史記·吳王濞傳》皆繫七年，《史記·漢興以來將相名臣年表》在八年。）
八年	前 199 年	冬，劉敬說高祖和親，高祖從之，欲遣魯元公主嫁冒頓，呂后日夜泣，竟不能遣。（《史記》、《漢書》不詳何年，《資治通鑑》繫八年。）
九年	前 198 年	冬，取家人子，名為長公主，妻冒頓，使劉敬往結和親約。劉敬從匈奴來，復說徙六國後實秦中，十一月，徙齊楚大族：昭氏、屈氏、景氏、懷氏、田氏五族及豪桀，凡十餘萬口。（劉敬結和親約，《史記》、《漢書》不詳何年，《資治通鑑》繫九年。）
十年	前 197 年	韓王信在匈奴中，令王黃等說陳豨反。

〔註1〕 《史記·陳丞相世家》：「其明年，以護軍中尉從攻反者韓王信於代。辛至平城，為匈奴所圍，七日，不得食。高帝用陳平奇計，使單于閼氏，圍以得開。高帝既出，其計秘，世莫得聞。」集解引桓譚《新論》曰：「或云：『陳平為高祖解平城之圍，則言其事秘，世莫得而聞也。以此工妙踔善，故藏隱不傳焉，子能權知斯事否？』吾應之曰：『此策乃反薄陋拙惡，故隱而不泄。高帝見圍七日，而陳平往說閼氏，閼氏言於單于而出之，以是知其所用說之事矣。彼陳平必言漢有好麗美女，為道其容貌天下無有，今因急，已馳使歸迎取，欲進與單于，單于見此人必大好愛之，愛之則閼氏日以遠疏，不如及其未到，令漢得脫去，去，亦不持女來矣。閼氏婦女，有妒媢之性，必憎惡而事去之。此說簡而要，及得其用，則欲使神怪，故隱匿不泄也。』」漢書音義應劭說此事，與桓譚略同。

〔註2〕 劉敬，本姓婁，齊人。高祖欲都洛陽，敬勸都關中，賜姓劉，詳見《史記》、《漢書》〈劉敬傳〉。

十一年	前 196 年	春，韓王信復與匈奴入居參合，距漢，漢使將軍柴武擊之，屠參合，斬信。（「柴武」，《漢書》作「陳武」。） 秋，陳豨反代地，高祖如邯戰擊豨，命燕王盧綰擊豨東北，陳豨使王黃求救匈奴。 燕王盧綰使張勝於匈奴，前燕王臧荼子衍亡在胡中，說勝緩攻豨，聯匈奴以制漢。
十二年	前 195 年	樊噲斬陳豨，豨降將及匈奴降者言張勝事，樊噲擊燕王。四月，高祖崩，盧綰亡入匈奴。（《史記》〈高帝紀〉、〈盧綰傳〉皆繫十二年，〈漢興以來諸侯年表〉在十一年。）
惠帝		
三年	前 193 年	以宗室女為公主，嫁冒頓。 冒頓為書嫚呂后，諸將議，以書報，冒頓使使來謝，遂和親。（《史記》、《漢書》不詳何年，《資治通鑑》繫惠帝三年。）
七年	前 189 年	秋八月，惠帝崩。
呂后		
五年	前 183 年	九月，發河東、上黨騎屯北地，備匈奴。（《漢書·呂后紀》但言：「九月，發河東、上黨騎屯北地。」依荀悅《漢紀》補「備匈奴」三字。）
六年	前 182 年	匈奴寇狄道，攻阿陽。
七年	前 181 年	多十二月，匈奴寇狄道，略二千餘人。
八年	前 180 年	盧綰妻子亡降漢，會呂后病，不能見，舍燕邸，為欲置酒見之，呂后竟崩，不得見，盧綰妻亦病死。
文帝		
前三年	前 177 年	五月，匈奴右賢王入北地，居河南為寇，遣丞相穎陰侯灌嬰擊。匈奴去，發中尉材官屬衛將軍，軍長安。 匈奴六入上郡，以其地盡與太原，太原更號代。（此條見《史記》〈漢興以來名臣年表〉，〈灌嬰傳〉：「三歲，……匈奴大入北地、上郡，令丞相嬰將騎八萬九千往擊匈奴。匈奴去，濟北王反，詔乃罷嬰之兵。」當與前條為一事也。） 濟北王興居，聞文帝之代，欲往擊胡，反，發兵襲滎陽。詔罷丞相兵，遣棘蒲侯柴武擊之，八月，破濟北軍，虜王，王自殺。
前四年	前 176 年	六月，冒頓使係虖淺奉書至新望，漢議擊與和親孰便，公卿皆曰：「單于新破月氏，乘勝，不可擊，且得匈奴地，澤鹵非可居也，和親甚便。」漢許和親。
前六年	前 174 年	使中大夫意、謁者令肩遣匈奴書及黃金飾具、繒帛等，報係虖淺和親約。 淮南厲王長令男子但等七十人，與棘蒲侯柴武太子奇謀，以輦車四十乘反谷口，又令人使閩越、匈奴，事覺，治之。 冒頓死，子老上單于立，文帝遣宗人女翁主為老上單于閼氏，使宦者中行說傅。中行說不欲行，漢強使之。說曰：「必我也，為漢患者。」至，因降匈奴。
前十一年	前 169 年	匈奴寇狄道。

前十四年	前 166 年	匈奴十四萬騎入朝那、蕭關，殺北地都郡孫卬，虜人民畜產甚多，遂至彭陽，使騎兵燒回中宮，候騎至雍甘泉。文帝以中尉周舍、郎中令張武爲將軍，發車千乘十萬騎軍長安旁，以備胡。拜昌侯盧卿爲上郡將軍，寧侯魏遬爲北地將軍，隆慮侯周竈爲隴西將軍，東陽侯張相如爲大將軍，成侯董赤爲將軍，大發車騎往擊胡。文帝親勞軍、勒兵、申教令，自欲征匈奴，群臣諫，不聽，太后固要，乃止。單于留塞內月餘，漢逐出塞即還，不能有所殺。
後二年	前 162 年	匈奴日以驕，歲入邊，殺略人民甚眾，雲中、遼東最甚，郡萬餘人，漢甚患之。乃使使遺匈奴書，單于亦使當戶報謝，復言和親。
後四年	前 160 年	老上單于死，子軍臣單于立，中行說事之。漢復與匈奴和親。（《漢書·匈奴傳》繫此年。《史記·匈奴傳》曰：「孝文帝後二年，使使遺匈奴書。……後四歲，老上稽粥單于死，子軍臣立爲單于。既立，孝文皇帝復與匈奴和親。」推之當在後六年。又曰：「軍臣立四歲，匈奴復絕和親，大入上郡、雲中各三萬騎」云云，匈奴各三萬騎入上郡、雲中事，史、漢帝紀皆在六年，矛盾。故集解引徐廣曰：「孝文後七年崩，而二年答單于書，其間五年。而此云『後四年』又『立四歲』，數不容爾。孝文六年冬，匈奴入上郡、雲中。」茲從《漢書·匈奴傳》。）
後六年	前 158 年	多，匈奴三萬騎入上郡，三萬騎入雲中。漢使令免爲將軍屯飛狐、故楚相蘇意爲將軍屯句注，將軍張武屯北地，緣邊亦各堅守以備胡寇。又使河內太守周亞夫爲將軍次細柳、宗正劉禮爲將軍次霸上、祝茲侯徐厲爲將軍次棘門，以備胡。胡騎入代、句注邊，烽火通於甘泉、長安。數月，漢兵至邊，匈奴遠塞，漢兵亦罷。
後七年	前 157 年	夏七月，文帝崩。 附： 故韓王信子頹當、頹當太子嬰，文帝時以匈奴相國率眾來降，漢封頹當弓高侯，封嬰襄成侯，不詳何年。
景帝		
前元年	前 156 年	夏四月，匈奴入代，遣大夫青翟至代下，與匈奴約和親。
前二年	前 155 年	秋，與匈奴和親。
前三年	前 154 年	吳楚反，趙王與合謀起兵，北使匈奴，與連和。吳楚敗，匈奴聞之，亦不肯入邊。
前五年	前 152 年	遣公主嫁匈奴單于。
中二年	前 148 年	二月，匈奴入燕，遂不和親。
中三年	前 147 年	春，安陵侯于軍、桓侯賜、遒侯陸彊、容城侯徐盧、易侯僕黥、范陽侯范代、翕侯邯鄲，以匈奴王率徒來降，又故燕王盧綰子亞谷侯盧他之，以匈奴東胡王亦率徒眾來降，皆封爲列侯。
中六年	前 144 年	六月，匈奴入雁門，至武泉，入上郡，取苑馬；吏卒戰死者二千人。（《漢書》帝紀繫六月，《史記》帝紀在八月。）
後二年	前 142 年	正月，郅都將軍擊匈奴。（見《史記》帝紀。） 春，匈奴入雁門，太守馮敬與戰，死，發車騎材官屯。（見《漢書》，《資治通鑑》繫三月。） 匈奴和親。（《史記·惠景間侯者年表》。）
後三年	前 141 年	甲子，景帝崩。

綜歸上表，漢初與中國和戰者，從冒頓起共三單于：冒頓、老上、軍臣。
三單于在位年限約爲：

（一）冒頓單于

頭曼太子。

頭曼，秦二世元年（前 209）卒，冒頓立，至文帝前六年（前 174
年）卒，在位三十六年。

（二）老上單于

冒頓太子，名稽粥。

文帝前六年立，至文帝後四年（前 160 年）卒，在位十五年。〔註3〕

（三）軍臣單于

老上子。

文帝後四年立，至武帝元朔三年（前 126 年）卒，在位三十五年。
迄乎武帝命衛青、霍去病等大舉反攻，此爲匈奴國勢之黃金時代，其版圖約：
東起今熱河，西至東土耳其斯坦，北達貝加爾湖葉尼塞河上流，南抵長城。
而中國則以帝室初建，百廢待舉，未遑事胡，自高祖平城之圍後，多屈膝和
親。所謂和親，始畫於劉敬。《史記・劉敬傳》曰：

> 高帝罷平城歸，韓王信亡入胡。當是時，冒頓爲單于，兵彊，控弦三
> 十萬，數苦北邊。上患之，問劉敬。劉敬曰：「天下初定，士卒罷於兵，
> 未可以武服也。冒頓殺父代立，妻群母，以力爲威，未可以仁義說也。
> 獨可以計久遠子孫爲臣耳，然恐陛下不能爲。」上曰：「誠可，何爲不
> 能！顧爲奈何？」劉敬對曰：「陛下誠能以適長公主妻之，厚奉遺之，
> 彼知漢適女送厚，蠻夷必慕以爲閼氏，生子必爲太子，代單于。何者？
> 貪漢重幣。陛下以歲時漢所餘彼所鮮數問遺，因使辯士風諭以禮節。
> 冒頓在，固爲子婿；死，則外孫爲單于。豈嘗聞外孫敢與大父抗禮哉？
> 兵可無戰以漸臣也。若陛下不能遣長公主，而令宗室及後宮詐稱公主，
> 彼亦知，不肯貴近，無益也。」高帝曰：「善。」欲遣長公主。呂后日
> 夜泣，曰：「妾唯太子、一女，奈何棄之匈奴。」上竟不遣長公主。而

〔註 3〕　左文舉《匈奴史》第二編〈匈奴大事年表〉暨〈匈奴單于世系表〉，皆以老上
　　　　稽粥卒於文帝後三年（前 161 年）。《漢書・匈奴傳》繫於後四年，茲從《漢
　　　　書》。

取家人子名爲長公主，妻單于，使劉敬往結和親約。

劉敬蓋熟諳匈奴習性者也，匈奴爲北方游牧民族，其地早寒，不利禾稷，故逐水草、隨時轉移，無室屋耕桑之永業，而以畜產爲生，衣皮蒙毛，茹血食肉，以湩、酪爲便美。與中國相較，風俗卑下，文明尚淺，其天性也；競利益、務侵伐、輕倫常、寡道德，此其不足也；然而，習於攻戰，男子力能挽弓盡爲甲騎，士勇武而馬慓悍，馳騁往來，至如飆風，去如收電，乃一「馬上戰鬥強國」，斯所長也。《史記・匈奴傳》曰：

> 匈奴，……居於北蠻，隨草畜牧而轉移。其畜之所多則馬、牛、羊，其奇畜則橐駝、驢、嬴、駃騠、駒駼、驒奚。逐水草遷徙，無城郭常處耕田之業，然亦各有分地。無文書，以言語爲約束。兒能騎羊，引弓射鳥鼠，少長則射狐兔，用爲食，士力能彎弓，盡爲甲騎。其俗，寬則隨畜，因射獵禽獸爲生業，急則人習攻戰以侵伐，其天性也。其長兵則弓矢，短兵則刀鋋。利則進，不利則退，不羞遁走。苟利所在，不知禮義。自君王以下咸食畜肉，衣其皮革，被旃裘。壯者食肥美，老者食其餘。貴壯健，賤老弱。父死，妻其後母；兄弟死，皆取其妻妻之，其俗有名不諱而無姓字。……其送死，有棺槨金銀衣裘，而無封樹喪服；近幸臣妾從死者，多至數千百人，舉事則候星月，月盛壯則攻戰，月虧則退兵。其攻戰，斬首虜賜一卮酒，而所得鹵獲因以予之，得人以爲奴婢。故其戰，人人自爲趣利，善爲誘兵以冒敵。故其見敵則逐利，如鳥之集，其困敗，則瓦解雲散矣。戰而扶輿死者，盡得死者家財。

面臨如此胡邦，又會國家草創，瘡痍未瘳，固不事爭其所長，圖以力強服也，所以謀者唯探悉彼南侵意欲，乘其性之所短耳。按平城之圍，高祖厚遺單于閼氏，閼氏謂冒頓曰：「今得漢地，單于終非能居之。」〔註4〕由是觀之，胡人寇擾本非覬覦大漢疆土。文帝時，中行說難漢使以利害，曰：「顧漢所輸匈奴繒絮米蘖，令其量中，必美善而已，何以言爲乎？且所給備善則已，不備善而苦惡，則候秋孰，以騎馳蹂乃稼穡也。」〔註5〕此匈奴南下之主因也。蓋游牧民族居處酷寒北荒，環境惡劣，糧食貧竊；長城以南，天候溫和，資產豐饒；其南下攻略即在於掠奪農業民族之財物，此殆游牧經濟向外依附之特

〔註 4〕 見《漢書・匈奴傳》。

〔註 5〕 同註4。

質也。郭光鋏分析曰：

> 游牧民族生而習於戰鬥，彼等在較爲惡劣的環境刺激之下，所得到的
> 教訓是南下牧馬（這便是季節性的移動）。南下牧馬乃北方寒冷氣候
> 使然，非厚賂所能阻，當南下牧馬不順，而不能獲得所需要的充分資
> 源時，便不能不奪取南方農業民族的資源以據爲己有，即便是南下牧
> 馬即爲順遂，順便掠奪南方農業民族的財物也是有利的。此外，其南
> 下牧馬，如中原不競，則留而不去，如中原有亂，則更南下。在漢初，
> 由於本身國力不足以膺懲匈奴的掠奪行爲，故和親厚賂以息其寇擾，
> 如此遂予匈奴以獲利的觀念，即認爲掠奪的行爲也是一種有利的行
> 爲。匈奴掠奪既有利無害，則要他們不掠奪亦必須有更厚的利益。如
> 此，匈奴便以「掠奪」做爲向漢族勒索途徑，如果漢族所輸送的財物，
> 不令其滿意，匈奴便向南寇邊，因此匈奴的攻掠目標很明顯的，就是
> 以戰爭爲手段來達致其政治的勒索及經濟的榨取。〔註6〕

明乎此，則匈奴易爲也，劉敬「和親」政策，即針砭匈奴習性及此目標
而設計，其法有二：

（1）利用婚媾血緣，謀感化於未來：匈奴貴壯賤老，妻庶母兄弟妻，鄙
棄倫常，貪利近視，原無貴於婚媾親情，而中華漢族自古封建，崇德報功，
親親敬長，深味教化之可用，故劉敬以爲以長公主爲單于閼氏，使辯士風諭
以禮節，足以漸化禽獸鄙頑之心，使慕上國風教，冒頓在不能以子婿抗，冒
頓死不敢以外孫敵，此計甚是也。唯德化之感人雖深，其行之則緩，故此可
計之久遠，收效未來，竟不足救燃眉急也。

（2）利用厚賂重利，謀紓難於目前：匈奴上下逐利，譬如鳥獸逐食，其
侵盜不已者乃貪嗜漢貨財食物也。劉敬以爲長公主得爲閼氏者，無他，即在
於單于「知漢適女送厚」耳。緣其「貪漢重幣」，則中國可啖之以利，厚遣繒
絮米食，塡其慾望，弭其侵心，彼所以戰之目的既屬，盜亦止。

職是之故，「和親」之模式遂爲：（1）以漢女妻；（2）以漢財物賂。茲考
晉漢匈和親，概不出此也。顧高祖既因呂后請，不遣魯元公主，更以宗室女
詐稱公主，後代循例，則冀收王化遠效之期望蕩然無存，即所謂子婿外孫不
敢抗禮者亦不行矣。漢匈「和親」，一言以蔽之，在漢唯一「賂」字，在胡唯
一「利」字而已。錢穆曰：

〔註6〕見郭氏著《西漢與匈奴在西域爭戰之研究》第一章第二節。

匈奴之對中國，一時尚無政治上統治之野心，其舉眾入塞，所重在經濟財物之掠奪。和親政策之後面，即爲賄賂與通商。藉胡漢通婚之名義，匈奴上層貴族，每年既得漢廷之贈遺，其下層民眾，亦得定期叩塞貿易。其物質上之需要既滿足，亦可暫時解消其武力侵略之慾望。〔註7〕

此爲「和親」政策之眞實面貌，史乘載記足窺本末也。茲迻錄〈匈奴傳〉一二文字，以見一班。

（一）贈　遺

高帝乃使劉敬奉宗室女公主爲單于閼氏，歲奉匈奴絮繒酒米食物各有數，約爲兄弟以和親。

（呂后）令大謁者張澤報書曰：「……竊有御車二乘、馬二駟，以奉常駕。」

孝文帝前六年，漢遺匈奴書曰：「漢與匈奴約爲兄弟，所以遺單于甚厚。……服繡袷綺衣、繡袷長襦、錦袷袍各一，比余一，黃金飾具帶一、黃金胥紕一，繡十匹、錦三十匹，赤綈、綠繒各四十匹，使中大夫意，謁者令肩遺單于。」

孝文帝後二年，使使遺匈奴書曰：「……詔吏遺單于秫蘗金帛絲絮佗物歲有數。……」

（二）通　商

建至孝文，與通關市，妻以漢女，增厚其賂，歲以千金。

孝景帝復與匈奴和親，通關市，給遺匈奴，遣公主，如故約。

武帝即位，明和親約束，厚遇關市，饒給之。……匈奴貪，尚樂關市，者漢財物，漢亦通關市不絕以中之。

由此觀之，「和親」於漢原是辱恥，其始議發於平城圍困後，不啻戰敗請和，傅啟學曰和親乃「等於現代的賠款」，〔註8〕其言有自，既然如此，漢開國以來高、惠、文、景垂七十年，所以甘心於和親者，何哉？探頤索隱，蓋有下列諸原因：

（一）無爲國策不變：漢初處喪亂久戰之後，庶事具廢，加以君臣多起

〔註7〕見錢氏著《國史大綱》第三編第十一章。
〔註8〕見傅氏著《西漢與匈奴的和戰》。

於白丁，制度率因循秦故，唯深懲秦苦民以亡國者在於：內事興作、外攘夷狄；故漢帝務反之，獎尚「無爲」爲治國最高原則，對內政策以安民爲首要，對外政策以偃武居第一。因此，南結懽南越，而北與匈奴和親也。王恢曰：「高祖身被堅執銳，蒙霧露，沐霜雪，行幾十年，所以不報平城之怨者，非力不能，所以休天下之心。」〔註9〕孝惠時，冒頓遺書嫚污呂后，樊噲請十萬眾擊胡，季布期期不許，謂此舉固「欲搖動天下」。〔註10〕文、景二帝，籍兵秣馬，竟備守而無深撓，司馬遷以爲「恐煩百姓」，〔註11〕班固則贊曰：「掃除煩苛，與民休息」。〔註12〕下逮武帝之世，積貯已厚，國力已彊，勢足以折胡，然而群臣囂囂反戰猶熾，何故？韓安國曰：「臣聞利不十者不易業，功不百者不變常，是以古之人君謀事必就祖，發政占古語，重作事也。」〔註13〕即無爲之國策大本不宜更張改作也。

（二）內亂頻繁先務：高祖五年、齡四十二，即位氾水之陽，在位十三年而崩，登基以來，天下未靖，五年：楚臨江王共驩不降，遣劉賈、盧綰擊走之；燕王臧荼反，自將擊虜之。六年：楚王信反，僞遊夢澤，使武士縛之，貶爲淮陰侯。七年：韓王信降匈奴，被困平城。其後，十年代相陳豨反，十一年三月梁王彭越反，七月淮南王英布反，十二年燕王盧綰反。終高祖一生，奔波沙場，馬不停蹄也。惠帝時，呂后擅權，諸呂作亂，劉氏之不絕如縷。文帝入主，在位二十三年，內有老臣掣肘，外有胡騎犯虜，而諸侯王則反側抗禮於國中，濟北王興居、淮南王長皆以同姓畔。景帝繼立，三年，吳、楚七國聯袂舉兵，太尉周亞夫斬首十餘萬級，力破七國軍。漢初不過六十餘載，兵連禍結，更僕難數也。所幸者，高祖英鷙，文帝周密，景帝遵業，始克芟除叛逆，否則，便縱無蠻夷猾夏，漢已亡矣。攘外必先安內，緩急先後宜熟計之也。

（三）國家武力未備：炎漢承弊，國家蕭條，人口十不得一，兵源短絀，非不識「匈奴獨可以威服，不可以仁畜」，〔註14〕然威服必有所恃，糧贍馬肥，丁男被甲，丁女轉輸，而帝室初基，力實不及於此也。矧胡人以騎射勝，中國以步擊長，步卒對抗騎兵，機動差，制勝主宰之權坐失先機，是故必戰馬

〔註 9〕　見《漢書‧韓安國傳》。
〔註 10〕　見《史記‧季布傳》。
〔註 11〕　見《史記‧文帝紀》太史公曰。
〔註 12〕　見《漢書‧景帝紀》贊曰。
〔註 13〕　同註9。
〔註 14〕　《漢書‧韓安國傳》，王恢語漢武帝。

以爲要，然漢初天子公卿或乘牛犢，車乘不完，文、景之世乃刻意馬政，興廄畜息，顧一切肇始，但足備禦，未遑撻伐，盱衡國力，當懷柔爲上也。

雖然，和親洵非嘉謨，而匈奴亦有不可不伐之故，故武帝建元六年，素好黃老術之竇太后崩，明年（元光元年），公孫弘、董仲舒出，無爲國策遽變，又明年（元光二年），旋設馬邑之伏誘殺匈奴，漢匈爭霸於焉爆發，武帝傾畢生精力，靡舉國財經，歷四次大決戰，〔註15〕始搭克重創匈奴。洎乎宣帝，匈奴內亂，五單于爭立，呼韓單于攜國歸化。此後六十餘年間，邊陲宴閉，三世無犬吠之警。新莽既篡，以應對失宜，始再啓釁隙，第此時匈奴已不復西漢心腹患矣。

賈誼、晁錯仕宦文、景朝廷，值夷彊我弱，和親策行，懲胡騎款塞暴境，蹂躪中國，具發憤而欲有所匡建焉。

第二節　賈誼之邊防政論思想

賈誼少年英勇，愛國心切，其〈治安策〉痛陳匈奴不臣，而中國竟以上國尊嚴屈膝卑事蠻夷有年，甚者，群臣懦弱，猥言和親便宜，故力排眾說，首倡擊胡。〈治安策〉曰：

> 天下之勢方倒縣。凡天子者，天下之首，何也？上也。蠻夷者，天下之足，何也？下也。今匈奴嫚侮侵掠，至不敬也，爲天下患，至亡已也，而漢歲致金絮采繒以奉之。夷狄徵令，是主上之操也；天子共貢，是臣下之禮也。足反居上，首顧居下，倒縣如此，莫之能解，猶爲國有人乎？非亶倒縣而已，又類辟，且病痱。夫辟者一面病，痱者一方痛。今西邊、北邊之郡，雖有長爵不輕得復，五尺以上不輕得息，斥候望烽燧不得臥，將吏被介胄而睡，臣故曰一方病矣。醫能治之，而上不使，可爲流涕者此也。陛下何忍以帝皇之號爲戎人諸侯，勢既卑辱，而禍不息，長此安窮？進謀者率以爲是，

〔註15〕據傅啓學《西漢與匈奴的和戰》，武帝對匈奴之進攻始於元光二年馬邑之謀，其後經歷四次大決戰：第一次在元朔二年，收復河南地；第二次在元朔五年，衛青出朔方高闕，斬首虜萬五千級；第三次在元狩二年，霍去病率軍出隴西，過焉支山，攻祁連山，獲首虜三萬三百，渾邪王殺休屠王降將，匈奴降者數萬人，置五屬國以處之，以其地爲武威、酒泉郡；第四次在元狩四年，衛青、霍去病聯合出擊，青至幕北，圍單于，斬首萬九千級，至闐顏山乃還，去病與左賢王戰，斬獲首虜七萬餘級，封狼胥山乃還。

固不可解也，亡具甚矣。臣竊料匈奴之眾，不過漢一大縣，以天下
之大困於一縣之眾，甚爲執事者羞之。陛下何不試以臣爲屬國之官
以主匈奴，行臣之計，請必係單于之頸而制其命，伏中行說而答其
背，舉匈奴之眾唯上之令。今不獵猛敵而獵田彘，不搏反寇，而搏
畜菟，翫細娛而不圖大患，非所以爲安也。德可遠施，威可遠加，
而直數百里外威令不信，可爲流涕者此也。〔註16〕

賈誼此策敷述和親流弊，以爲和親既不足謀和平之利，反招致「勢既卑辱，
而寇不息」之「倒縣」局面，思之痛心流涕。權衡得失，當亟務於易消極和
親爲積極之防備撻伐。而和親貽禍甚慘，其大者厥爲：（1）和親乃中國之國
恥；（2）和親未戢匈奴侵心；（3）中國叛賊多與匈奴交通。說明如後：

一、和親弊端

（一）和親乃中國之國恥

　　劉敬始畫和親政策，取其「利用婚媾血緣，謀感化匈奴於未來」、「利用
厚賂重利，謀紓漢廷困境於目前」，立意未始不佳，惜乎帝女不行，遂流於「賂
胡」，贈遺貨幣、開關貿易，如此而已，詳細內容，前文已敘，不贅。總而言
之，中國之與匈奴和親，美其名曰懷柔，實是國恥，雖行李之來往，約爲兄
弟稱，然單于言語誠夗而不禮，最甚時期，一在呂后時，一在文帝朝。呂后
稱制，冒頓遺書欲婚，極盡褻瀆，而呂后報書則甚謙卑。冒頓書曰：

孤僨之君，生於沮澤之中，長於平野牛馬之域，數至邊境，願遊中
國。陛下獨立，孤僨獨居，兩主不樂，無以自虞，願以所有，易其
所無。〔註17〕

呂后答書曰：

單于不忘弊邑，賜之以書，弊邑恐懼。退日自圖，年老氣衰，髮齒
墮落，行步失度，單于過聽，不足以自汙。弊邑無罪，宜在見赦。
竊有御車二乘、馬二駟，以奉常駕。〔註18〕

浸淫泊乎文帝即位，匈奴來書益耀武揚威，跡近脅迫。《漢書·匈奴傳》載單
于致文帝書，曰：

〔註16〕　見《漢書·賈誼傳》。
〔註17〕　同註4。
〔註18〕　同註4。

天所立匈奴大單于敬問皇帝無恙。前時皇帝言和親事，稱書意合驩。
漢邊吏侵侮右賢王，右賢王不請，聽後義盧侯難支等計，與漢吏相恨，
絕二主之約，離昆弟之親。皇帝讓書再至，發使以書報，不來，漢使
不至。漢以其故不和，鄰國不附。今以少吏之敗約，故罰右賢王，使
至西方求月氏擊之。以天之福，吏卒良，馬力強，以滅夷月氏，盡斬
殺降下定之。樓蘭、烏孫、呼揭及其旁二十六國皆已爲匈奴。諸引弓
之民并爲一家，北州已定。願寢兵休士養馬，除前事，復故約，以安
邊民，以應古始，使少者得成其長，老者得安其處，世世平樂。未得
皇帝之志，故使郎中係虖淺奉書請，獻橐佗一、騎馬二、駕二駟。皇
帝即不欲匈奴近塞，則且詔吏民遠舍。使者至，即遣之。

文帝登阼，修和親，歲奉幣物如故事，三年夏，匈奴右賢王無故大入北地、
上郡，居河南爲寇，京師危，漢遣丞相灌嬰將騎八萬九千迎擊，發中尉材官
屬衛將軍保長安，而濟北王興居乘間反，和親絕。溯其本源，啓釁在胡，而
匈奴乃誘罪漢吏，并誇示新滅夷狄二十六國，脅迫漢廷恢復舊約，並限期答
復。蠻橫無理，莫此爲甚。書至，下廷議，公卿果竦懼於「單于新破月氏，
乘勝，不可擊也」，〔註19〕而束手許和親。此眞賈誼所謂「足反居上，首顧居
下，倒縣如此，莫之能解，猶爲國有人乎？」

（二）和親未戢匈奴侵心

自劉敬始結和親約於高祖九年，漢歲輸遺豐腴，然而匈奴乍親乍叛，荒
忽無常，邊塵告警，未曾稍戢，甚者，長驅直入，候騎烽燧相望達於京畿，
天下爲之怖駭驚動。其大寇如前表（漢初漢匈大事簡表）所列，至於小盜更
不勝枚數也。蓋會盟誓約但可以約信義之邦，實未足繫禽獸反覆之夷狄也。
文帝前六年遺匈奴書即明言：

漢與匈奴約爲兄弟，所以遺單于甚厚，背約離兄弟之親者，常在匈
奴。〔註20〕

又後三年遺匈奴書亦致意再三，曰：

朕聞古之帝王，約分明而不食言。單于留志，天下大安。和親之後，
漢過不先，單于其察之。〔註21〕

〔註19〕 同註4。
〔註20〕 同註4。
〔註21〕 同註4。

凡此，皆緣於匈奴罔顧盟誓，連連背負故也。至此，和親之無以羈縻蠻夷侵我之心，明矣。故有識之士皆油然興「和親無益」論，班固《漢書・匈奴傳》贊說之尤詳，曰：

> 昔和親之論，發於劉敬。是時天下初定，新遭平城之難，故從其言，約結和親，賂遺單于，冀以救安邊境。孝惠、高后時遵而不違，匈奴寇盜不爲衰止，而單于反以加驕倨。逮至孝文，與通關市，妻以漢女，增厚其賂，歲以千金，而匈奴數背約束，邊境屢被其害。是以文帝中年，赫然發憤，遂躬戎服，親御鞌馬，從六郡良家材力之士，馳射上林，講習戰陳，聚天下精兵，軍於廣武，顧問馮唐，與論將帥，喟然歎息，思苦名臣，此則和親無益，已然之明效也。

和親既無益，胡騎乃頻頻窺兵漢疆，中國外累於遠方之備矣。當是時也，北地、上郡等西北邊陲，位處前線，無分軍民小大悉自爲戰備，枕戈待旦，夜以繼日，未敢稍懈怠也。賈誼深哀憐之，極寫其苦辛曰：「今西邊、北邊之郡，雖有長爵不輕得復，五尺以上不輕得息，斥候望烽燧不得臥，將吏被介冑而睡。」如此者，經年累月，禍結而不解，兵休而復起，邊吏民愁苦無聊，乃國之大患，譬猶人之病蹄痹，可流涕也。

（三）中國叛賊多與匈奴交通

按匈奴之強，亦緣多得漢人爲之輔翼也，韓王信降匈奴，匈奴因以引兵南下，乃遂有平城之役，是後信復爲匈奴將，及趙利、王黃等，時來侵盜。其先，則有故燕王臧荼子衍亡在胡；逮陳豨反，燕王盧綰又亡入匈奴，率其黨俱去者且萬人，往來苦上谷以東。其他未亡入胡中，而與胡遙相呼應之諸侯王亦夥，淮南厲王長、吳王濞、趙王遂等皆嘗遣使往返匈奴，合謀起兵。濟北王興居則因右賢王入寇，乘隙襲滎陽。又考胡患最嚴重時期，即起因漢宦者中行說怨懟朝廷強其傅公主而北遣蠻荒，降胡報負，連事老上、軍臣父子，爲匈奴謀主，反噬中國也。〈匈奴傳〉備詳本末，曰：

> 老上稽粥單于初立，孝文皇帝復遣宗室女翁主爲單于閼氏，使宦者燕人中行說傅翁主。說不欲行，漢彊使之，說曰：「必我行也，爲漢患者。」中行說既至，因降單于，單于甚親幸之。……於是說教單于左右疏記，以計識其人眾畜物。漢遺單于書，以尺一牘，辭曰：「皇帝敬問匈奴大單于無恙」，所以遺物及言語云云。中行說令單于以尺二寸牘，及印封皆令廣長大，倨驁其辭曰：「天地所生、日月所置匈奴

大單于敬問漢皇帝無恙」，所以遺物言語亦云云。漢使或言：「匈奴俗賤老。」中行說窮漢使曰：「而漢俗屯戍從軍當發者，其親豈不自奪溫厚肥美齎送飲食行者乎？」漢使曰：「然。」說曰：「匈奴明以攻戰為事，老弱不能鬥，故以其肥美飲食壯健以自衛，如此父子各得相保，何以言匈奴輕老也？」漢使曰：「匈奴父子同穹廬臥。父死，其妻後母，兄弟死，盡妻其妻之。無冠帶之節、闕庭之禮。」中行說曰：「匈奴之俗，食畜肉，飲其汁，衣其皮，畜食草飲水，隨時轉移，故其急則人習騎射，寬則人樂無事，約束輕，易行。君主簡，可久。一國之政猶一體也。父兄死，則妻其妻，惡種姓之失也。故匈奴雖亂，必立宗種。今中國雖陽不取其父兄之妻，親屬益疎則相殺，至到易姓，皆從此類。且禮義之敝，上下交怨，而室屋之極，生力屈焉，夫力耕桑以求衣食，築城郭以自備，故其民急則不習戰攻，緩則罷於作業。嗟！土室之人，顧無喋喋佔佔，冠固何當？」自是之後，漢使欲辯論者，中行說輒曰：「漢使母多言，顧漢所輸匈奴繒絮米糵，令其量中，必善美而已，何以為言乎？且所給備善則已，不備善而苦惡，則候秋孰，以騎馳蹂迺稼穡耳。」日夜教單于候利害處。

自中行說之謀用，匈奴矜侉驕蹇浸以成習，而中國無計可施。故賈誼有「伏中行說而笞其背」之憤語。若是之徒，逞私讎，賣國倡亂，危害至巨，而內賊外盜交通，則足以動搖國本。

二、應對方略

基於以上諸理由，賈誼毅然請纓，欲試屬國之官，以制匈奴，其應對方略，《漢書》本傳曰：「施五餌三表以係單于。」五餌三表，〈治安策〉不見，顏師古注：「賈誼書謂愛人之狀，好人之技，仁道也；信為大操，常義也；愛好有實，已諾可期，十死一生，彼將必至；此三表也。賜之盛服車乘以壞其目；賜之盛食珍味以壞其口；賜之音樂婦人以壞其耳；賜之高堂邃宇府庫奴婢以壞其腹；於來降者，以上召幸之，相娛樂，親酌而手食之，以壞其心；此五餌也。」其詳見《新書‧匈奴篇》，茲分析如下：

（一）五　餌
《新書‧匈奴篇》曰：

匈奴之來者，家長巳上，固必衣繡，少者必衣文錦，將爲銀車五乘，大雕畫之，駕四馬，載綠蓋，從數騎，御驂乘，且雖單于之出入也，不輕都此矣。令匈奴降者，時時得此而賜之耳，一國聞之者見之者，希心而相告，人冀幸以爲吾至亦可以得此，將以壞其目，一餌。

匈奴之使者至，若大降者也，大眾之所聚也，人必有所召賜食焉。飯物故四五，盛美胾，膹炙肉，具醓醢，方數尺於前。令一人坐此，胡人（欲觀）者固百數在旁，得賜者之喜也，且笑且飯，味皆所嗜而未嘗得也。令來者時時得此而饗之耳，一國聞之者見之者，垂（涎）而相告，人（悇）憚其所，自以吾至亦將得此，將以此壞其口，一餌。

降者之傑也，若使者至也，上必使人有所召客焉。令得召其知識，胡人之欲觀者勿禁。令婦人傳白（黛）黑，繡衣而侍其堂者二（十）三十人，或薄或捬，爲其胡戲，以相飯。上使樂府幸假之但樂，吹簫鼓鞀，倒挈面者更進，舞者蹳者時作。少閒擊鼓，舞其偶人，莫時乃爲戎樂，攜手胥彊，上客之後，婦人先後扶持之者，固十餘人，令使降者時或得此而樂之耳。一國聞之者見之者，希盱相告，人人忔忔，唯恐其後未至也，將以此壞其耳，一餌。

凡降者，陛下之所召幸，若所以約致也，陛下必有時有所富，必令（比）有高堂邃宇，善廚處，大囷京，廐有編馬，庫有陣車，奴婢諸嬰兒畜生具，令此時大具召胡客饗胡使，上幸令官助之，具假之樂。令此其居處樂虞囷京之畜，皆過其故王慮出其單于，或時時賜此而爲家耳。匈奴一國傾心而冀人人忔忔，惟恐其後來至也，將以此壞其腹，一餌。

於來降者，上必時時而有所召幸拊循，而後得入官。夫胡大人難親也，若上於故嬰兒召貴人子好可愛者，上必召幸大數十人，爲此繡衣好閒，且出則從，（入）則更侍。上即饗胡人也，大（觳）抵也，客胡使也，功士武士固近侍傍，胡嬰兒得近侍側，故貴人更進得佐酒前，上乃幸自御此薄，使付酒錢，時人偶之。爲閒則出繡衣具帶服賓餘，時以賜之。上即幸拊胡嬰兒，搗道之，戲弄之，乃授炙，幸自啗之，出好衣閒，且自爲贛之，上起，胡嬰兒或前或後。胡貴人既得奉酒，出則服衣佩綬，貴人而立於（前），令數人得此而居耳。一國聞者見者，希盱而欲，人人忔忔，惟恐其後來至也。將以此壞

其心,一餌。

故牽其耳,牽其目,牽其口,牽其腹,四者已牽,又引其心,安得
不來,下胡抑抎也,此謂五餌。

上所謂「五餌」。案「餌」本為粉餅,所以食人,引申之,以利誘人亦謂餌。
《正字通》曰:「餌,陰以利誘人亦曰餌。」賈誼「五餌」,即以五利啗胡,
故曰:「壞其目」、「壞其口」、「壞其耳」、「壞其腹」、「壞其心」。劉師培曰:「漢
書賈誼傳贊顏注引此文,字亦作『壞』,實則『壞』均『懷』誤。知者,此文
所云五餌,均言結以恩德,誘之向風,懷即懷柔之誼。」〔註22〕「結以恩德」
未必,「誘之向風」則是,《詩‧雄雉》:「我之懷兮。」《周禮‧小宰》:「以懷
賓客。」鄭注並云:「懷,安也。」此言使其目、口、耳、腹、心諸器官安於
漢所予物利,誘之使歸附也。

夫匈奴南下寇擾,乃起因於游牧經濟向外依附之特色,以攻戰達致政治
勒索與經濟榨取之目的,前文已略敘及矣。至於彼所歆物質者,大體言之,
約為兩類:(1)農產品:秫、米、糵、酒、食物等屬之;(2)工藝品:絲絮、
赤綈、綺衣、繡袷、黃金、胥紕、飾具帶等屬之。蓋游牧民族雖食肉飲汁,
衣革被裘,亦頗好米穀、釀酒以佐食,其貴族尤仰給奢侈品用充實生活內容,
而農業非草原灌溉所能耕種,工藝則植基於安定與文明,匈奴僻處積陰之地,
民貧土瘠,遷徙轉移,俱無力生產焉。

雖然,匈奴之強悍鷙猛遠過中國者,正由於生生之資取足畜牧,績毛飲
湩,以為衣食,各安舊風,狃習勞事,不見紛華異物以淫遷其性,故家給人
足,戒備整完也。昭帝始元年間,賢良文學之士即曰:

匈奴車器無銀黃絲漆之飾,素成而務堅。絲無文采裙褘曲襟之制,
都成而務完,男無刻鏤奇巧之事,宮室城郭之功,女無綺繡淫巧之
貢,纖綺羅紈之作。事省而致用,易成而難弊。雖無脩戟強弩、戎
馬良弓。家有其備,人有其用,一旦有急,貫弓上馬而已。資糧不
見案首,而支數十日之食,因山谷為城郭,因水草為倉廩。法約而
易辨,求寡而易供。是以刑省而不犯,指麾而令從。嫚於禮而篤於
信,略於文而敏於事。故雖無禮義之書,刻骨卷木,百官有以相記,
而君臣上下有以相使。〔註23〕

〔註22〕 見劉師培《賈子新書斠補》。
〔註23〕 見《鹽鐵論‧論功篇》。

其所以有國而長世，用此道也，一旦而棄其樸厚，漸染華俗，以人情之好逸惡勞，則不務詩書，唯徵玩好，嗜音樂美姝，競服飾財賄，日積月累，怠戰虛耗，胡之亡可坐以待也。再者，華俗既熾，飲食習慣丕變，利華產之精細，惡胡物之粗窳，漬以成習，非中國物質無以為安，自立更生轉成依附仰賴，生活資源取給他人鼻息，是不戰而束手就擒也。此賈誼五餌策所以發之故，驗諸史策，信然。昔秦穆公苦戎而欲得賢人由余，內史廖即請女樂遺戎王以沮其志，離間戎君臣。《史記・秦本紀》載其事，曰：

> 於是繆公退而問內史廖曰：「孤聞鄰國有聖人，敵國之憂也。今由余賢，寡人之害，將奈之何？」內史廖曰：「戎王處辟匿，未聞中國之聲。君試遺其女樂，以奪其志；為由余請，以疏其間；留而莫遣，以失其期。戎王怪之，必疑由余。君臣有間，乃可虜也。且戎王好樂，必怠於政。」繆公曰：「善。」……而後令內史廖以女樂二八遺戎王。戎王受而說之，終年不還。

中行說既降胡，亦深憂匈奴耽嗜漢繒絮食物，史、漢〈匈奴傳〉載其勸老上單于曰：

> 匈奴人眾不能當漢之一郡，然所以彊者，以衣食異，無仰於漢也。今單于變俗好漢物，漢物不過什二，則匈奴盡歸於漢矣。其得漢繒絮，以馳草棘中，衣袴皆裂敝，以示不如旃裘之完善也。得漢食物皆丟之，以示不如湩酪之便美也。

內史廖以淫樂沮戎志，中行說戒單于勿好漢物，皆輸中國牛毛，而足使夷狄之國土崩瓦解。內史廖之謀、中行說之譏、賈誼之策，良有以也。

（二）三　表

《新書・匈奴篇》曰：

> 臣以事勢諭天子之言，使匈奴大眾之信陛下也。為通言耳，必行而弗易。夢中許人，覺且不背其信，陛下已諾，若信日出之灼灼。故聞君一言，雖有微遠，其志不疑，仇讎之人，其心不殆，若此則信諭矣，所孤莫不行矣，一表。
> 臣又且以事勢諭陛下之愛，令匈奴之自視也，苟胡面而我狀者，其自以為見愛於天子也，猶弱子之遝慈母也，若此則愛諭矣，一表。
> 臣又且以事勢諭陛下之好，令胡人之自視也，苟其技之所長，與其所工，一可當天子之意，若此則好諭矣，一表。

　　　愛人之狀，好人之技，仁道也；信爲大操，帝義也；愛好有實，己

　　　諾可期，十死一生，彼必將至；此謂三表。

上所謂「三表」。案「表」者正也，標準、法則之謂。《墨子・非命》上：「故言有三表。」《淮南子・本經訓》：「戴圓履方，抱表懷繩。」表皆訓正。賈誼三表，蓋謂以仁道、常義、然諾爲天子三正，以德化徠胡也。

　　中國自古即以有無文化爲華夷之辨，而非以種姓別，所謂東夷、西戎、南蠻、北狄，非但衣皮被羽，穴居生食，衣食住行不與華同，尤有異者乃：中國人才薈萃，禮樂流行，以詩書教化法度爲政，而四裔之國禽行獸心，仁義不生。故由此而衍生兩大觀點：

　　（1）自傲於華夏文明，而鄙薄四夷。如杜佑《通典》言及華夏異同，曰：「覆載之內，日月所臨，華夏土中，生物受氣正，其人性和而才惠，其地產厚而類繁，所以誕生聖賢，繼施法教，隨時拯弊，因物利用，三五以降，代有其人，君臣長幼之序立，五常十倫之教備，孝慈生焉，恩愛篤焉，主威張而下安，權不分而法一，生人大貴，實在於斯。」至於夷狄則云：「其地偏，其氣梗，不生聖哲，莫革舊風，誥訓之所不可，禮義之所不及。」〔註24〕抑有進者，視無文化而貪狼嗜利爲胡人天性，如史、漢〈匈奴傳〉所謂：「其俗寬則隨畜，因獵禽獸爲生業，急則人習戰攻以侵伐，其天性也，……利則進，不利則退，不羞遁走，苟利所在，不知禮義」、「夷狄之人，貪而好利，被髮左衽，人面獸心」。武帝時，韓安國曰：「匈奴負戎馬之足，懷禽獸之心，……自上古不屬爲人。」〔註25〕云云，皆此論也。

　　（2）謀以中國文化，向外推展，用夏變夷。蓋中國既貴尚華夏衣冠，乃謂此必爲四裔所忻慕學習，故有德之君，當化外服爲內服，務期日月所照、舟車所載，莫不浸潤德澤，遐邇一體，中外禔福，此中國傳統「天下觀」是也。邢義田云：「中國人很早就把中國看成一個文化體，而不是一定的疆域。……從此優越感出發，中國人又開始有一種強烈的文化使命感，認爲中國有責任將自己優越的文化向外推展，使四夷一體濡染德教，謂之『王者無外』。天下雖有內外層次之別，理想的君王應該由內而外，『一乎天下』。」〔註26〕

　　漢初，高祖爲匈奴所敗，至文、景，泰半受挫外夷，文帝致匈奴書云：「先

〔註24〕見《通典》卷一八五邊防。

〔註25〕見《史記・韓長孺傳》。

〔註26〕見邢氏著《秦漢史論稿》甲部、一、天下一家——中國傳統天下觀的形成。

帝制：長城以北，引弓之國，受命單于；長城以內，冠帶之室，朕亦制之。」
〔註27〕是天子德教局囿封畿，不能威服內外，羞辱莫大於此也。〈匈奴傳〉記
載漢匈往來文書，漢曰：「皇帝敬問匈奴大單于無恙」，胡曰：「天所立匈奴大
單于敬問皇帝無恙」，平等互惠，不分軒輊。雖然，〈文帝紀〉對內詔策，則
帝深以德薄自責備，詔曰：

> 朕既不明，不能遠德，是以使方外之國或不寧息。夫四荒之外不安
> 其生，封畿之內勤勞不處，二者之咎，皆自於朕之德薄而不能遠達
> 也。閒者累年，匈奴並暴邊境，多殺吏民，邊臣兵吏又不能諭吾內
> 志，以重吾不德也。夫久結難連兵，中外之國將何以自寧？今朕夙
> 興夜寐，勤勞天下，憂苦萬民，為之怛惕不安，未嘗一日忘於心，
> 故遣使者冠蓋相望，結軼於道，以諭朕意於單于。今單于反古之道，
> 計社稷之安，便萬民之利，親與朕俱棄細過，偕之大道，結兄弟之
> 義，以全天下元元之民。和親已定，始於今年。

其主宰世界、德化四海之觀念，躍然紙上，此漢儒之共同理想也。故賈誼〈治
安策〉尊重華賤夷，以徵令夷狄為漢天子之制斷，而匈奴入藩納貢為單于之
儀節，曰：「夷狄徵令，是主上之操也；天子共貢，是臣下之禮也。」明以漢
為君，貶胡為臣。儻華夷之位正，則「德可遠施」。此與文帝「朕既不明，不
能遠德，是以使方外之國或不寧息」，旨義全同，皆目四夷侵華罪在「政教未
加」，致使「犯義侵禮於邊境」〔註28〕也。苟明乎此，則欲解救華夷倒縣之勢，
莫若修德教、輸仁義、講信義，夷狄之人必心悅服而歸附如流水，此人君之
揆度，道德之楷模，正義之標準也，故曰三表。

第三節　晁錯之邊防政論思想

《漢書》本傳載，文帝時晁錯三度上書言兵事，深獲文帝嘉美，賜璽書
寵答焉，並從其言募民徙塞下。茲綜歸三奏，錯重在研析敵我優劣，謂「匈
奴長技三，中國長技五」，覼言之，即：匈奴馬足、騎強、體力旺，擅險阻戰、
騎兵戰；中國武器精良，擅平地戰、車戰、步兵戰。針對此，晁錯建言：擇

〔註27〕同註4。
〔註28〕《漢書·司馬相如傳》：「今封疆之內，……咸獲嘉祉，……而夷狄殊俗之國……
政教未加，……內之則犯義侵禮於邊境，外之則邪行橫作。」

將練卒備器、蓄養戎馬、徙民實邊、以夷制夷等對策,以積極彊邊備胡也。
此外,尚有「入粟邊」,以入粟拜爵,充實軍糧,預計三年而塞下之粟必足,
果然,軍餉大贍,可支五年,其詳已說於第四章第三節,茲不贅述。總之,
其邊防政論思想論說精練周詳,實爲遠卓。

一、審敵我

《漢書》本傳,錯上書言兵事曰:

> 今匈奴地形技藝與中國異。上山下阪,出入溪澗,中國之馬弗與也;
> 險道傾仄,且馳且射,中國之騎弗與也;風雨罷勞,飢渴不困,中
> 國之人弗與也;此匈奴之長技也。若夫平原易地,輕車突騎,則匈
> 奴之眾易撓亂也;勁弩長戟,射疏及遠,則匈奴之弓弗能格也;堅
> 甲利刃,長短相雜,遊弩往來,什伍俱前,則匈奴之兵弗能當也;
> 材官騶發,矢道同的,則匈奴之革笥、木薦弗能支也;下馬地鬥,
> 劍戟相接,去就相薄,則匈奴之足弗能給也:此中國之長技也,以
> 此觀之,匈奴之長技三,中國之長技五。陛下又興數十萬之眾,以
> 誅數萬之匈奴,眾寡之計,以一擊十之術。

夫兩國相敵,交兵戰鬥,首重知己知彼,必熟習敵我情勢,用長去短也。
就錯言觀之,錯所以估較漢匈優劣爲:武器暨兵種。蓋異類兵種適合不同地
理與不同戰陣,而工欲善事務先利器,武器精密楛惡攸關戰爭之成敗也。比
較如下:

(一)武 器

就武器方面論,漢勝胡負。中國五長技屬於此類者高居其三,曰:

> 勁弩長戟,射疏及遠,則匈奴之弓弗能格也。
>
> 堅甲利刃,長短相雜,遊弩往來,(什伍俱前),則匈奴之兵弗能當也。
>
> 材官騶發,矢道同的,則匈奴之革笥、木薦弗能支也。

以上所述,除「什伍」指步卒外,皆言兵。(故「什伍俱前」特加( ),識其
非類)案中國兵器,大體可分爲:

1、進攻性武器

遠射武器(長兵):如弓矢、弩機。

格鬥武器(長兵):如戈、矛、戟、鋋。

衛體武器（短兵）：如刀、劍、斧。

2、防備性武器

裝備武器：如甲冑、楯牌。

守備武器：如鐵蒺藜。

漢初，無論進攻性武器、防備性武器，皆遠過匈奴。至於匈奴，革笥、木薦（木楯）用作防備，進攻則〈匈奴傳〉曰：「其長兵則弓矢，短兵則刀鋋。」此其大概。茲舉例以論良窳，以見其一班焉。

（1）進攻性武器——弓、弩

弓弩屬射遠器。匈奴主用弓，中國主用弩。〈匈奴傳〉言胡人善騎射，云：「兒能騎羊，引弓射鳥鼠，少長則射狐菟，士能彎弓，盡為甲騎。」又狀其兵器曰：「其長兵則弓矢。」冒頓於頭曼時期，「作鳴鏑，習勤其騎射」，〔註29〕鳴鏑，即弓矢發聲者也。足證匈奴騎用弓矢。至於弩，乃弓之有臂者，相傳為黃帝所作，〔註30〕設機括以發矢者，其柄曰臂，似人臂也；鉤弦曰牙，似齒牙也；牙外曰郭，下曰縣刀，含括之口曰機。凡臂張弩與蹶張弩兩類。臂張弩，以手張之；《史記·李廣傳》：「廣身自以大黃射其裨將，殺數人。」服虔曰：「黃肩弩也。」此蓋臂張弩，漢世材官騎士習射御騎以馳戰，多用此弩；《漢書·匈奴傳·贊》：「文帝中年，赫然發憤，遂躬戎服，親御鞌馬，從六郡良家材力之士，騎射上林，講習戰陣。」騎射，且馳騎且射，臂張弩是也。蹶張弩，以足蹶之，戰國時韓弩時力、距來聞名，即此類也；《史記·蘇秦傳》：「韓卒超足而射。」索隱：「超足謂超騰用埶，蓋起足蹶之而射也。」正義：「超足，齊足也。夫欲放弩，皆坐，舉足踏弩，兩手引揍機，然始發之。」〈申屠嘉傳〉：「申屠嘉，梁人也，以材官蹶張，從高帝擊項羽，遷為隊率。」如淳曰：「材官之多力，能腳踏彊弩張之，故曰蹶張。律有蹶張之士。」《後漢書·光武紀》七年注引《漢官儀》云：「高祖命天下郡國選能引關蹶張材力武猛者，以為輕車騎士、材官、樓船。常以立秋後講肆課試。」引關蹶張，蓋力能臂張、足蹶弩者；悉為漢軍所推尚也，故漢將有強弩、積弩之名，如路德博為彊弩都尉，而《漢書·藝文志》「兵技巧」有彊弩將軍王圍《射法》。弓之與弩，其優劣乃在於弩之射距遠、穿透力強、又火力集中也。《史記·蘇秦傳》秦美韓弩曰：「皆射六百步之外，韓卒超足而射，百發不暇止，遠者括蔽洞胸，近者鏑弇心。」《竹簡孫臏兵法·

〔註29〕 同註4。
〔註30〕 《廣韻》：「古史考曰：黃帝作弩。」

威王問篇》曰：「勁弩趨發者，所以甘戰持久也。」張震澤注：「蓋勁弩趨發之士取人於百步之外，不必白刃相鬥，所以他們甘戰而不懼戰。」〔註31〕晁錯云：「材官騶發，矢道同的。」以上皆狀弩之特色也。而漢世弩又以連續發射為強，《漢書·李陵傳》：「陵軍步鬥樹木間，復殺數千人，因發連弩射單于，單于下走。」服虔曰：「三十弩共一弦也。」《居延漢簡》每云：「弩發十二矢」、「發十二矢」，〔註32〕陳槃曰：「謂以十二矢為一發。連續放十二矢。」〔註33〕漢世重之並研習其射法，《漢書·藝文志》收錄：《望遠連弩射法》十五篇，足見梗概也。綜言之，弩大勝於弓，而中國兵用弩，匈奴用弓，漢彊胡弱也。

（2）防備性武器——裝備武器：甲冑

甲冑乃防禦為目的之軍事裝備，戰士披甲戴冑，保護肢體免於敵方兵器傷害也，相傳為蚩尤或杼所造。〔註34〕漢匈戰爭中，胡漢所服甲冑之材料不同。

匈奴：皮甲

晁錯所謂「革笥」是也，孟康曰：「革笥，以皮作鎧者被之。……一曰：革笥若楯，木薦之以當人心。」顏師古曰：「一說非也。」是匈奴甲冑以皮革為之。楊泓《中國古兵器論叢》云：「最原始形態的甲冑，常常是用日常容易找到的材料製造的，例如藤木或皮革，……一般說來原始民族常用的護體裝備，往往是用皮革作原料。開始可能就是把整張的獸皮披裹在身上，後來在戰鬥活動中逐漸懂得把皮革加以裁製加工，使它更合身，更能有效地保護軀體的主要部位，于是出現了具有一定形制的整片的皮甲。……整片的皮甲穿用不便，為了增加防護效能，所以逐漸按照護衛的身體部位的不同，將皮革裁製成大小不同的革片，然後再聯綴成甲，……為了更加牢固，還把兩層或更多層的皮革合在一起，然後再用甲片編綴成整領的皮甲。從此開創了使用皮甲的歷史時期。」〔註35〕中國古代，殷商、西周，下至春秋、戰國，為皮甲時期。《國語·齊語》：「管子

〔註31〕 見張氏著《孫臏兵法校理》。

〔註32〕 如「甘露元年秋，以令射，發矢十二，中帶矢十。」（圖二一一，號三四、一三）「初元三年，以令秋射，發矢十二，中帶矢六。」（圖二九五，號四八五、五）「功令。第冊五候長士吏省試射，＝去埻帶弩力如發。弩發十二矢，中帶矢六為程。……」（圖一三一，號四五、二三）

〔註33〕 見陳氏著《漢簡賸義》。

〔註34〕 《尚書·費誓》正義引《世本》：「杼作甲。」杼，少康子。《管子·地數篇》則謂蚩尤所發明。

〔註35〕 見楊氏著《中國古兵器論叢》壹、中國古代的甲冑。

制重罪，贖以犀甲一戟。」〈越語〉：「夫差衣水犀之甲者，億有三千。」〈晉語〉：「唐叔射兕於徒林，殪，以為大甲。」《荀子‧議兵篇》：「楚人鮫革犀兕以為甲，鞈如金石。」足證皮甲為各國之通制也。其制先裁製甲片，然後編綴成整領皮甲，全甲由：身甲、甲裙、甲袖三部分組合，以利活動。西漢時期，中土亦間有用皮甲者，如《居延漢簡》之「革甲」：

> 革甲鞮瞀　衛（甲　1030）
>
> 革甲十五（甲　1033）
>
> 騂北亭卒東郡博平里皇隨來　有方一，三石承弩一，弩幨一，靳士
>
> 幡各一，革甲鞮瞀各一（甲　121）

然此類「革甲」，但作輔助裝備耳，蓋皮甲配合大楯、長短兵、弓矢，雖足以防禦銅兵攻擊，一旦武器日益精銳，尤其鐵兵出現，皮甲便無以抗衡。仲長統《昌言‧損益篇》云：「古者以兵車戰而甲無鐵札之製，今誠以革甲當強弩，亦必喪師亡國也。」皮甲之不足用，於此證明。

　　中國：鐵甲

　　殷商、西周、春秋、戰國為皮甲時期，雖然，亦出現青銅甲冑、鐵甲冑。〔註36〕《戰國策‧韓策》蘇秦說韓宣王，言韓國劍戟之屬，云：「當敵則斬甲盾鞮瞀鐵幕。」《史記‧蘇秦傳》作：「當敵則斬堅甲鐵幕。」司馬貞索隱引劉氏云：「謂以鐵為臂脛之衣，言其劍利，皆能斬之。」又《呂氏春秋‧貴卒篇》，趙攻中山，云：「中山之人多力者曰吾丘鳩，衣鐵甲操鐵杖以戰。」是戰國已有鐵甲。秦漢以後，鐵甲日多，《尚書‧費誓》：「善敹乃甲冑。」正義引《經典釋文》曰：「古之作甲用皮，秦漢以來用鐵。」西漢，鐵甲形制：除身甲護身外，護頸曰盆領或鍛鉀，護臂曰釬，護首之首鎧曰兜鍪。武帝以前，多使用大型札甲；武帝以後，發展精鍛細密之魚鱗甲，或稱「玄甲」，蓋以鐵色玄黑也，如：《史記‧衛將軍驃騎傳》：「驃騎將軍自四年軍後三年，元狩六年而卒。天子悼之，發屬國玄甲軍，陳自長安至茂陵。」正義：「玄甲，鐵甲也。」班固〈封燕然山銘〉：「玄甲耀日，朱旗絳天。」《居延漢簡》凡甲，多著「鐵」字，尤可證明。如：

〔註36〕民國23至24年，安陽侯家莊1004號墓，南墓道北口發現大量青銅冑。其他如：民國47年遼寧錦西烏金塘、民國45年昭盟赤峰市美麗河、民國56年遼寧昭烏達盟寧城縣南山根101號墓等。詳參楊泓《中國古兵器論叢》、三、殷周的青銅甲冑。

第十五隊長李嚴　鐵鞮瞀二中毋絮今已裝，鐵鎧二中毋絮今已
裝，……（甲　12：3　26）

　□鐵鎧□（甲　2287：520　26）

　□土隊長□宣，鐵鎧二口，鐵□□□……（3　7）

鐵鉏瞀若干，其若干幣絕可繼（49　26）

上爲胡漢武器之比較說明也。

（二）兵　種

漢制兵種凡三類：車騎、材官、樓船。《後漢書・光武紀》七年注引《漢
官儀》曰：「高祖命天下郡國選能引關蹶張材力武猛者，以爲輕車騎士、材官、
樓船。常以立秋講肄課試，各有員數。平地用車騎，山阻用材官，水泉用樓
船。」揆之史籍，三者蓋各隨地勢所宜而建置也。錢文子《補漢兵志》云：「大
抵金城、天水、隴西、安定、北地、河東、上黨、上郡多騎士；三河、潁川、
沛郡、淮陽、汝南、巴蜀多材官；河淮江南多樓船士。其興發量地遠近。」
三者性質如下：

1. 樓船：水軍也，習水戰。無常設之官，臨事封拜，其名不一，如路博德、
馬援爲伏波將軍，楊僕、段志爲樓船將軍，韓說、劉福爲橫海將軍等。〔註37〕
武帝征百粵、朝鮮多發之，如《漢書・嚴安傳》：「又使尉佗、屠睢，將樓船之
士攻越。」〈食貨志〉：「因南方樓船士二十餘萬人擊粵。」〈朝鮮傳〉：「天子募
罪人擊朝鮮。其秋，遣樓船將軍楊僕，從齊浮渤海，兵五萬。」

2. 材官：步兵也。《漢書・刑法志》云：「漢興，踵秦置材官於郡國。」
材官爲步卒，素無異說。唯考《漢書》注家則略紛歧。〈晁錯傳〉：「材官騶發。」
臣瓚：「材官，騎射之官也。」師古：「材官，有材力者。」〈高帝紀〉十一年：
「時乃發上郡、北地、隴西車騎，巴蜀材官及中尉卒三萬人爲皇太子衛，軍
霸上。」應劭：「材官，有材力者。」今人包遵彭乃依循臣瓚并引〈高帝紀〉
注張晏：「材官、騎士，習射御騎馳戰陣。」云：「材官與習射騎之官是一事。」
〔註38〕如此則材官與車騎同，其說非也。考漢世戰爭重射，凡車騎、材官、

〔註37〕路德博、馬援爲伏波將軍，見《史記・南越尉佗傳》，《漢書》〈武帝紀〉、〈南
　　　粵王傳〉、《後漢書》〈光武紀〉、〈馬援傳〉、〈南蠻傳〉。楊僕、段志爲樓船將
　　　軍，見《史記》〈南越尉佗傳〉、〈朝鮮傳〉，《漢書》〈武帝紀〉、〈南粵王傳〉、
　　　〈閩粵王傳〉，《後漢書》〈光武帝紀〉、〈馬援傳〉、〈南蠻傳〉。韓說、劉福爲
　　　橫海將軍，見《漢書》〈閩粵王傳〉、〈朱買臣傳〉。

〔註38〕見包氏著《漢代樓船考》壹、漢樓船軍制。

樓船具務引關蹶張以習射，故《漢舊儀》曰：「水家爲樓船，亦習戰射行船。」又材官、車騎多並肩合作，互輔相助，故材官、車騎常同時發兵，如惠帝七年發車騎、材官詣滎陽，景帝後二年發車騎、材官屯鴈門，武帝、王恢擊匈奴，伏兵車騎、材官三十萬匿馬邑旁谷中；注家乃合二類解其習射御騎馳戰陳，其實材官自是材官，騎士自是騎士，不得混爲一談也。

　　3. 車騎：車騎乃輕車騎士之省稱，武帝以前有騎士、有車士，武帝以後則用騎不用車，車淪爲屬車而非戰車。古中國原係用車乘，車體既笨重，駕御又困難，一字橫列，無法縱深攻戰與臨陳易形，戰國時代，車戰逐漸廢止，騎兵、步兵興起。趙武靈王胡服騎射，爲古籍最早記錄之騎兵組建實例，唯彼時騎兵仍屬萌芽，數量少，《史記·李牧傳》稱李牧居代、鴈門備匈奴，以戰車一千三百乘爲主，以騎兵一萬三千匹爲輔；騎兵所佔比例不過百分之八耳。〔註39〕《戰國策》，蘇秦言楚、趙「車千乘，騎萬匹」，燕「車七百乘，騎六千匹」；張儀言秦「車千乘，騎萬匹」；騎兵比例更少。秦始皇兵馬俑，騎兵俑與步兵俑、車兵俑著裝異，據湯泓考證：「主要還是以戰車兵和步兵爲主力的部隊。」〔註40〕楚漢之爭，騎兵日益壯大，部隊中乃有專司騎兵之將領，如騎將、騎千人將、騎都尉、騎長等，〔註41〕顧戰車與步兵總是衝鋒陷陣之主力也。《史記·夏侯嬰傳》載：夏侯嬰破李由，擊章邯，攻趙賁，進軍洛陽，戰藍田直至灞上，歷次戰役皆由於「以兵車趣攻戰疾」，而立功進爵。文帝十四年，匈奴大侵，〈匈奴傳〉稱：「以中尉周舍、郎中令張武爲將軍，發車千乘，騎十萬。」景帝三年，七國亂起，〈吳王濞傳〉稱：桓將軍云：「吳多步兵，步兵利險；漢多車騎，車騎利平地。」足證遲至景帝，漢軍車、騎並重。武帝撻伐匈奴，自元朔至元狩，騎士動輒數十萬計，乃從車騎並用轉成騎兵爲主力。〔註42〕

　　上三類兵種，其適用之地理與戰陳異，各有優劣。《漢官儀》所謂：「平地用車騎，山阻用材官，山泉用樓船。」以及桓將軍云：「步兵利險」、「車騎利平地」，可窺梗概。晁錯亦審知之，其所上疏曰：

　　　兵法曰：丈五之溝，漸車之水，山林積石，經川丘阜，中木所在，

〔註39〕　所謂「比例不過百分之八」，據楊泓《中國古代兵器論叢》參、騎兵和甲騎具裝。

〔註40〕　同註39。

〔註41〕　參見《史記》〈灌嬰傳〉、〈靳歙傳〉、〈傅寬傳〉等。

〔註42〕　如元朔六年大將軍衛青將軍十餘萬出定襄，元狩四年大將軍衛青將四將軍出定襄，將軍霍去病出代，粟馬，發十萬騎，私負從馬凡十四萬匹。

> 此步兵之地，車騎二不當一；土丘山陵，曼衍相屬，平原廣野，此
> 車騎之地，步兵十不當一。

匈奴地無大河川，抗匈毋發樓船，但用車騎、材官。然車騎仰給壯馬、騎士，材官端賴材力武勇，盱衡漢匈實力，則「上下山阪，出入溪澗，中國之馬弗與也。險道傾仄，且馳且射，中國之騎弗與也。風雨罷勞，飢渴不困，中國之人弗與也。此匈奴之長技也。」此正匈奴所長而中國所短也。綜觀之，以兵種言，漢負胡勝，中國所以大挫於匈奴者在此。

二、應對方略

針對以上之考覈結果，晁錯主張抗匈務致力於下列諸事項：

（一）擇將練卒備器

夫兵者大事，死生繫焉。得主剸制、決疑指揮者，將帥之權也，《六韜‧虎韜‧立將篇》曰：「軍中之事，不聞君命，皆由將出。」故將不可不慎擇。至於衝鋒陷陣、致其死力者，士卒之事也；而所恃以殺敵者則器械，《六韜‧虎韜‧軍略篇》曰：「凡帥師將眾，慮不先設，器械不備，教不素信，士卒不習，若此，不可以為王者之兵也。」故士卒不可不練，器械不可不備，而練卒在素習，備器在素完，悉講於平時也。故晁錯力主擇將練卒備器，其疏曰：

> 臣聞漢興以來，胡虜數入邊地，小入則小利，大入則大利；高后時再
> 入隴西，攻城屠邑，毆略畜產，其後復入隴西，殺吏卒，大寇盜。竊
> 聞戰勝之威，民氣百倍，敗兵之卒，沒世不復。自高后以來，隴西三
> 困於匈奴矣，民氣破傷，亡有勝意。今茲隴西之吏，賴社稷之靈，奉
> 陛下之明詔，和輯士卒，底屬其節，起破傷之民以當乘勝之匈奴，用
> 少擊眾，殺一王、敗其眾而大有利。非隴西之民有勇怯，乃將吏之制
> 巧拙異也。故兵法曰：「有必勝之將，無必勝之民。」繇此觀之，安
> 邊境，立功名，在於良將，不可不擇也，……士不選練，卒不服習，
> 起居不精，動靜不集，趨利弗及，避難不畢，前擊後解，與金鼓之指
> 相失，此不習勒卒之過也，百不當一。兵不完利，與空手同；甲不堅
> 密，與袒裼同；弩不可以及遠，與短兵同；射不能中，與亡矢同；中
> 不能入，與亡鏃同；此將不省兵之禍也，五不當一。故兵法曰：「器
> 械不利，以其卒予敵也；卒不可用，以其將予敵也；將不知兵，以其

主予敵也；君不擇將，以其國予敵也。」四者，兵之至要也。

（二）蕃養戎馬

匈奴畜多馬、牛、羊，士力能彎弓盡騎馬戰鬥，以騎兵馳騁丘陵險阻，中國騎、馬俱不敵也，故發展騎兵兵種與蕃息戎馬，乃成為漢室當務之急焉。

漢初，軍需困窘，馬匹缺少，稽諸史乘，始楚漢相拒已然。高帝四年下令民間出算賦，治兵戎車馬，並延胡騎以為奧援。〈高帝紀〉四年：「八月，初為算賦，北貉、燕人來致梟騎助漢。」如淳曰：「漢儀注：民年十五以上至五十六出賦錢，人百二十為一算，為治庫兵車馬。」昌彼得云：

> 以百二十錢為一算是武帝時的制度，漢初的數目，也許略有不同，
> 不過漢儀注所說這項稅收是供給軍事的經費，大概沒有什麼改變，
> 算賦與兵役一樣，是漢代人民對於國防的一種義務。〔註43〕

雖然，《漢書‧食貨志》曰：「天下既定，民亡蓋臧，自天子不能具醇駟，而將相或乘牛車。」平城之役，冒頓控弦三十萬皆乘肥壯為騎，而中國乃多步卒，〈匈奴傳〉曰：

> 漢兵逐擊冒頓，冒頓匿其精兵，見其羸弱，於是漢悉兵，多步兵，
> 三十二萬，北逐之。高帝先至平城，步兵未盡到，冒頓縱精兵三十
> 餘萬騎圍高祖於白登，七日，漢兵中外不得相救餉。

漢多步卒少騎士，厥因蓋軍馬尠也。

考漢制，養馬官隸屬太僕，《漢書‧百官公卿表》：「太僕，秦官，掌輿馬，有兩丞，屬官有大廄、未央、家馬三令，各五丞一尉，又車府、路軨、騎馬、駿馬四令丞，又龍馬、閑駒、橐泉、騊駼、承華五監長丞，又邊郡六牧六師苑令，各三丞，又牧橐、昆蹏令丞皆屬焉。」唯其中多後世制度，如邊郡六牧即始造於景帝也。〈貢禹傳〉：元帝即位，禹奏言：「至高祖、孝文、孝景皇帝，循古節儉，宮女不過十餘，廄馬百餘匹。」漢初天子用馬省，固是節儉，用度不足，馬匹不蕃，當亦主因也。故文帝二年十一月下詔：「太僕見馬遺財足，餘皆以給傳置。」師古曰：「遺，留也。財與纔同。纔，少也。太僕見在之馬今當減，留纔足充事而已。」〔註44〕漢世，京師與郡國以及郡國之間，皆置驛傳，驛以通郵書，傳以發車乘，《漢書‧高帝紀》如淳注引《漢律》：「四馬高足為置傳，四馬中足為馳傳，四馬下足為乘傳，一馬二馬軺傳，急者乘

〔註43〕見昌氏著《西漢的馬政》。
〔註44〕見《漢書‧文帝紀》。

一乘傳。」師古曰：「傳者若今之驛，古者以車，謂之傳車。其後又單置馬，謂之驛騎。」《續漢書・輿服志》云：漢世驛騎率三十里一置；《初學記》引《漢舊儀》云：驛三騎行日夜千里爲程。今省天子私用馬，以給國家傳驛，文帝時馬少，是又一證也。

馬少，不足抗胡，故晁錯有蕃馬之建言。唯此不見於本傳三奏，而收錄於〈食貨志〉，文帝時，晁錯說上曰：

今令民有車騎馬一匹者，復卒三人。車騎者，天下武備也，故爲復卒。

其法：民有輸私戎馬一匹於官者，復卒三人也。復卒三人者，如淳：「復三卒之算錢也。或曰：除三夫不作甲卒也。」師古：「當爲卒者，免其三人；不爲卒者，復其錢耳。」師古說是，謂：輸馬之家有當服兵役者可抵免三人，若無，則抵免算賦，算賦即高祖四年頒訂之民十五齡至五十六齡年出一算治庫兵車馬者。其抵免者重，足徵車騎馬少而價高，此漢代文書所見正式呼籲重視馬政之肇端也。

文帝有否從議復卒輸馬，〈食貨志〉未詳，顧自是以後漢帝重視馬政。〈食貨志〉於晁錯上疏後，繼曰：景帝時「其後，上郡以西旱，復修賣爵令，而裁其賈以招民及徒復作，得輸粟於縣官以除罪，始造苑馬以廣用，宮室列館車馬益增修矣。」據《漢儀注》，時天下諸苑共三十六所，分布北邊、西邊，以郎爲苑監，官奴婢三萬人，養馬三十萬匹，於太僕下特置牧師苑令六，以綜理苑馬政事。〔註45〕入粟拜爵、輸粟除罪等皆發議於晁錯，則造苑馬宜亦遠承晁錯建言而興作也。晁錯既殺，景帝中四年以御史大夫衛綰議，令：「馬高五尺九寸以上，齒未平，不得出關。」〔註46〕以免壯馬販運出關齎敵。至武帝，已眾庶街巷群馬充斥，阡陌之間成群，民皆乘肥壯父馬，牸牝者恥不會聚；馬壯而量富，成爲武帝北伐匈奴之主要憑藉也。

（三）以夷制夷

晁錯以夷制夷策略，蓋主於結外援、發降胡，利用胡人優良騎兵與中國車騎步兵配合，各用其長技，以增強邊防力量也。晁錯上疏曰：

臣又聞小大異形，彊弱異勢，險易異備。夫卑身以事彊，小國之形也；合小以攻大，敵國之形也；以蠻夷攻蠻夷，中國之形也。……
今降胡義渠蠻夷之屬來歸誼者，其眾數千，飲食長技與匈奴同，可

〔註45〕 見《漢書・景帝紀》注如淳引《漢儀注》。
〔註46〕 見《漢書・景帝紀》。

賜之堅甲絮衣、勁弓利矢，益以邊郡之良騎。今明將能知其習俗、和輯其心者，以陛下明約將之，即有險阻，以此當之，平地通道，則以輕車材官制之，兩軍相爲表裡，各用其長技，衡加之以眾，此萬全之策也。

夫匈奴之三長技：馬、騎、人，中國軍馬不與敵；匈奴之地形：山阪、傾仄、莽原，中國地形不與同；以中國攻匈奴，恐有不克之虞。今義渠之屬歸附，義渠，《墨子·節葬》下、《列子·湯問》作「儀渠」。《史記·匈奴傳》云：「秦穆公得由余，西戎八國服於秦，故自隴以西有綿諸、緄戎、翟獂之戎；岐、梁山、涇、漆之北有義渠、大荔、烏氏、朐衍之戎。」索隱：「今在北地郡。」據陳槃考證：今甘肅寧縣有義渠城，慶陽、寧、正寧、合水、環等縣並其地也。〔註47〕周成王時來朝貢，秦惠文王後十年伐取義渠徒涇二十五城，昭王三十五年滅義渠，置隴西、北地、上郡。至是，其餘眾來降。賈誼《新書·匈奴篇》亦云：「建隆、義渠、東胡諸國又頗來降。」義渠諸戎與匈奴具西北境蠻夷也，其經濟生活、文化習俗大氐近似，飲食長技相當，蓋亦引弓馬上之民族也，以夷狄之長技制夷，適彌補中國之短也。

《漢書·刑法志》：「武帝平百粵，內增七校。」七校尉，據〈百官公卿表〉爲：

中壘校尉，掌北軍壘門外，外掌西域。

屯騎校尉，掌騎士。

步兵校尉，掌上林苑門屯兵。

越騎校尉，掌越騎。

長水校尉，掌長水宣曲胡騎。

胡騎校尉，掌池陽胡騎。

射聲校尉，掌待詔射聲士。

虎賁校尉，掌輕車。

凡八校尉，中壘校尉掌北軍壘門，又掌西域，不領兵，故但云七校尉。其間越騎、長水、胡騎三校，皆由編制外籍蠻夷成軍者。越騎乃越人內附以爲騎也；長水，胡名；宣曲，胡騎所屯觀名；池陽胡騎，胡騎屯池陽。此外，又有屬國騎，〈張騫傳〉：「武帝遣趙破奴將屬國騎及郡兵數萬擊胡。」〈李廣利傳〉：「太初元年，發屬國六千騎，期至貳師取善馬。」屬國騎與胡騎性質相

類，唯臨時徵調，與七校之爲募致者不同耳。錢穆《秦漢史》謂以上制度蓋皆啓自晁錯也。〔註48〕

晁錯上書言兵事，《資治通鑑》繫諸文帝十一年，而至遲在文帝前三年已有「蠻夷葆塞」。《史記·匈奴傳》曰：

> 至孝文帝初立，復修和親之事，其三年五月，匈奴右賢王入居河南
> 地，侵盜上郡葆塞蠻夷，殺略人民。

「葆塞」，《漢書·匈奴傳》作「保塞」，亦即守塞，以外族蠻夷爲漢守塞。此或晁錯「以蠻夷攻蠻夷」之雛型，唯「葆塞蠻夷」重於防守，非重於發揮蠻夷長處以當險阻，此其不同一也。又匈奴入寇，目標在漢人，一旦事危，而匈奴曉葆塞蠻夷以利害，必瓦解士氣沮其死命之志，甚而內叛外附，裡應外合，則其爲害大過單純之匈奴寇擾，此「葆塞蠻夷」之弊；今晁錯則以漢將統理，並其屬隸於中國正規部隊，凡戰，以輕車材官攻平地，以降胡益以邊郡良騎攻險峻，所謂「兩軍相爲表裡」是也，此其不同二也。

（四）徙民實邊

朱健子《古今治平》卷五〈屯田篇〉云：「漢文帝募民耕塞下，於是始有屯田之說；自武帝屯車師、渠犁，於是始有屯田之名。」文帝募民徙塞下，即從晁錯徙民實邊議也。蓋晁錯鑒於漢初「更戍制」流弊叢生，不足備胡，乃二度上疏倡議「徙民實邊」，其第一疏重勸募，第二疏重組訓，文帝從之，遂開國史農兼軍之民屯。〔註49〕

案漢代丁男兵、繇役共三類：

（1）正卒：此項爲兵役，每人一生服役一年，按地域性質，車士、騎士
　　　（即車騎）、材官、樓船。其後，凡遇軍事臨時徵調，自二十三起
　　　至五十六免。

（2）戍卒：此項爲兵役，每人一生服役一年，有二：一種屯戍京師，曰
　　　衛士；一種屯戍邊郡，曰戍卒，其或不欲往者，可按月三百錢雇人
　　　替代。其後，凡遇軍事臨時徵調，自二十三起至五十六免。

〔註48〕詳參錢氏著《秦漢史》第二章。
〔註49〕曾謇《秦漢的水利灌溉與屯田墾》：「兩漢的屯田，起於漢武時的開邊。」萬
　　　國鼎《中國田制史》：「勒兵而守曰屯，故兵耕曰屯。」以上具以軍屯爲屯田，
　　　而謂屯田始於漢武帝。管東貫《漢代的屯田與開邊》，則以爲屯田概分兩類：
　　　軍屯、民屯。軍屯始武帝，民屯始晁錯。茲從管氏說。

（3）更卒：此項爲繇役，每人每年對郡縣服務工作一月，其服務年齡與
　　　　正、戍卒同。其或不欲往者，亦交納三百錢作爲本年郡縣代雇費用。
上三類，戍卒防守邊陲，凡內郡戍卒一生戍邊一次，期限一年，期滿而更，
故曰「更戍」制。更戍制度弊多，最大者厥有兩項：

（1）不熟習環境：「更戍制」之特色乃「一歲而更」。唯一歲爲期苦短，
而塞北環境特殊，胡騎戰技不同，內郡戍卒初抵邊塞，須耗費時日始克適應
瞭解，朞年之期實未足熟習一切，縱便熟習則更戍庶幾已屆。如是生手，自
無法應對強勁快捷、出沒無常之匈奴。

（2）糧食運費龐大：塞北開發較遲，人口稀少，交通不便，故糧餉軍需
率由內郡供給，非僅轉輸費時費力，而且所費不貲。勞榦曾據漢簡，證明漢
郡縣無養兵之勞，而邊塞則仰衣食於公家。〔註50〕管東貫則據《史記・主父
偃傳》，偃稱始皇命蒙恬北伐匈奴，「使天下蜚輓粟，起於東睡、琅邪負海之
郡，轉輸北河，率三十鍾而致一石」，推算轉輸實際效果僅得一百九十二分之
一，若百萬人防邊，則耗內郡糧食一億九千二百萬人份。〔註51〕用此觀之，
邊郡戍守對內郡言，在政治雖是保障，在經濟則是煩費。由於此緣故，邊塞
自無法維持大批軍隊。

邊塞既不能長期駐紮大軍，而戍卒復多生手，一旦胡寇人眾，邊防軍難
以自衛，轉向內地請援，逮朝廷命將發兵，兼程奔赴，往往遠水近火，無濟
於事矣。《史記・匈奴傳》：「軍臣單于立四歲，匈奴復絕和親，大入上郡、雲
中各三萬騎，所殺略甚眾而去。於是漢使三將軍軍屯北地，代屯句注，趙屯
飛狐口，緣邊亦各堅守以備胡寇。又置三將軍，軍長安西細柳、渭北棘門、
霸上以備胡。胡騎入代句注邊，烽火通於甘泉、長安。數月，漢兵至邊，匈
奴亦去遠塞，漢兵亦罷。」此段翔實逼眞。勞苦往返，力竭而無功，徒呼負
負！晁錯所以倡議徙民實邊，即亟欲針砭以上諸弊，俾有效抗胡。疏曰：

> 胡人衣食之業不著於地，其勢易以擾亂邊境。何以明之？胡人食肉
> 飲酪，衣皮毛，非有城郭田宅之歸居，如飛鳥走獸於廣野，美草甘
> 水則止，草盡水竭則移。以是觀之，往來轉徙，時至時去，此胡人
> 之生業，而中國之所以離南畮也。今使胡人數處轉牧行獵於塞下，
> 或當燕、代，或當上郡、北地、隴西，以候備塞之卒，卒少則入。

〔註50〕見勞氏著《漢代兵制及漢簡中的兵制》。
〔註51〕見管氏著《漢代的屯田與開邊》。

陛下不救，則邊民絕望而有降敵之心，救之，少發則不足，多發，
遠縣纔至，則胡又已去。聚而不罷，為費甚大；罷之，則胡復入。
如此連年，則中國貧苦而民不安矣。陛下幸憂邊境，遣將吏發卒以
治塞，甚大惠也。然令遠方之卒守塞，一歲而更，不知胡人之能，
不如選常居者，家室田作，且以備之。

晁錯徙民實邊為屯田之先聲。屯田者，屯謂駐戍，田謂耕種。簡言之，
即兼軍事駐戍與耕種生產為一體，邊戍邊耕、邊耕邊戍也。考諸史實，屯田
厥分：（1）農兼軍之「民屯」（邊耕邊戍）；（2）軍兼農之「軍屯」（邊戍邊耕）
兩類。管東貫釋曰：

「屯田」實兼含軍事與生產兩項要素。……這一新的制度是在軍隊
專業化的情形下，為解決邊疆軍事活動中糧食供應的問題而產生。
從它的原始立意上去看，「屯田」乃是「於邊疆地區，將軍事任務與
生產任務，在組織上結合為一體，以適合邊疆軍事活動的需要的一
種辦法」。不過，由於屯田者的身份可以有所不同，所以屯田又可以
分為農兼軍的「民屯」與兵營田的「軍屯」兩種。民屯就是對移居
邊疆的人民，除使其能生產自給外，平時亦予組織，授以戰法，以
備寇敵。軍屯就是使戍守邊疆的軍隊，就地生產，以減少對後方供
應的依賴。屯田之有這兩種方式，乃是方法運用上的差別，目的則
仍相同，都是為了適合邊疆軍事活動的需要。〔註52〕

晁錯之屯屬「民屯」，故其策略：首先「募民徙塞下」，使從事農業生活；其
次「組訓徙民」，使擔負軍事駐戍。茲分述如後：

1、募民徙塞下

錯疏曰：

乃募辠人及免徒復作令居之；不足，募以丁奴婢贖辠及輸奴婢欲以
拜爵者；不足，乃募民之欲往者。

如是，所募徙之民依次為：

（1）罪犯：辠人及免徒復作。
（2）奴婢：以丁奴婢贖辠及輸奴婢欲以拜爵者。
（3）貧民：民之欲往者。（第二疏：貧民相募而勸往。）

〔註52〕 同註51。

上三類，具民之低賤者也。

「免徒復作」，張晏曰：「募民有罪自首，除罪定輸作者也，復作如徒也。」臣瓚曰：「募有罪者及罪人遇赦復作竟日月者，今皆除其罰，令居之也。」顏師古曰：「瓚說是也。」今人邢義田以爲若臣瓚、師古不誤，則免徒頗類漢文獻暨簡牘之「弛刑徒」或「施刑」。〔註53〕考《漢書・宣帝紀》：「西羌反，發三輔、中都官徒弛刑，……詣金城。」李奇曰：「弛，廢也。謂若今徒解鉗鈦赭衣，置任輸作也。」師古曰：「若今徒囚但不枷鎖而責保散役之耳。」《後漢書・光武帝紀》：「將衆部、施刑屯北邊。」李賢注：「施讀曰弛，解也。謂有赦令，去其鉗鈦赭衣，謂之弛刑。」案鉗，以鐵束頸；鈦，以鉗踏腳；赭衣，赤色衣服，罪人所服。弛刑徒、施刑蓋可免除鉗、鈦、赭衣三者。復作者，《漢書・宣帝紀》：「使女徒復作淮陽趙徵卿、渭城胡組更乳養。」李奇曰：「復作者，女徒也。謂輕罪，男子守邊一歲，女子軟弱不任守，復令作於官，亦一歲，故謂之復作。」孟康曰：「復音服。謂弛刑徒也，有赦令詔書去其鉗鈦赭衣。更犯事，不從徒加，與民爲例，故當復爲官作，滿其本罪年月日，律名爲復作也。」師古曰：「孟說是也。」孟康、顏師古蓋謂復作即弛刑徒、施刑，則復作與免徒無別，何勞兩舉？其實，免徒復作悉去鉗鈦赭衣，唯免徒爲男性，復作乃女性。沈家本《漢律摭遺》辨之曰：「按復作乃女徒一歲之名，非弛刑徒也。弛刑徒亦曰復作，則指男子言，是否專屬於一歲刑抑一歲以上，亦賕之傳無明文。孟康云：『有赦令去其鉗鈦赭衣』，然神爵元年、建武十二年並無赦令，特徵發徒囚以充役，故予以弛刑耳，其所發不必盡爲一歲刑者，即一歲以上亦在其中。然則此項復作初非正刑，乃徵發中變通辦法，有徒名無刑名。」〔註54〕綜括言之，「皐人及免徒復作」，皆罪犯是也。

其第二類：「以丁奴婢贖皐及輸奴婢欲以拜爵者」，率指私奴婢也。漢世盛畜奴，上自天子下至中產民家莫不然，除官奴婢外，編戶如卓氏僮仟人、折國家僮八百人、袁廣漢八九百人、郭珍侍俾數仟人等，〔註55〕其豪侈殆與貴胄公卿相侔。私奴婢可自由買賣贈送、驅使勞役，亦可入官贖罪買爵。惠帝元年：「民有罪得買爵三十級，以免死罪。」應劭曰：「一級直錢二千，凡

〔註53〕見刑氏著《秦漢史論稿》十、從安土重遷論秦漢時代的徙民與邊刑。
〔註54〕見沈氏著《漢律摭遺》卷九〈具律〉一。
〔註55〕卓氏，見《史記・貨殖傳》。折國，見《後漢書・方術傳》。袁廣漢，見《西京雜記》。郭珍，見《太平御覽》卷四七一。

爲六萬。」是漢代可出錢買爵、贖罪之明證也,而奴婢有值,如:

> 前漢董永,……父亡無以葬,乃從人貸錢一萬,永謂錢主曰:後若
> 無錢還君,當以身爲奴。(《太平御覽》卷四二引劉向《孝子圖》)

> 南陽龐儉,……鑿井,得錢千餘萬。行求老蒼頭,使主牛馬耕種,
> 直錢二萬。(《太平御覽》卷五〇〇引《風俗通》)

> 候長糜得廣昌里,小奴二人直三萬,……大婢一人直二萬,……(《居
> 延簡》37‧35)

> 神爵三年正月十五日,資中男子王子淵從成都安志里女子楊惠,買
> (亡)夫時戶下髯奴便了,決價萬五千。(《古文苑》王褒〈僮約〉)

蓋僮奴約得一萬五千,老奴一萬五千至二萬,丁婢二萬,至於董永乃自賤價
求貸,不得爲常數,丁奴當較丁婢爲高。若以丁婢二萬計,其欲以六萬買爵
免死罪者,可輸縣官丁婢三人,他皆倣此。

　　徙民實邊,不徙郡國富人豪桀,而徙賤者,蓋緣於黎民之性,安土重遷;
人情所願,骨肉相附。棄先祖墳墓,則人懷見慕之心,家有不安之意,故古人
仕宦離鄉,致仕之時,例乞骸骨,以便還歸故里,其或不能,亦求死而歸葬。
王符《潛夫論‧實邊篇》云:「安土重遷,戀慕墳墓,賢不肖之所同也。民之於
徙,甚於伏法。」故無罪而強徙,必速民怨,天下將爲之動盪。武帝元狩元年
淮南王安謀反,苦無不安情勢可資利用,伍被獻計曰:「當今諸侯無異心,百姓
無怨氣,朔方之郡土地廣美,民徙者不足以實其地。可爲丞相、御史請書,皆
徙其家屬朔方之郡。……如此則民怨,……黨可以徼幸。」〔註56〕足以說明之。
職是之故,秦代徙邊多發罪人,名曰:「謫戍」、「以謫遣戍」、「以謫實邊」。《史
記‧秦始皇本紀》:「三十三年,發諸嘗逋亡人、贅壻、賈人略取陸梁地,爲桂
林、象郡、南海,以適遣戍。西北斥逐匈奴,自榆中並河以東,屬之陰山,以
爲四十四縣,城河上塞。又使蒙恬渡河取高闕、陽山、北假中,築亭障以逐戎
人。徙謫,實之初縣。」晁錯徙民實邊實即陰紹秦制,去其大病,而自有創發
也。晁錯曰:

> 臣聞秦時北攻胡貉,築塞河上,南攻楊粵,置戍卒焉。其起兵而攻
> 胡、粵者,非以衛邊地而救民死也,貪戾而欲廣大也,故功未立而
> 天下亂。且夫起兵而不知勢,戰則爲人禽,屯則卒積死。夫胡貉之

〔註56〕見《漢書‧蒯伍江息夫傳》。

地，積陰之處也，木皮三寸，冰厚六尺，食肉而飲酪，其人密理，
鳥獸毳毛，其性能寒。楊粵之地少陰多陽，其人疏理，鳥獸希毛，
其性能暑。秦之戍卒不能其水土，戍者死於邊，輸者償於道。秦民
見行，如往棄市，因以謫發之，名曰「謫戍」。先發吏有謫及贅壻、
賈人，後以嘗有市籍者，又後以大父母、父母嘗有市籍者，後入閭，
取其左。發之不順，行者深怨，有背畔之心。凡民守戰至死而不降
北者，以計爲之也。故戰勝守固則有拜爵之賞，攻城屠邑則得其財
鹵以富家室，故能使其眾蒙矢石，赴湯火，視死如生。今秦之發卒
也，有萬死之害，而亡銖兩之報，死事之後不得一算之復，天下明
知禍烈及己也。陳勝行戍，至於大澤，爲天下先倡，天下從之如流
水者，秦以威劫而行之之敝也。

秦強罪人戍邊，往戍者不習風俗，不便水土，類多慘死，罕得生還，故「秦
民見行，如往棄市」，秦罪人拼萬死之害，而秦政府竟無所恤勉報酬，此秦「謫
戍」失敗之主因也。有鑒於斯，晁錯易「威劫」爲「勸募」，並擴大徙民範圍。

「勸募」徙民，戰國以來有之，唯所徙之地多處中土而非南北荒徼，所
徙民有罪犯而不限罪犯。晁錯以前見諸載記者，如：

《史記·秦紀》

（昭襄王）二十一年，錯攻河內，魏獻安邑，秦出其人，募徙河東，
賜爵，赦罪人遷之。

（昭襄王）二十六年，赦罪人遷之。

（昭襄王）二十七年，錯攻楚，赦罪人，遷之南陽。

（昭襄王）二十八年，大良造白起攻楚，取鄢、鄧，赦罪人遷之。

（昭襄王）三十四年，秦與魏、韓上庸地爲一郡，南陽免臣遷居之。

《史記·秦始皇紀》

（二十八年）南登琅邪，大樂之，留三月，乃徙黔首三萬戶琅邪台
下，復十二歲。

（三十五年）因徙三萬家麗邑，五萬家雲陽，皆復不事十年。

（三十六年）遷北河、榆中三萬家，拜爵一級。

《漢書·高祖紀》

（九年）十一月，徙齊、楚大族：昭氏、屈氏、景氏、懷氏、田氏
五姓關中，與利田宅。

（十一年）令豐人徙關中者，皆復終身。

綜歸而言，晁錯以前，勸募方法厥有：（1）赦罪；（2）賜爵；（3）免徭役（復）；（4）與利田宅。晁錯募民則名目大增，條件亦至極優渥也。其第一疏曰：

> 以便爲之高城深塹，具藺石，布渠答，復爲一城其內，城間百五十步，要害之處，通川之道，調立城邑，毋下千家，爲中周虎落。先爲室屋，具田器。乃募辠人及免徒復作令居之；不足，募以丁奴婢贖辠及輸奴婢欲以拜爵者；不足，乃募民之欲往者。皆賜高爵，復其家。予冬夏衣，廩食，能自給而已。郡縣之民得買其爵，以自增至卿。其亡夫若妻者，縣官買予之，人情非有匹敵，不能久安其處。塞下之民，祿利不厚，不可使久居危難之地，胡人入驅而能止其所驅者，以其半予之，縣官爲贖其民。如是，則邑里相救助，赴胡不避死，非以德上也，欲全親戚而利其財也。

其第二疏曰：

> 陛下幸募民相徙以實塞下，使屯戍之事益省，輸將之費益寡，甚大惠也。下吏誠能稱惠厚，奉明法，存卹所徙之老弱，善遇其壯士，和輯其心而勿侵刻，使先至者安樂而不思故鄉，則貧民相募而勸往矣。臣聞古之徙遠方以實廣虛也，相其陰陽之和，嘗其水泉之味，審其土地之宜，觀其中木之饒，然後營邑立城，製里割宅，通田作之道，正阡陌之界，先爲築室，家有一堂二內，門戶之閉，置器物焉，民至有所居，作有所用，此民所以輕去故鄉而勸之新邑也。爲置醫巫，以救疾病，以脩祭祀，男女有昏，生死相卹，墳墓相從，種樹畜長，室屋完安，此所以使民樂其處而有長居之心也。

邢義田謂：晁錯之舉措，不僅在促使百姓樂易遷徙，更在使既遷徙之後意願久居；簡言之，第一步爲促民樂易遷徙，必須遷徙者「至有所居，作有所用」；第二步爲達久居目的，必須安排遷徙者原本慣習之聚落生活。〔註57〕邢氏之言甚是。茲考晁錯募民方法，除卻：（1）赦罪；（2）賜爵；（3）免徭役；（4）予利田宅外。主要尚有下列諸項目：

（1）事先築城修路，爲作防禦工事。

（2）事先考查地理，選擇適宜農耕處，爲築民宅，給家具、作器。宅：一廳二房。並規畫里居、田界。

〔註57〕 同註53。

（3）供給衣食，至屯墾自給為止。

（4）無夫無妻者，政府代辦婚姻。

（5）政府設置醫療單位，診治疾病者。

（6）政府延置神巫，依習俗舉行祭祀典禮。

（7）殺胡驅敵者，可得所虜獲匈奴財物之半。

（8）中國邊民為匈奴所虜掠者，由政府代為交涉贖歸。

其勸募條件之優厚誘人，於焉覘知矣。

2、組訓徙民

屯田之作用，乃軍事與生產並重。遷徙之民除從事農耕，更須編組之，教授以戰技，以備禦胡寇也。晁錯組訓之法為：

> 臣又聞古之制邊縣以備敵也，使五家為伍，伍有長；十長一里，里有假士；四里一連，連有假五百；十連一邑，邑有假侯；皆擇其邑之賢材有護，習地形、知民心者，居則習民於射法，出則教民於應敵。故卒伍成於內，則軍正定於外。服習以成，勿令遷徙，幼則同游，長則共事。夜戰聲相知，則足以相救；晝戰目相見，則足以相識；驩愛之心，足以相死。如此而勸以厚賞，威以重罰，則前死不還踵矣。所徙之民非壯有材力，但費衣食，不可用也；雖有材力，不得良吏，猶亡功也。

究其要旨，厥為「兵農合一」也。凡有戰役起士卒，皆屯耕之農；將官不另置，悉平素之長吏。其法：以家為單位，五家為一伍，置伍長一人；五十家一里，置假士一人；二百家一連，置假五百一人；二千家一邑，置假侯一人；其數以五、四為比。表解如後：

家　　數	1	5	50	200	2000
比　　數	1	5×1	5×2	4	5×2
名　　稱	家	伍	里	連	邑
吏　　將		伍長	假士	假五百	假侯

伍、里、連、邑為戶政單位，亦為軍旅編製；伍長、假士、假五百、假侯為行政長吏，亦為軍事將官。無事，督民耕種；農隙，教民騎射；寇擾，則率民戰鬥。徙民既遷入，「勿令遷徙」，令其占著邊縣，納入編戶，組成什伍，男女長幼同里而居，相知相識，足以相救死。至於伍長、假士、假五百、

假侯，其條件爲：（1）必本邑之人；（2）必素習知地理、民心；（3）必具備賢才、有保護能力。如此，吏良民勸，然後申其信賞必罰之教訓，屯戍之大效可致也。

總而言之，晁錯「徙民實邊」計劃周詳，影響有漢及後世屯田制度孔鉅。其構思雖前承嬴秦「謫戍」暨歷代募徙方案，然自有創發也。尤其與始皇「謫戍」相較，辦法既殊，效果亦異：謫戍雖亦有鞏固邊防之寓義，唯威以嚴刑峻法，強罪犯徙邊，形同流放；晁錯則改強逼爲勸募，赦罪復身，設置優厚獎勵條件，誘貧賤者忻慕趨赴，此其一也。又秦對所徙之謫缺乏組訓計劃，以不教民戰；晁錯則特加強組訓，此其二也。故謫戍尚能發揮邊防作用者，僅繫於謫徙者個人禦敵以求自存之本能耳，待罪之身，心理與募民迥別，其於邊疆既無久居之計，復無戀土之心，一旦適逢機會，便逃離他去，蒙恬徙謫所實河南地四十四縣，蒙恬卒，中國擾亂，所徙謫戍皆逃去，旋爲匈奴奪佔，〔註58〕即其明證也。晁錯不然，戍守寓於務農，以「地著」爲本，始則使民「輕去故鄉而勸之新邑」，終則使民「樂其處而有長居之心」，更建言編民爲伍旅，素習武備，塞下徙民莫不視邊邑爲故里，父子相保，自衛奮戰，故可利施久遠，與秦謫戍之怨懟，相去千萬里矣。

第四節　賈誼晁錯邊防政論思想比較

就以上所述觀之，賈誼之邊防政論重德化，其說多本諸儒家思想；晁錯之邊防政論重實務，其法多衍承法家餘緒。

雖然，賈誼三表固爲德化，五餌則是利誘，非僅止於此而已，晁錯之「以夷制夷」者，《新書》亦見，〈匈奴篇〉曰：

> 將必以匈奴之眾，爲漢臣制之，令千家而爲一國，列處之塞外，自隴西延至遼東，各有分地以衛邊，使備月氏、灌窳之變，皆屬之其置郡，然後罷戎（戍）休邊，民（泯）天下之兵。

〔註58〕 《史記‧秦始皇紀》：「西北斥逐匈奴，自榆中並河以東，屬之陰山，以爲三十四縣，城河上爲塞，又使蒙恬渡河，取高闕、陶山、北假中，築亭障以逐戎人，徙適實之初縣。」又〈匈奴傳〉：「十餘年而蒙恬死，諸侯畔秦，中國擾亂，諸秦所徙適戍邊者皆復去，於是匈奴得寬，稍復度河南，與中國界於故塞。」

灌窳即渾窳、渾庾。〔註59〕月氏、灌窳，具西域國名，文帝時臣服於匈奴，爲害中國，賈誼蓋欲以匈奴降眾，千戶編爲一單位，直隸漢室統轄，以北禦匈奴及匈奴屬國，此亦「以夷制夷」策略也。斯則賈誼重德化而非專主德化也。第賈誼之策略雖多方，總以務德爲第一，五餌三表統名：「耀蟬之術」，〔註60〕所謂「耀蟬之術」者，語出《荀子・致士篇》，曰：「夫耀蟬者，務在明其火、振其樹而已，火不明，雖振其樹，無益也。今人主有能明其德，則天下歸之，若蟬之歸明火也。」是故五餌、三表，精析有德、利之別，賈誼概目爲：「戰德」與「德勝」，〈匈奴篇〉說之極明白。曰：

> 故三表已諭，五餌既明，則匈奴之中乖而相疑矣。使單于寢不聊寐，飯失其口，禪劍挾弓而蹲穹廬之隅，左視右視以爲盡仇也。彼其群臣，雖欲勿走，若虎在後，眾欲無來，恐或軒（撕）之，此謂勢然。其貴人之見單于，猶迂虎狼也，其南面而歸漢也，猶弱子之慕慈母也。其眾人之見將吏，猶壐迂仇讎也，南鄉而欲走漢；猶水流下也。將使單于無臣之使，無民之守，夫惡得不係頸稽顙，請歸陛下之義哉？此謂戰德。彼匈奴見略，且引眾而遠去，連此有數。夫關市者固匈奴所犯滑而深求也，願上遣使厚與之和，以不得已許之大市，使者反，因於要險之所，多爲鑿關，眾而延之，關吏卒使足以自守。大每一關，屠沽者、賣飯食者、羹臛膹炙者，每物各一二百人，則胡人著於長城下矣，是王將彊北之，必攻其王矣。以匈奴之飢，飯羹啗膹胊暉潯，多飲酒，此則亡竭可立待也。賜大而愈飢，財盡而愈困，漢者所希心而慕也，則匈奴貴（歸）矣。以其千人至者，顯其二三，以其萬人至者，顯其十餘人。夫顯榮者，招民之機也，故遠期五歲，近期三年之內，匈奴亡矣，此謂德勝。

「戰德」、「德勝」即修德教以徠民服遠之道，乃傳統儒家人治主義政治理想

〔註59〕　盧文弨曰：「灌窳疑當作窳渾，縣名，在朔方郡。」案此說非也。祁玉章《新書校釋》：「灌窳與月氏平列，月氏爲西域國名，則灌窳亦當爲國名。《漢書・匈奴傳》上：『後北服渾窳、屈射、丁零、隔昆龍、新犁之國。』顏注：『五小國也。』……灌窳即渾窳也。『灌』『渾』一聲之轉，左氏文十八年傳：『天下之民謂之渾敦』，杜注：『渾敦謂驩兜』，是其例。」《史記・匈奴傳》作「渾庾」，並字異音同也。

〔註60〕　《新書・匈奴篇》：「陛下何不使能者一試理此，將爲陛下以耀蟬之術振之。」

之至極。孔子曰：「遠人不服，則脩文德以來之，既來之則安之。」〔註61〕孟子曰：「以力假仁者霸，霸必有大國；以德行仁王，王不必待大。湯以七十里，文王以百里。以力服人者非心服也，力不贍也。以德服人者，中心悅而誠服也。」〔註62〕賈誼亦云：

> 建國者曰：「匈奴不敬，辭言不順，負其眾庶，時為盜寇，撓邊境，擾中國，數行不義，為我狡猾，為此奈何？」對曰：「臣聞：彊國戰智，王者戰義，帝者戰德。故湯祝網而漢陰降，舜舞干羽而三苗服。今漢帝中國也，宜以厚德懷服四夷，舉明義博示遠方，則舟車之所至，人跡之所及，莫不為畜，又且孰忿然不承帝意？」〔註63〕

仁者無敵，苟能誕敷文德，則沛然莫之能禦，萬邦足畜，何恤匈奴之不敬耶？賈誼德化政論淵源儒家，脈絡清晰。

唯有漢一代，凡以儒家思想發為邊防政論者，率屬反戰派，尤其武帝以後，懲戒伐胡傷耗，以至於國疲民困，天下苦兵，儒者非戰之聲甚囂塵上，如武帝時汲黯、狄山、韓安國、嚴安、主父偃、董仲舒，宣帝時鹽鐵論中之賢良文學，元帝時劉向，光武時耿國，章帝時宋意等等，不一而足。〔註64〕茲迻錄《鹽鐵論》賢良文學之主張，用窺全貌。文曰：

> 今匈奴牧於無窮之澤，東西南北，不可窮極，雖輕車利馬不能得也，況負重贏兵以求之乎？其勢不相及也。茫茫乎苦行九皐，未知所止，皓皓乎若無網羅而漁江海；雖及之，三軍罷弊，適遺之餌也。故明王知其所無利，以為役不可數行，而權不可久張也，故詔公卿大夫、賢良文學所以復枉興微之路。公卿宜思百姓之急，匈奴之害，緣聖王之心，定安平之業。〔註65〕

> 湯事夏而卒服之，周事殷而卒滅之，故以大御小者王，以強凌弱者亡。聖人不因其眾以兼國，良御不因其馬以兼道。故造父之御不失和，聖人之治不倍德。秦攝利銜以御宇內，執修箠以笞八極，騁服以罷，而鞭策愈加，故有傾銜遺箠之變。士民非不眾，力勤非不多也，皆內倍外附而莫為用，此高皇帝所以仗劍而取天下也。夫兩主好和，內外交

〔註61〕見《論語・季氏篇》。
〔註62〕見《孟子・公孫丑篇》。
〔註63〕見《新書・匈奴篇》。
〔註64〕其主張各見《漢書》、《後漢書》本傳及桓寬《鹽鐵論》。
〔註65〕見《鹽鐵論・西域篇》。

通，天下安寧，世世無患，士民何事，三王何怒焉？〔註66〕

　　若夫賈誼，則德化以外，力倡用兵，開有漢對抗匈奴之先聲。其〈治安策〉曰：

> 臣竊料匈奴之眾，不過漢一大縣，以天下之大困於一縣之眾，甚為執事者羞之。陛下何不試以臣為屬國之官以主匈奴，行臣之計，請必係單于之頸而制其命，伏中行說而笞其背，舉匈奴之眾唯上之令。今不獵猛敵而獵田彘，不搏反寇而搏畜菟，翫細娛而不圖大患，非所以為安也。

時賢多嘲賈誼以一縣之眾計匈奴人數，疏闊而不符事實，〔註67〕其實賈誼邊防政論貴尚意志，以天下之大困於一縣之眾，懸殊夸張，適所以引為恥憾，激勵鼓舞士氣。蓋賈誼之重要性，首在發抗匈之第一聲也，漢初畏胡心理高張，自高祖平城困阨以來，陰影難去。何故？劉漢為中國古史一大變局，前此乃貴族封建，無土不王，積累功德數百餘年而後興，若彼秦朝亦若是也，而高祖君臣起於無賴，竟以布衣提三尺取天下，漢人詑於漢興之變古，遂神異高祖，群謂得天助。司馬遷之言論，足資證明，《史記‧秦楚之際月表》曰：

> 太史公讀秦楚之際，曰：初作難，發於陳涉；虐戾滅秦，自項氏；撥亂誅暴，平定海內，卒踐帝祚，成於漢家。五年之間，號令三嬗，自生民以來，未始有受命若斯之亟也。昔虞夏之興，積善累功數十年，德洽百姓，攝行政事，考之於天，然後在位，湯、武之王，乃由契、后稷脩仁行義十餘世，不期而會孟津八百諸侯，猶以為未可，其後乃放弒。秦起襄公，章於文、繆、獻、孝之後，稍以蠶食六國，百有餘載，至於始皇乃能并冠帶之倫。以德若彼，用力如此，蓋一統若斯之難也。秦既稱帝，患兵革不休，以有諸侯也，於是無尺土之封，墮壞名城，銷鋒鏑，鉏豪桀，維萬世之安。然王跡之興，起於閭巷，合從討伐，軼於三代，鄉秦之禁，適足以資賢者為驅除難

〔註66〕　見《鹽鐵論‧結和篇》。

〔註67〕　時賢多謂賈誼所謂：「匈奴之眾，不過漢一大縣」，遠離事實，如錢穆《秦漢史》第三章第三節，即詳計其數，以為匈奴全族人口，含男女老弱，約一百八十萬，少或在一百五十萬上下，以五口一甲騎計，控弦戰士五十萬許。〈治安策〉所言非，又《新書‧匈奴篇》：「竊料匈奴控弦，大率六萬騎。五口而出介卒一人，五六三十，此即戶口三十萬耳。未及漢千石大縣。」此亦言之過少。其他如：王更生（見《歷代思想家──賈誼》）、祁玉章（見《賈子探微》）、蔡廷吉（見《賈誼研究》）等人皆有類似見解。

耳。故憤發其所爲天下雄，安在無土不王。此乃傳之所謂大聖乎？

豈非天哉？豈非天哉？非大聖孰能當此受命而帝者乎？

以高祖天眷神武，猶餒厄平城，其餘才不逮高祖者唯其遵循勿失耳，故冒頓遺書呂后妄言無禮，群臣廷議，卒忍詬權修和親，即鑒於高祖之敗也。載籍歷歷，可見梗概，《史記·季布傳》曰：

> 孝惠時，（季布）爲中郎將。單于嘗爲書嫚呂后，不遜，呂后大怒，召諸將議之。上將軍樊噲曰：「臣願得十萬眾，橫行匈奴中。」諸將皆阿呂后意，曰：「然。」季布曰：「樊噲可斬也。夫高帝將四十餘萬眾，困於平城，今噲奈何以十萬眾橫行匈奴中？面欺！且秦以事於胡，陳勝等起，于今創痍未瘳，噲又面諛，欲搖動天下。」是時殿上皆恐，太后罷朝，遂不復議擊匈奴事。

《漢書·匈奴傳》曰：

> 高祖崩，孝惠、呂后時，漢初定，故匈奴以驕。冒頓乃爲書遺呂后，妄言。高后欲擊之，諸將曰：「以高帝賢武，然尚困於平城。」於是高后乃止，復與和親。

下至哀帝建平年間，單于慕義請朝，漢議未決，揚雄上書，引故事諫，仍曰：「以高祖之威靈，三十萬眾困於平城，士或七日不食，時奇譎之士，石畫之臣甚眾，卒其所以脫，世莫得而言也。」〔註68〕大氐漢室之於匈奴也，雖群臣相爭，人持所見，各有異同，要歸不外兩科：（1）縉紳之儒守和親；（2）介胄之士言征伐。〔註69〕然翻檢典籍，孝武以前，即使諸將之抗顏主用武克伐者，亦厥唯呂后時樊噲一人而已，顧樊噲特不過一時激於義憤，逞武夫血氣之勇，至於筆諸文墨，陳所以必戰之故，與夫擘畫備戰、應戰之方，則絕無片言隻字。賈誼之可貴，正在於流俗畏胡之際，以一介書生，發儒者德化之義，明始末指略，力主戰鬥也。

至於晁錯，剖析漢、匈長短之技，論述地理、兵種與戰略，精詳進乎兵

〔註68〕同註4。

〔註69〕《漢書·匈奴傳·贊》：「書戒：『蠻夷猾夏』，詩稱：『戎狄是膺』，春秋：『有道守在四夷』，久矣夷狄之爲患也。故自漢興，忠言嘉謀之臣，曷嘗不運籌策相與爭於廟堂之上乎？高祖時則劉敬，呂后時樊噲、季布，孝文時賈誼、晁錯，孝武時王恢、韓安國、朱買臣、公孫弘、董仲舒，人持所見，各有同異，然總其要，歸兩科而已。縉紳之儒則守和親，介胄之士則言征伐，皆偏見一時之利害，而未究匈奴之終結也。」據此則漢室於匈奴政策凡兩派主張也。

家；以其明申商法術，故謀劃特切合實用；觀其使民征戰之道，具不外法家賞罰手段，曰：

> 凡民守戰至死而不降北者，以計爲之也。故戰勝守固則有拜爵之賞，攻城屠邑則得其財鹵以富家室，故能使其眾蒙矢石，赴湯火，視死如歸。〔註70〕

凡此種種，與賈誼多儒家思想者，實質迥異也。尤其「徙民實邊」，乃中國屯田制度之始創，漢武帝因循改革，成爲北服匈奴、開疆拓土之礎石，而晁錯此議上承贏秦謫戍，亦申韓之應用也。第深入考之，則用募不用刑，用守不用攻，其存心殆又近乎仁慈恩德之義也，洵非純賞罰威刑之法家所堪媲美。王夫之《讀通鑑論》曰：

> 晁錯徙民實邊之策偉矣，寓兵於農之法，後世不可行於腹裡，而可行於塞徼。天氣殊而生質異，地氣殊而習尚異，故滇黔西粵之民，自足以捍蠻苗，而無踰嶺以窺內地之患，非果蠻苗弱而北狄彊也，土著者制其吭，則深入而畏邊民之搗其虛也。雖然，有未易者焉，沿邊之地，肥磽不齊，徙而授以瘠壤，不逃且死者寡，吏失其人，綏撫無術，必反而爲北狄用，此二患也，輕於言徙，必逢其咎，而實邊之議，遂爲永戒。錯之言曰：「相其陰陽之和，嘗其水泉之味。」始事之不可不密也。地誠磽矣，雖有山谿之險，且置之爲甌脫，而移塞於內，無憂也，我所不得居，亦彼所不能據也。若夫吏人之得失，在人而不在法，然法善以待人，則人之失者鮮矣。後世之吏於邊者，非贏貧無援之乙科，則有過遷補之茸吏，未有能入而爲臺諫郎官者，未有擢而爲監司郡守者，以日暮塗窮衰颯之心，而僅延簪紱之氣，能望其憂民體國而固吾圉哉？若擇甲科之選，移守令課最之賢者以爲之，更寬其法制，俾盡其材，以拊循而激勸之，輕徭賦以安之，通商賈教畜以富之，廣學宮之選以榮之，寵智能豪儁之士以勵之，則其必不爲北狄用，以乘中國之釁者，自可以保之百年，邊日以強，而坐待狄之自斂，故曰：錯之言偉矣。〔註71〕

王夫之贊美晁錯者：「相陰陽」、「嘗水土」，予民居作之地以活養之，非驅民置諸磽薄死所；又延賢士以教養撫循，非貶有過遷補之罪吏廢政罔民；是故

〔註70〕 見《漢書‧晁錯傳》。
〔註71〕 見王氏著《讀通鑑論》卷一。

徙民安樂於邊邑無叛心，不去塞，而邊境定矣。王說甚是，晁錯募民以復家、賜爵、給廩云云，復擇吏於「賢材有護，習地形、知民心者」，上疏曰：「下吏誠能稱厚惠，奉明法，存卹所徙之老弱，善遇其壯士，和輯其心而勿侵刻，使先至者安樂而不思故鄉，則貧民募而勸往矣。」〔註72〕在在皆養民樂易之道，絕無慘礉苛暴之嫌，此仁恕之氣象也。跡是觀之，晁錯邊防政論思想法主而儒輔，固不以申韓為侷限也。

〔註72〕 同註70。

第六章　賈誼晁錯政論思想之影響

第一節　影響當代及後代政策政論

　　賈誼、晁錯政論思想之內容，已說明於前三章矣，其影響當代暨後世政策、政論深遠，茲依藩國政論、經濟政論、邊防政論；分述如次：

一、藩國政論

　　賈誼、晁錯之藩國政論，皆建言於文帝時期。賈誼所倡議之「眾建諸侯」、「以親制疏」，文帝並酌以採擇，付諸實踐。《漢書・賈誼傳》曰：

> 文帝於是從誼計，徙淮陽王武爲梁王，北界泰山，西至高陽，得大
> 縣四十餘城；徙城陽王喜爲淮南王，撫其民。

此即「以親制疏」方略也。賈誼本意，苟能擴充皇子王之封疆，扼制形勝，以梁扞齊、趙，以淮陽禁吳、楚，山東大諸侯異心者必破膽而不敢謀。文帝徙淮陽王梁，梁國最大，多巨縣，居天下膏腴，果於吳楚七國之亂發揮其戰略效用也。《史記・梁孝王世家》曰：

> 吳楚齊趙七國反。吳楚先擊梁棘壁，殺數萬人。梁孝王城守睢陽，
> 而使韓安國、張羽等爲大將軍，以距吳楚。吳楚以梁爲限，不敢過
> 而西，與太尉亞夫等相距三月。吳楚破，而梁所破殺虜略與漢中分。

自是以降，皇子之封遂成爲鞏固帝室系統之要謀，所封率位處衝要且地大物博，遠非王子及宗室子孫所堪比擬。主父偃欲廢齊厲王次景，說武帝曰：

> 齊臨淄十萬戶，市租千金，人眾殷富，巨於長安，此非天子親弟愛

子不得王此，今齊王於親屬益疏。〔註1〕

富厚之地亦不王他人子弟，屬王非皇子，故主父偃引以發謀，足證一班也。《漢書·賈誼傳》復曰：

> 梁王勝墜馬死，誼自傷爲傅無狀，常哭泣，後歲餘，亦死，年三十
> 三矣。後四歲，齊文王薨，亡子。文帝思賈生之言，乃分齊爲六國，
> 盡立悼惠王子六人爲王；又遷淮南王喜於城陽，而分淮南爲三國，
> 盡立屬王三子以王之。

此又「眾建諸侯」之運用也，賈誼主張令諸王國各自推其血緣親情，析原有封土爲若干新王國以王子孫，冀諸侯因國分而力散，減少威脅。文帝於賈誼卒後感誼說之可行，分齊爲六：齊孝王將閭、濟北王志、菑川王賢、膠東王雄渠、膠西王卬、濟南王辟光；分淮南爲三：淮南王安、衡山王勃、廬江王賜。七國之亂，膠東、膠西、菑川、濟南、皆發兵應吳楚；然而淮南、廬江不應，衡山、濟北則堅守不貳，齊王雖始通，初亦無叛志；〔註2〕向使二國未眾建，則勝負之數、存亡之理，或未易量也。

至於晁錯「削藩」政策，因手段強硬，文帝未遑輕試，顧景帝即位，尋大刀闊斧、雷厲風行，雖激怒王國引發兵變，然自七國之亂克平之後，中央政權鞏固，王國力量大削，景帝中五年乃下令剝奪王國政權，並裁損其官屬額員。《漢書·百官公卿表》曰：

> 景帝中五年，令諸侯王不復治國，天子爲置吏，改丞相曰相，省御
> 史大夫、廷尉、少府、宗正、博士官、大夫、謁者、郎諸官、長丞
> 皆損其員。

職是之故，史家多目七國之亂爲有漢王國盛衰之關鍵也，而其功實奠基於晁錯。

漢武在位，文治武功鼎盛，於同姓諸侯仍大加析削，收藩國領地入爲漢

〔註1〕 見《史記·齊悼惠王世家》、《漢書·高五王傳》。

〔註2〕 淮南王、廬江王、衡山王、濟北王堅守，詳見《漢書·淮南衡山濟北王傳》：
「孝景三年，吳楚七國反，吳使者至淮南，……相已將兵，因城守，……吳
使者至廬江王不應，……至衡山，衡山王堅守無二心。」齊王無反志，詳見
《漢書·高五王傳》：「五十一年，孝景三年，吳楚反，膠東、膠西、菑川、
濟南王皆發兵應吳楚，欲與齊，齊孝王狐疑，城守不聽。三國兵共圍齊。齊
王使路中大夫告於天子，天子復令路中大夫還報，告齊王堅守。……齊初圍
急，陰與三國通謀，約未定，會路中大夫從漢來，其大臣乃復勸王無下三國。
會漢將欒布、平陽侯等兵至齊，擊破三國兵，解圍。已後聞齊初與三國有謀，
將欲移兵伐齊。齊孝王懼，飲藥自殺。」

郡。《漢書・景帝十三王傳》曰：

> 武帝初即位，大臣懲吳楚七國行事，議者多冤晁錯之策，皆以諸侯
> 連城數十，泰強，欲稍侵削，數奏暴其過惡。諸侯王自以爲骨肉至
> 親，先帝所以廣封連城，犬牙相錯者，爲磐石宗也。今或無罪，爲
> 臣下所侵辱，有司吹毛求疵，笞服其臣，使證其君，多自以侵冤。……
> 其後更用主父偃謀，令諸侯以私恩自裂地分其子弟，而漢爲定制封
> 號，輒別屬漢郡，漢有厚恩，而諸侯稍自分析弱小云。

顯而易見，此即賈誼、晁錯藩國政策之繼續也。

　　元朔二年，主父偃建議行「推恩」名義，分王國之實，武帝從計納行。
主父偃之辦法如下：

> 偃說上曰：「古者諸侯地方不過百里，強弱之形易制，今諸侯連城數
> 十，地方千里，緩者驕奢，易爲淫亂；急則阻其彊而合從，以逆京
> 師，今以法割削，則逆節萌起，前日晁錯是也。今諸侯子弟或十數
> 而適嗣代立，餘雖骨肉，無尺寸地封，則仁孝之道不宣，願陛下令
> 諸侯得推恩，分子弟以地、侯之，彼從喜得所願上以德施，實分其
> 國，不稍而銷弱矣。」〔註3〕

此種辦法適爲賈誼「眾建諸侯」之菁華也。武帝既納計，冀貫徹政策，復數
下旨諷諸侯王自動請封子弟，而「推恩眾建」終於奏效。《漢書・武帝紀》曰：

> （元朔二年）春正月，詔曰：「梁王、城陽王親慈同生，願以邑分弟，
> 其許之：諸侯王請與子弟邑者，朕將親覽，使有列位焉。」於是藩
> 國始分，而子弟畢侯矣。

又〈王子侯表〉曰：

> 至於孝武，以諸侯王疆土過制，或替差失軌，而子弟爲匹夫，輕重
> 不相準，於是制詔御史諸侯王：「或欲推私恩分子弟邑者，令各條上，
> 朕且臨定其號名。」自是支庶畢侯矣。

　　至於「削藩」黜地方面，亦積極進行不輟，下列諸記事足以概焉。如：

> 首惡失道，任后也。朕置相吏不遠，無以輔王，故陷不誼，不忍致
> 法，削梁王五縣。〔註4〕

> 膠西王端，……數犯上法，漢公卿數請誅端，天子爲兄弟之故，不

〔註3〕見《史記・主父偃傳》。
〔註4〕見《漢書・梁平王襄傳》，按《史記》作「削八城」。

忍，而端所爲滋甚，有司再請削其國，去太半。〔註5〕

公卿治者曰：「淮南王安，……廢格明詔，當棄市。」詔弗許。公卿
請廢勿王，詔弗許。……使中尉宏赦淮南王罪，罰以削地。〔註6〕

晁錯「削藩」，除削地而外，尚著重修改律法，遣吏劾治；七國亂後，景帝已裁抑王國官吏、限制行政權力，至此，更大肆整頓官司組織、箝制財政來源與人事聘任等，簡述如下：

（1）減黜屬官職級與額員：漢初王國官司組織一如漢朝，天子與諸侯王齊等。天子之相號爲丞相，黃金之印，諸侯之相亦號爲丞相，黃金之印；天子列卿秩二千石，諸侯列卿亦秩二千石；天子衛御曰太僕，銀印，諸侯之衛御亦曰太僕，銀印；他皆倣此；（其詳說於三章賈誼晁錯藩國政論思想）七國亂後，景帝改丞相曰相，省去御史大夫等官，減大夫諸吏員數。武帝遵循不替，其革易情形，《漢書‧百官公卿表》曰：

武帝改漢內史爲京兆尹，中尉爲執金吾，郎中令爲光祿勳，故王國如故，損其郎中令秩千石，改太僕曰僕，秩亦千石。

（2）減黜置吏範疇：諸侯王政權之小大，全以其置吏範圍之小大爲轉移。故中央集權，一方面分析其領地，一方面剝奪其置吏權。漢初諸侯王總攬國事，群卿百官聽王任命，僅相一職爲中央所置，（其詳亦見第三章）孝惠元年除諸侯相國法，〔註7〕自丞相至二千石大抵改由漢廷委派，唯文、景時期，親貴諸王如齊悼惠王、淮南厲王、吳王、梁孝王等，猶得自置相及二千石。〔註8〕七國亂後，景帝下令：「諸侯王不得復治國，天子爲置吏。」〔註9〕武帝制定四百石以上，均由中央派置，王僅得自四百石以下除置國中。《漢書‧衡山王傳》注引《漢儀注》云：

吏四百石以下，自除國中。

同時，可隨時進而加以裁減。《漢書‧衡山王傳》云：

內史言王不直，又數奪人田，壞人塚以爲田。有司請逮治衡山王，

〔註5〕 見《史記‧五宗世家》。
〔註6〕 見《史記‧淮南王傳》。
〔註7〕 《史記‧曹相國世家》：「孝惠元年，除諸侯相國法，更以參爲齊丞相。」
〔註8〕 《史記‧齊悼惠世家》：「始悼惠王得自置二千石。」〈韓安國傳〉：「梁王以至親，故得自置相二千石。」《漢書‧淮南厲王傳》：「大王逐漢所置，而請自置相二千石。」按吳王濞不遵漢制，於諸王爲最，其自置相二千石可推知。
〔註9〕 見《漢書‧百官公卿表》。

不許：爲置吏二百石以上。

從此諸侯王司法行政權備受箝制。而中央派置之官員，肩負監督王國行動之任務，於是相二千石與王國鬥爭頗烈，王國常以攻陷相二千石爲事，而國相二千石亦以揭舉王罪爲主，互相攻訐牽掣。如：

> 相二千石至者，奉漢法以治，端輒求其罪告之，亡罪者詐藥殺之，所以設詐究變，彊足以距諫，知足以飾非。相二千從王治則漢繩以法。故膠西小國而所殺二千石甚眾。〔註10〕

> 相二千石欲奉漢法以治，則害於王家。是以每相二千石至，彭祖衣帛單衣，自行迎除舍，多設疑事以詐動之。得二千石失言，中忌諱，輒書之。二千石欲治者，則以此迫劫。不聽，迺上書告之，及污以姦利事。彭祖立六十餘年，相二千石無能滿二歲，輒以罪去，大者死，小者刑，以故二千石莫敢治。〔註11〕

（3）減黜財政資源：漢初國王財政悉歸王私有，山川園池市井租稅之入，皆各自爲私養，（詳見第三章）王國財用既富，易生不軌意圖，武帝時期乃行經濟統治策略。《史記・漢興以來諸侯王表》曰：

> 齊、趙、梁、楚支郡名山陂海，咸納於漢。

（4）減黜臣民依附之勢：漢初以海內初定，戶口寡少，爲安定內政，使郡國各拊循其民，並私自聘賢。於是王國務招納賢才，籠絡民心，形成黨羽依附，捨中央而趨諸侯。爲杜塞流弊，武帝設「左官之律」、「附益之法」；規範王國宗親及官人入仕。《漢書・諸侯王表》曰：「武有衡山、淮南之謀，作左官之律，設附益之法。」所謂「左官之律」、「附益之法」，據《漢書》注，其義爲：

> 服虔曰：「仕於諸侯爲左官，絕不得使仕於王侯也。」應劭曰：「人道上右，今舍天子而仕諸侯，故謂之左官也。」師古曰：「左官猶言在道也。皆僻左不正，應說是也。漢時依上古法，朝廷之列以右爲尊，故謂降秩爲左遷，仕諸侯爲左官也。」

> 張晏曰：「律鄭氏說，封諸侯過限曰附益。或曰阿媚王侯，有重法也。」

> 師古曰：「附益者，蓋取孔子云『求也爲之聚斂而附益之』之義也，皆背正法而厚於私家也。」

「左官」、「附益」律法之具體條文已無可考，但下列諸事實，當係此種立法

〔註10〕　見《漢書・膠西王端傳》。
〔註11〕　見《漢書・趙敬肅王彭祖傳》。

之產物，如：

> 勝為郡吏，三舉孝廉，以王國人不得宿衛補吏，再為尉，壹為丞。
> 〔註12〕

> （彭宣）由是入為右扶風，遷廷尉，以王國人，出為太原太守。〔註13〕

> 有司數奏言諸侯國人不得宿衛，將軍不得典兵馬處大位（按時彭宣
> 為左將軍）。朕惟將軍任漢將之重，而子又前取淮陽王女，婚姻不絕，
> 非國之制。……其上將軍印綬，以關內侯歸家。〔註14〕

> 宗室不宜典三河。〔註15〕

> 自漢興以來，宗室子弟，無得在公位者。〔註16〕

據此，可觀知其立法精神矣。由是，王國宗親自不克取得政治力量，而仕宦
王國既見鄙為左官，循至喪失仕宦前程，其結果必迫使人才捨王國而趨向中
央，帝室權力理當益趨穩固矣。

　　總上所述，自賈誼、晁錯始議藩國政策，歷文、景至武帝以後，莫不極
力綜合增益其辦法，而積極推行之，弱藩工作大獲成效，寖尋下逮孝元哀平
之際，諸侯王不足以障礙中央政權矣。班固之言，可資憑證也。《漢書·諸侯
王表》曰：

> 漢興之初，海內新定，同姓寡少，懲戒亡秦孤立之敗，於是剖裂疆土，
> 立二等之爵。功臣侯者百餘邑，尊王子弟，大啓九國。……然諸侯原
> 本以大，末流濫以致溢，小者淫荒越法，大者睽孤橫逆，以害身喪國。
> 故文帝採賈生之議，分齊趙。景帝用晁錯之計，削吳楚。武帝施主父
> 之冊，下推恩之令，使諸侯王得分戶邑以封子弟，不行黜陟，而藩國
> 自析。自此以來，齊分為七，趙分為六，梁分為五，淮南分為三。皇
> 子始立者大國不過十餘城，長沙燕代，雖有舊名，皆亡南北邊矣。景
> 遭七國之難，抑損諸侯，減黜其官；武有衡山、淮南之謀，作左官之
> 律，設附益之法，諸侯唯得衣食租稅，不與政事。

漢興以來，內政之毒瘤剷除殆盡，賈誼、晁錯藩國政論厥功偉矣。

〔註12〕　見《漢書·龔勝傳》。
〔註13〕　見《漢書·彭宣傳》。
〔註14〕　同註13，載哀帝詔。
〔註15〕　見《漢書·劉歆傳》。
〔註16〕　見《後漢書·光武十王傳》。

二、經濟政論

　　賈誼、晁錯之經濟政論，乃矯正漢初無爲放任經濟主義之時弊而發難，皆以「重農」、「抑商」爲主要改良方案，並對貨幣制度提供若干建言。大抵言之，帶有干涉色彩也。

　　就重農抑商方面觀，二人之理論基礎、實行步驟雖小大差異，然文帝悉左右探獲，引爲行政要務，於當代及後世各有其影響。《漢書・食貨志》曰：

　　　　文帝即位，躬修儉節，思安百姓。時民近戰國，皆背本趨末，賈誼
　　　　說上，……於是上感誼言，始開籍田，躬耕以勸百姓。

制度斯創，遂遵循以爲故事，此於復興古禮、保存典制，堪稱嘉許也。抑有進者，賈誼重農抑商政論寓有教化抱負，除勸農積貯、禁止末作而外，更強調以禮範民，期躋乎端正禮俗、敦厚風化之理想，故賈誼之理論，尤非區區「經濟」足以囊括之，其文化意義特深遠也。固然不少學者譏評爲河漢空言，缺乏實效。如李劍農、韓復智即曰：

　　　　平心而論，賈誼〈治安策〉中，所陳他事（如言封君有尾大不掉之
　　　　勢，宜削殺），多合機宜。若云作禮改制，上下有等，可以黜末作而
　　　　歸於農，則純屬空想，未能窺得當時社會經濟病根之所在。〔註17〕

　　　　至於他想用作禮改制，使上下有等，黜末作歸於農的方策，似乎只
　　　　是一種構想，沒能把握問題重心的空論了。〔註18〕

顧此種教化意義之經濟主張，從此成爲不易之論，有漢諸帝莫不重農，亦具惟仁義教化之務崇，觀漢帝所頒詔書，知其半矣。文、景詔已載於本文第四章第一節，茲不贅錄。他如：

　　　　日者有司以幣輕多姦，農傷而末眾，又禁兼併之塗，故改幣以約之。
　　　　稽諸往古，制宜於今。廢期有月，而山澤之民未諭。夫仁行而從善，
　　　　義立則俗易，意奉憲者所以導之未明與？將百姓所安殊路，而撟虔
　　　　吏因乘勢以侵蒸庶耶？何紛然其擾也！今遣博士大夫等六人分循行
　　　　天下，存問鰥寡廢疾，無以自振業者貸與之。諭三老孝弟以爲民師，
　　　　舉獨行之君子，徵詣行在所。朕嘉賢者，樂知其人。廣宣厥道，士
　　　　有特招，使者之任也。詳問隱處亡位，及冤失職，姦猾爲害，野荒
　　　　治苛者，舉奏。郡國有所以爲便者，上丞相、御史以聞。（武帝元狩

〔註17〕　見李氏著《先秦兩漢經濟史稿》第三編、第十八章。
〔註18〕　見韓氏著《兩漢的經濟思想》第一章。

六年六月詔）〔註19〕

蓋聞農者興德之本也，今歲不登，已遣使者振貸困乏。其令太官損膳省宰，樂府減樂人，使歸就農業。丞相以下至都官令丞上書入穀，輸長安倉，助貸貧民。民以車船載穀入關者，得毋用傳。（宣帝本始四年正月詔）〔註20〕

夫洪範八政，以食為首，斯誠家給刑錯之本也。先帝劭農，薄其租稅，寵其彊力，令與孝弟同科。間者，民彌惰怠，鄉本者少，趨末者眾，將何以矯之？方東作時，其令二千石勉勸農桑，出入阡陌，致勞來之。書不云乎？「服田力嗇，乃亦有秋。」其劭之哉！（成帝陽朔四年正月詔）〔註21〕

蓋聞安民之道，本繇陰陽。間者陰陽錯謬，風雨不時。朕之不德，庶幾群公有敢言朕之過者，今則不然。媮合苟從，未肯極言，朕甚閔焉。惟丞庶之饑寒，遠離父母妻子，勞於非業之作，衛於不居之宮，恐非所以佐陰陽之道也。其罷甘泉、建章宮衛，令就農。百官各省費。條奏毋有所諱。有司勉之，毋犯四時之禁。丞相御史舉天下明陰陽災異者各三人。（元帝初元三年六月詔）〔註22〕

非僅帝室如此，學者論政亦多持是說，尤其昭、宣以後，治儒術者大見信用，出身儒家之賢良文學之士在位，引述經義論政議事，蔚然成風，重本斥末、教化為尚之觀點，更見奉為圭臬。《鹽鐵論》中賢良文學之言論堪稱代表，如言：

竊聞治人之道，防淫佚之原，廣道德之端，抑末利而開仁義，毋示以利，然後教化可興，而風俗可移也。今郡國有鹽鐵酒榷均輸，與民爭利，散敦厚之樸，成貪鄙之化，是以百姓就本者寡，趨末者眾。夫文繁則質衰，末盛則本虧；末修則民淫，本修則民愨；民愨則財用足，民侈則飢寒生。願罷鹽鐵酒榷均輸，所以進本退末，廣利農業便也。〔註23〕

夫導民以德，則民歸厚；示民以利，則民俗薄。俗薄則背義而趨利，

〔註19〕 見《漢書・武帝紀》。
〔註20〕 見《漢書・宣帝紀》。
〔註21〕 見《漢書・成帝紀》。
〔註22〕 見《漢書・元帝紀》。
〔註23〕 見《鹽鐵論・本議篇》。

趨利則百姓交於道而接於市。老子曰：「貧國若有餘。」非多財也，嗜慾眾而民躁也。是以王者崇本退末，以禮義防民，欲實菽粟貨財。
〔註24〕

至於晁錯之重農抑商，則明以粟為賞罰，驅民務農，其目的在「國富法立」，其辦法曰「入粟拜爵」，乃法家為本之經濟方略也。《漢書・食貨志》曰：

於是文帝從錯之言，令民入粟邊，六百石爵上造，稍增至四千石為五大夫，萬二千石為大庶長，各以多少級數為差。錯復奏言「陛下幸使天下入粟塞下以拜爵，甚大惠也。竊恐塞卒之食不足用大漢天下粟。邊食足以支五歲，可令入粟郡縣矣；足支一歲以上，可時赦，勿收農民租。如此，德澤加於萬民，民俞勤農。時有軍役，若遭水旱，民不困乏，天下安寧，歲孰且美，則民大富樂矣。」上復從其言，乃下詔賜民十二年租稅之半。明年，遂除民田之租稅。

就此觀之，晁錯重農思想側重實際實行，亦果然實行，其構想：第一期，入粟邊，足軍餉；第二期，入郡縣，備凶荒；第三期，減田租，民富樂；（詳見第四章第三節）皆按部就班，收致成效，使十三年全免田租，「文景之治」之美譽，晁錯與有功焉。其後，凡遇國家財政困竭，漢帝多倣晁錯辦法以興利紓難。共計次數如下表：〔註25〕

頒布年月	爵　　級	價　錢	民買爵用途	政府賣爵原因
景帝前二年後		減於文帝時之價格		上郡以西旱，欲入粟以給之。
武帝元朔六年	一級曰造士、二閑輿衛、三良士、四元戎士、五官首、六秉鐸、七千夫、八樂卿、九執戎、十左庶長（政庚庶長）、十一軍衛。得買至第八等樂卿。	級十七萬，凡值三十餘萬金	官首試補吏，先除；千夫如五大夫；其有罪又減二等。	二十等爵賤，入粟賜爵漸失效，而開邊軍用不足，故以武功爵代替錢賜予軍士以寵軍功；亦賣之以斂財。
成帝鴻嘉三年夏四月		級千錢		凶荒、國用不足。
成帝永始二年二月	右更、五大夫等。	一萬至百萬	三十萬以上，民可補吏，吏可升遷。十萬以下，復。	凶荒，國用不足。

〔註24〕 同註23。
〔註25〕 景帝、武帝。參見《史記・平準書》、《漢書・食貨志》。按武帝武功爵，見裴駰集解：「瓚曰：『茂陵中書有武功爵：一級曰造士，二級曰閑輿衛，三級曰良士，四級曰元戎士，五級曰官首，六級曰秉鐸，七級曰千夫，八級曰樂卿，九級曰執戎，十級曰左庶長，十一級曰軍衛。此武帝所制以寵軍功。』」餘各見《漢書》、《後漢書》帝紀。

安帝永初三年夏四月	關內侯等。		各有差	並買官。	凶荒、國用不足。
桓帝延熹四年秋七月	關內侯、五大夫等。		各有差	並買官。	斂財，富帝室。
靈帝光和元年	關內侯等。			並買官。	斂財，富帝室。
靈帝中平四年	關內侯等。		五百萬至千萬不等	並買官。	斂財，富帝室。

漢武置武功爵，純因兵連不解，府庫衰耗，斂財以補國用。《史記‧平準書》曰：

> 其後四年，而漢遣大將將六將軍，軍十餘萬，擊右賢王，獲首虜萬五千級。明年，大將軍將六將軍仍再出擊胡，得首虜萬九千級。捕斬首虜之士受賜黃金二十餘萬斤，虜數萬人皆得厚賞，衣食仰給縣官；而漢軍之士馬死者十餘萬，兵甲之財轉漕之費不與焉。於是大農陳藏錢經耗，賦稅既竭，猶不足以奉戰士。有司言：「天子曰『朕聞五帝之教不相復而治，禹湯之法不同道而王，所由殊路，而建德一也。北邊未安，朕甚悼之。日者，大將軍攻匈奴，斬首虜萬九千級，留蹛無所食。議令民得買爵及贖禁錮免減罪。』請置賞官，命曰武功爵。級十七萬，凡直三十餘萬金。諸買武功爵官首者試補吏，先除；千夫如五大夫；其有罪又減二等；爵得至樂卿；以顯軍功。」軍功多用越等，大者封侯卿大夫，小者郎吏。吏道雜而多端，則官職耗廢。

《漢書‧食貨志》亦載其事，曰：

> 此後四年，衛青比歲十餘萬眾擊胡，斬捕首虜之士受賜黃金二十餘萬斤，而漢軍士馬死者十餘萬，兵甲轉漕之費不與焉。於是大司農陳藏錢經用，賦稅既竭，不足以奉戰士。有司請令民得買爵及贖禁錮免減罪；請置賞官，名曰武功爵。級十七萬，凡直三十餘萬金。諸買武功爵官首者試補吏，先除；千夫如五大夫；其有罪又減二等；爵得至樂卿，以顯軍功。軍功多用超等，大者封侯卿大夫，小者郎。吏道雜而多端，則官職耗廢。

據此考察，武功爵雖師法晁錯，顧與晁錯「入粟拜爵」不同者多矣。大要言之，如下：

（1）就目的言：晁錯雖也肇端於豐國用、足軍餉，第一期即行入粟邊，然而其總目標則在於減輕農稅、勸農重視本業生產，以臻均富，謀解除貧富懸絕、農商對立之社會問題，故邊用已贍，入粟理由轉而為減租。武帝乃終始因伐邊賞功行之，此其不同一也。

（2）就所入物言：晁錯「入粟拜爵」植基於「重農」政策之上，務使「富人有爵，農民有錢，粟有所渫」，〔註26〕所入唯農作物——「粟」為可，假富人購粟，以增農民收入，富「損商益農」作用，故曰「入粟拜爵」。武帝武功爵則專為兵革而興，並無重農目的，故直接入錢非入粟，此其不同二也。

（3）就官爵分合言：晁錯「入粟拜爵」，所買爵位但可用作復除與身分象徵，不能居官任職，官爵分判明晰，並不混一，賣爵而非賣官，多予民爵不影響政治運作。武帝則買爵至第五級官首，其位較高，得試為吏，先行除用，以為誘買，因此吏道雜亂多端，官職耗廢。此其不同三也。

以上為「入粟拜爵」與「武功爵」異同之大概也，言其得失，則武功爵特以濟急，缺乏社會意義，而且買爵除吏，為厲尤著也。

其後，成帝、安帝，皆因天災頻至，民食、國用匱乏又復賣爵，錢穀貝輸。《漢書·成帝紀》曰：

> （鴻嘉）三年夏四月，赦天下，令民得買爵，賈級千錢。大旱。

考二年、三年春並無凶荒記載，然四年正月成帝詔則言水旱為患，流民慘重，詔曰：

> 數敕有司，務行寬大，而禁苛暴，訖今不改。一人有辜，舉宗拘繫，農民失業，怨恨者眾，傷害和氣，水旱為災，關東流冗者眾，青、幽、冀部尤劇，朕甚痛焉。未聞在位有惻然者，孰當助朕憂之！已遣使者循行郡國。被災害什四以上，民貲不滿三萬，勿出租賦。逋貸未入，皆勿收。流民欲入關，輒籍內。所之郡國，謹遇以理，務有以全活之。思稱朕意。〔註27〕

上為成帝第一次賣爵，第二次在永始二年，其永始二年二月詔：

> 關東比歲不登，吏民以義收食貧民、入穀物助縣官振贍者，已賜直，其百萬以上，加賜爵右更，欲為吏補三百石，其吏也遷二等。三十萬以上，賜爵五大夫，吏亦遷二等，民補郎。十萬以上，家無出租賦三歲。萬錢以上，一年。〔註28〕

安帝時，大氏類似，《後漢書·安帝紀》曰：

> 三月，京師大飢，民相食，公卿詣闕謝。……癸巳，詔以鴻池假與

〔註26〕 此晁錯疏中語，見《漢書·食貨志》。
〔註27〕 同註21。
〔註28〕 同註21。

貧民。……三公以國用不足，奏令吏人入錢穀，得爲關內侯、虎賁、
羽林郎、五大夫、官府吏、緹騎、營士，各有差。

然則成帝、安帝較武帝除吏滋甚，已下開鬻官先河矣，非僅爵與軍功離異，
有財富者即可得爵，由爵又可轉官，官爵名器遂濫，雖然，其買賣收入尙猶
用諸國事，非內廷私奉，公私判劃，各不相涉。下逮桓帝延熹四年，占賣關
內侯、虎賁、羽林、緹騎、營士、五大夫，錢各有差；靈帝光和元年，開西
邸賣官，自關內侯、虎賁、羽林，入錢各有差，私令左右賣公卿，公千萬、
卿五百萬，於西園立庫以貯之；中平四年，賣關內侯，假金印紫綬，傳世，
入錢五百萬。〔註29〕以上則計金賣官，盡入帝王私囊。至是，仕途陵遲，官
爵流雜，無復可施行矣。

綜觀賣爵乙事，始作俑於嬴秦，孝惠亦嘗行之以免死罪，〔註30〕至於傾
全力實施，引爲政府應變之道，且立竿見影大收經濟效益者，則允推晁錯「入
粟拜爵」是也。正坐效益彰著之因，後世帝王遂群起效響，由賣爵降而至乎
賣官，日趨下流，蓋晁錯始料未及者也。然買賣之門既開，政府充作商賈，
爵級淪爲商品，漢家尊嚴掃地，末世浮濫殆指日可待，晁錯慮不及此，難辭
其咎矣。

再者，就貨幣政策言，漢初雖金屬幣行之已久，顧正確之貨幣理念與貨
幣制度猶未建立，故弊端蠭起，政策紛更，尤其文帝五年，因感於幣量不足，
導致物賤傷農，僞鑄雲興，竟下令放禁，縱民自鑄，結果舊疾未瘳，新疾復
生，賈、晁二人亦前後建言，蘄有所改革焉。賈誼專文討論，剖析精闢，能
發前人所未嘗發，以爲對症下藥莫先於廢止私鑄，確立法錢，罷黜廢幣，並
將鑄權、銅產概收歸中央，以統一鑄造、控制供需。此一見解，深獲學者推
譽，如王肇鼎即美曰：「西漢一代最富有貨幣智識之經濟思想家。」〔註31〕李
劍農亦曰：「當時人物，對於貨幣政策所持之理論，多幼穉可哂；惟賈誼之言，
較爲合理。」〔註32〕可悲文帝時期無爲姑息，不用誼言，果然放鑄政策，非
僅未改善現況，反愈加重混亂局面。賈誼卒後，景帝中六年放棄私鑄，武帝
年間，一方面財經人才輩出，一方面歷嘗苦痛，終於窺破癥結所在，元鼎二

〔註29〕 以上參見《後漢書》桓、靈二帝紀。
〔註30〕 《漢書‧惠帝紀》：「元年冬，……民有罪，得買爵三十級以免死罪。」
〔註31〕 見王氏著《前漢貨幣問題之研究》。
〔註32〕 見李氏著《先秦兩漢經濟史稿》第三篇、第十四章。

年試行赤側錢；四年，專令三官鑄，錢非三官不用，餘幣悉數銷毀之。《史記·平準書》曰：

> 郡國多姦鑄錢，錢多輕，而公卿請令京師鑄鐘官赤側，一當五，賦官用非赤側不得行。……其後二歲赤側錢賤，民巧法用之，不便，又廢。於是悉禁郡國無鑄錢，專令上林三官鑄，錢既多，而令天下非三官錢不得行，諸郡國所前鑄錢皆廢銷之，輸其銅三官。而民之鑄錢益少，計其費不能相當。

《漢書·食貨志》亦曰：

> 自武帝時上林三官初鑄五銖錢，至平帝元始中，成錢二百八十億萬餘。

自此以後，百餘年間未嘗再變，有漢錢制殆已確立矣。推尋其始，元鼎四年之解決方案，實即賈誼貨幣政策之運用而已。

晁錯之貨幣思想，囿於資料，所得結論較簡略，大要為：貴穀物而賤金玉，帶有反貨幣主義色彩，乃重農政策下之副產也。質言之，晁錯頗欲取銷貨幣易中，而以農產品替代之，其「入粟拜爵」，輸粟不輸錢，即以此種貨幣理論為基礎也。不過晁錯之主張並不激烈，貶低意味高，取銷意味低，可謂反貨幣之前驅，而非純粹反貨幣學者。其後隨經濟、社會問題之日趨嚴重，反貨幣思想強硬，以全面廢止貨幣，復返實物經濟為職志，元帝時貢禹為代表。《漢書·貢禹傳》曰：

> 自五銖錢起已來，七十餘年，民坐盜鑄錢被刑者眾，富人積錢滿室，猶亡厭足，民心動搖，商賈求利，東西南北，各用智巧，好衣美食，歲有十二之利，而不出租稅。……故民棄本逐末，耕者不能半。貧民雖賜之田，猶賤賣以賈，窮則起為盜賊。何者？末利深而惑於錢也。

根據此種理由，貢禹提出如下建議，謂：

> 疾其末者絕其本。宜罷採珠、玉、金、銀鑄錢之官，亡復以為幣。市井勿得販買，除其租銖之律。租稅祿賜，皆以布帛及穀，使百姓壹歸於農。〔註33〕

比較晁錯、貢禹之意見，兩者確有不同之處：晁錯雖反對時人過份重視貨幣，但仍承認貨幣於社會經濟生活中理應保有之地位，非完全摒棄；貢禹則力主全面廢除，以物易物。此為漢代反貨幣學說之前後兩期也。〔註34〕

〔註33〕見《漢書·貢禹傳》。
〔註34〕晁錯為前期，貢禹為後期，其觀點差異如文所述。

三、邊防政論

漢初，內政不靖，國力衰疲，而匈奴冒頓、軍臣單于在位，為其彊勢時期，因此中國忍詬和親，飽受寇擾，賈誼、晁錯不勝其辱，皆上陳備胡、抗胡方略，嘉謨讜言間出，影響當代及後世互有利弊。同時，二人之重農經濟政論，固主為解決社會貧富問題而獻策，亦深寓貯餉禦敵之意義，宜並觀焉。

賈誼痛述和親無效，建言五餌、三表。其說多本諸儒家，以德化為第一，統名曰「耀蟬之術」，務戰德。此種思想之主要影響如後：

（1）五餌、三表，一方主戰，一方主德化，又輔之以利誘，就學術言，並不純粹。其華夷之辨、德化思想，上紹古聖，亦乏新義，王夫之甚且斥之為「嬰稚之巧」〔註35〕然而際炎漢肇造，國策方針猶尚草創，賈誼提倡儒家之德化一統，對於改革無為，轉道為儒，極具奠基與催化作用，其後，中國之與夷狄交，不論勝負強弱，莫不引此以為己任也。〔註36〕

（2）就漢代言，武帝竭中國之力，長期征戰，致國困民窮，天下虛竭，故武帝以後，德化蠻夷之聲浪波瀾壯闊，此殆淵源於賈誼也。如《鹽鐵論》中文學之士即主張：「畜仁義以風之，廣德行以懷之，是以近者親附而遠者悅服。」〔註37〕不過武帝以後儒者之德化思想，因時轉易，與賈誼貌同而質異，略有以下兩項：甲、賈誼雖主德化，但不廢抗爭；武帝以後厭戰反戰，反對武力征伐；乙、賈誼從國家尊嚴角度出發，欲解華夷倒懸之勢；武帝以後則從經濟觀點立論，求省中國之費。

至於五餌之議，大要乃：以利啗胡，寵幸降胡以與單于爭民，賜之盛服車乘、玉食珍味、音樂婇人、高堂邃宇、府庫奴婢等，用沮喪其口耳目腹心，務使「匈奴一國傾心而冀人人怲怲，惟恐其後來」。〔註38〕此種思想與講求「義利之辨」之儒學適相反，其辦法亦看似荒謬，卻頗具實效，成為漢匈爭霸戰招降胡將之首要策略。推理言之，晁錯「以夷制夷」之發降胡，編組納入漢軍，以及武帝八校尉中之三大外籍兵團：越騎、長水、胡騎；（以上詳見第五章第三節）亦仰給五餌，始克有成也。文、景、武年間，凡匈奴將帥投誠，暨漢反將軍匈奴再度歸服者，中國非僅不殺，且泰半賜爵拜官以優卹之，或

〔註35〕 見王氏著《讀通鑑論》卷二。
〔註36〕 本文此處但言其影響，姑不論其影響之利弊，特此申明。
〔註37〕 同註23。
〔註38〕 見《新書·匈奴篇》。

即感於五餌之說可行也。如：〔註39〕

弓高壯侯韓隤當：以匈奴相國降，侯，故韓王信子。

襄城哀侯韓嬰：以匈奴相國降，侯，二千戶。故韓王信太子之子。

安陵侯於軍：以匈奴王降，侯，千五百五十戶。

桓侯賜：以匈奴王降。

遒侯陸彊：以匈奴王降，侯，千五百七十戶。

容城攜侯徐盧：以匈奴王降，侯，七百戶。

易（翕）侯僕黥：以匈奴王降，侯，千一百十戶。

范陽靖侯范代：以匈奴王降，侯，六千二百戶。

翕侯邯鄲：以匈奴王降，侯。

亞谷簡侯盧它之：以匈奴東胡王降，侯，千戶。故燕王盧綰子。

翕侯趙信：以匈奴相國降，侯。

特轅侯樂：以匈奴都尉降，侯，六百五十戶。

親陽侯月氏：以匈奴相降，侯，六百八十戶。

若陽侯猛：以匈奴相降，侯，五百三十戶。

涉安侯於單：以匈奴單于太子降，侯。

昌武侯趙安稽：以匈奴王降，侯。

襄城侯桀龍：以匈奴相國降，侯，四百戶。

潦悼侯王授訾：以匈奴趙王降，侯，五百六十戶。

下摩侯譚毒尼：以匈奴王降，封七百戶。

濕陰定侯昆邪：以匈奴昆邪王將眾十萬降，侯，萬戶。

煇渠慎侯應疕：以匈奴王降，侯。

河綦康侯烏黎：以匈奴右王與渾邪降，侯，六百戶。

常樂侯稠雕：以匈奴大當戶與渾邪降，侯，五百七十戶。

杜侯復陸支：以匈奴歸義因敦王，從票騎將軍擊左王，以少破多，捕虜三千一百，侯，千三百戶。

眾利侯伊即軒：以匈奴歸義樓剸王，從票騎將軍擊左王，手劍合，侯，千一百戶。

湘成侯敞屠洛：以匈奴符離王降，侯，千八百戶。

散侯董舍吾：以匈奴都尉降，侯，千一百戶。

〔註39〕以下參見《漢書》〈高惠高后孝文功臣表〉、〈景武昭宣元成哀功臣表〉。

臧馬康侯雕延年：以匈奴王降，侯，八百七十戶。

膫侯次公：以匈奴歸義王降，侯，七百九十戶。

開陵侯成娩：以故匈奴介和王將兵車師。

茲考汲黯見斥武帝乙事，五餌政策之運用爲國家大計，可爲明證也。《漢書·汲黯傳》曰：

> 黯務少事，間常言與胡和親，毋起兵。……後渾邪王至，賈人與市者，坐當死五百餘人。黯入，……曰：「夫匈奴攻當路塞，絕和親，中國舉兵誅之，死傷不可勝計，而費以鉅萬百數。臣愚以爲陛下得胡人，皆以爲奴婢，賜從軍死者家，鹵獲，因與之，以謝天下，塞百姓之心。今縱不能，渾邪帥數萬之眾來，虛府庫賞賜，發良民侍養，若奉驕子。……陛下縱不能得匈奴之贏以謝天下，又以微文殺無知者五百人，臣竊爲陛下弗取也。」上弗許。

顧五餌必多常賜，汲黯謂「虛府庫賞賜」，靡費龐鉅，殆賈誼所未嘗估算。漢世凡匈奴入朝、歸國、賀歲、崩殂、新君立，悉例加賞賜，賞賜對象則遍及單于以下大小諸王。以下諸記事，可見一班：

> 明年，呼韓邪單于款五原塞，願朝三年正月。漢遣車騎都尉韓昌迎，發過所七郡郡二千騎，爲陳道上。單于正月朝天子於甘泉宮，漢寵以殊禮，位在諸侯王上，贊謁稱臣而不名。賜以冠帶衣裳，黃金璽盭綬，玉具劍，佩刀，弓一張，矢四發，棨戟十，安車一乘，鞍勒一具，馬十五匹，黃金二十斤，錢二十萬，衣被七十七襲，錦繡綺縠雜帛八千匹，絮六千斤。禮畢，使使者道單于先行，宿長平。上自甘泉宿池陽宮。上登長平，詔單于毋謁，其左右當戶之群臣皆得列觀，及諸蠻夷君長王侯數萬，咸迎於渭橋下，夾道陳。上登渭橋，咸稱萬歲。單于就邸，留月餘，遣歸國。……漢遣長樂衛尉高昌侯董忠、車騎都尉韓昌將騎萬六千，又發邊郡士馬以千數，送單于出朔方雞鹿塞。詔忠等留衛單于，助誅不服，又轉邊穀米糒，前後三萬四千斛，給贍其食。是歲，郅支單于亦遣使奉獻，漢遇之甚厚。明年，兩單于俱遣使朝獻，漢待呼韓邪使有加。明年，呼韓邪單于復入朝，禮賜如初，加衣百一十襲，錦帛九千匹、絮八千斤。〔註40〕

〔註40〕 見《漢書·匈奴傳》，此宣帝甘露三年事。

南單于遣子入侍，奉奏詣闕。詔賜單于冠帶、衣裳、黃金璽、盭綬綬，安車羽蓋，華藻駕駟，寶劍弓箭，黑節三，駙馬二，黃金、錦繡、繒布萬匹，絮萬斤，樂器鼓車，鞞戟甲兵，飲食什器。又轉河東米糒二萬五千斛，牛羊三萬六十頭，以贍給之。令中郎將置安集掾吏將弛刑五十人，持兵弩隨單于所處，參辭訟，察動靜。單于歲盡輒遣奉奏，送侍子入朝，中郎將從事一人將領詣闕。漢遣謁者送前侍子還單于庭，交會道路。元正朝賀，拜祠陵廟畢，漢乃遣單于使，令謁者將送，賜綵繒千匹、綿四端、金十斤，太官御食醬及橙、橘、龍眼、荔支；賜單于母及諸閼氏、單于子及左右賢王、左右谷蠡王、骨都侯有功善者，繒綵合萬匹。歲以為常。〔註41〕

單于比立九年薨……比弟左賢王莫立，帝遣使者齎璽書鎮慰，拜授璽綬，遺冠幘絳單衣三襲，童子佩刀、緄帶各一，各賜繒綵四千匹，令賞賜諸王、骨都侯已下，其後單于薨，弔祭慰賜以此為常。〔註42〕

其他，額外賜、凶荒賜云云，多至不勝數。〔註43〕由此觀之，五餌雖或收胡人稽首臣服、漢廷安邊保塞之功，似乎節省軍餉，然而中國付出代價亦極可觀，以權時甚佳，經年累世則費而不惠也。

　　晁錯剖析敵我長短，精詳透徹，所獻備禦方策，皆有關實政，契合需要，故多見採納，擇將、練卒、備器、蓄息戎馬、以夷制夷、重粟積貯、徙民實邊等，漢帝悉刻意經營之，成為孝武北伐匈奴之憑恃與戰略也。《漢書・匈奴傳》曰：

文帝中年，赫然發憤，遂躬戎服，親御鞍馬，從六郡良家材力之士，

馳射上林，講習戰陣，聚天下精兵，軍於廣武，顧問馮唐，與論將帥。

可見一班也。

　　「以夷制夷」論，賈誼《新書》亦有之，曰：

將必以匈奴之眾，為漢臣民制之，令千家而為一國，列處之塞外，自隴西延至遼東，各有分地衛邊，使備月氏、灌窳之變，皆屬之其

〔註41〕　見《後漢書・南匈奴傳》，此光武帝建武二十六年事。

〔註42〕　見《後漢書・南匈奴傳》，此光武帝建武二十九年以後事。

〔註43〕　如：元帝初即位，呼韓邪單于復上書，言民眾困乏，漢詔雲中、五原郡轉穀二萬斛以給焉。（《漢書・匈奴傳》）光武建武二十九年，賜南單于羊數萬頭。建初元年，其年（匈奴）南部苦蝗大饑，肅宗稟給其貧人三萬餘口。（《後漢書・南匈奴傳》）

置郡，然後罷戍，休邊民、天下之兵。帝之威德，內行外信，四荒
悅服，則愚臣之志快矣。〔註44〕

以上記載說明：制度化匈奴降者，以對抗月氏、灌窬，並利用之守邊，其目
的在罷戎備、休邊民。邢義田指出：「這種看法在當時無疑並不切合實際。」
〔註45〕其理由爲：匈奴方大事擴張，與漢爲敵，斷難聽令漢室、爲漢守邊；
蓋邢氏誤以「匈奴之眾」謂匈奴全族。竊亦以賈誼此說失之空幻，蓋冒頓最
彊，控弦三十萬，其後人口或有增殖，然西漢前葉來降見諸載籍者，武帝時
昆邪王率十萬歸義，堪稱眾多，今欲自隴西延至遼東，分地衛邊，而罷漢兵，
此未免紙上談兵，遠離事實。至於晁錯之「以夷制夷」論，則輯降胡之所有，
無論國籍，編組之，配合漢軍作戰，其重點在「以夷之長技以制夷」，並非委
邊防於夷狄，而罷去漢戍、休邊民也。其後，武帝置八校尉：中壘、屯騎、
步兵、射聲、虎賁屬漢軍；而越騎、長水、胡騎則胡、越內附以爲騎也。此
外，復有屬國騎亦入藩胡邦以爲騎也。〔註46〕凡戰，則漢將帥軍，漢胡並發，
如〈張騫傳〉：「武帝遣趙破奴將屬國騎及郡兵數萬擊胡。」此殆衍承晁錯遺
義而有所發揮也。

　　「徙民實邊」爲晁錯邊防政論最重要之一環，其影響亦最深遠，乃中國
屯田制度之鼻祖也。勸募賤民自願往實邊郡，政府則優卹組織訓練之，令其
地著樂處，有長居之心，自耕而食，自備以戰，親戚相保，邑里相助，大省
更戍轉輸之貲費，厥功甚偉。疏上，文帝納言實踐。其後，武帝開疆拓土，
廣闢西境，即改良晁錯辦法大規模推行之，不但河套、河西、西域屯田，羌
族邊區及穢貉邊區等亦屯田，「屯田」遂成爲漢代開邊事業之礎石也。顧屯田
有軍屯、民屯兩類，（詳見第五章第三節）漢武所用爲軍屯，邊戍邊耕；晁錯
所用爲民屯，邊耕邊戍；而且漢武軍屯，所重在「進攻」，晁錯民屯，所重在
「防備」，方法、目的洵有相異處。管東貫嘗分析有漢一代之屯田，謂：武帝
以前，屯田作用祇發揮消極防守功效；武帝以後，屯田政策重大更張，轉守
勢爲攻勢，積極功效出焉。易言之，即：晁錯是靜態之屯，而武帝則隨軍事
發展向前推進，爲「可以移植」之動態式。管氏曰：

　　漢自文帝十一年採晁錯議募民耕戍塞下，是爲農兼軍的民屯之始，

〔註44〕同註38。
〔註45〕見邢氏著《漢代以夷制夷論》。
〔註46〕詳參第五章第三節。

同時亦是漢代屯田之始。……漢代的屯田雖然在文帝時代就已開
始，但是它在解決漢代邊疆問題的過程中，直到武帝以前，都還祇
發揮出守勢的「防」的作用。換句話說就是，祇盡到了它的防禦寇
敵的消極功效。武帝即位以後，對屯田的運用作了重大的改變，他
把軍屯與民屯配合起來運用，使屯田由守勢轉變為攻勢，而發揮出
了它的積極的功效。漢代以開邊來解決邊疆問題，因而造成光輝燦
爛的武功，主要即是由於漢武帝對屯田的運用作了這樣一種轉變而
達成的。……這是屯田的又一發展，它表明屯田可以順著軍事的發
展向前推進。因此，屯田由晁錯當初構想的「落地生根」式的靜態
式，變為可以移植的動態了。武帝把屯田用活了，他的雄材大略由
此可見。〔註47〕

雖然，武帝之出陳布新端賴於晁錯草創粗胚，此外，尚有他原因存焉：甲、
文帝時期武力不備，未遑事胡，惟防守是務，故晁錯謀劃盡此而已；乙、晁
錯「徙民實邊」，不以啟釁夷狄，黷武耀威為尚，欲：「以陛下之時，徙民實
邊，使遠方無兵戍之事，塞下之民父子相保，亡係虜之患。」〔註48〕武帝則
否，元朔二年，衛青出雲中以西至隴西，取河南地，築朔方郡，主父偃籌謀
屯田，盛曰：「內省轉輸戍漕，廣中國，滅胡之本也。」〔註49〕征和中，桑弘
羊與丞相車千秋議屯田輪台，奏亦曰：「益墾漑田，稍築列亭，連城而西，以
威西國。」〔註50〕此皆欲以見彊也。

第二節　影響個人遭遇

　　賈誼、晁錯之政論，緣學術思想成分輕重，乃同中有異、異中有同，各
具面貌：賈誼以儒家為本質而帶有法家色彩；晁錯以法家為本質而帶有儒家
色彩。考儒、法者流於先秦諸子中，基本立場對立，理論實踐迥別，入主出
奴，勢同水火；雖然，較諸漢初當道流行之道家「無為而治」，則概屬積極有
為之改革學派也。

　　按戰國晚年以後，中國思想多傾向於折衷混和，漢代道家，實即所謂「黃

〔註47〕　見管氏著《漢代的屯田與開邊》。
〔註48〕　見《漢書‧晁錯傳》。
〔註49〕　同註3。
〔註50〕　見《漢書‧西域傳》。

老之學」。司馬談〈論六家要指〉，於道家之界說曰：

> 道家使人精神專一，動合無形，贍足萬物。其為術也，因陰陽之大
> 順，采儒墨之善，撮名法之要，與時推移，立俗施事，無所不宜。
> 指約而易操，事少而功多。

道家既已兼收並蓄陰陽、儒、墨、名、法，足證乃一雜揉複合之學說無疑，
宜與先秦老、莊分別，老、莊中心思想主要概為：（1）自然變化之宇宙觀，（2）
養生保真之人生觀；（3）放任無為之政治觀。漢人「黃老」專側重「放任無
為之政治觀」，為一種「君人南面」之治世方術，〔註51〕應用老子無為而無不
為之自然變化觀，以柔道治國。老子曰：

> 天長地久。天地所以長久者，以其不自生，故能長生。是以聖人後
> 其身而身先，外其身而身存。非以其無私耶？故能成其私。〔註52〕

> 將欲取天下而為之，吾見其不得已。天下神器，不可為也，不可執
> 也。為者敗之，執者失之。故物或行或隨，或歔或吹，或強或羸，
> 或挫或隳。是以聖人去甚、去奢、去泰。〔註53〕

> 道常無為而無不為，侯王若能守之，萬物將自化。化而欲作，吾將
> 鎮之以無名之樸。夫亦將無欲，不欲以靜，天下將自定。〔註54〕

> 以正治國，以奇用兵，以無事取天下。吾何以知其然哉？以此。天
> 下多忌諱，而民彌貧；民多利器，國家滋昏；人多伎巧，奇物滋起；
> 法令滋彰，盜賊多有。故聖人云：我無為而民自化，我好靜而民自
> 正，我無事而民自富，我無欲而民自樸。〔註55〕

老子崇揚「道」，假設「道」為萬物所以成之第一元，無往而不在，纖微至於
無形，柔弱至於無為，而無不為、無不成，不但是概括宇宙本體之最高理念，
且為世間各類事物生成與運動規律之體現，因此，強調人生必體道而行，虛
靜無為，去除主觀心智作用，純任外在客觀演變。黃老緣此，愈進一層，視
道為社會體現與政治法則，一如其為宇宙本體然，舉凡社會組織、政治運作，

〔註51〕 《漢書‧藝文志》：「道家者流，蓋出於史官，歷記成敗存亡禍福古今之道，
　　　　然後知秉要執本，清虛以自守，卑弱以自持，此君人南面之術也。」
〔註52〕 見《老子》第七章。
〔註53〕 見《老子》第二十九章。
〔註54〕 見《老子》第三十七章。
〔註55〕 見《老子》第五十七章。

看似人為，實為天生，固以自然，不可勉強也。《黃帝四經》曰：

> 道生法。法者，引得失以繩，而明曲直者毆（也）。□執道者，生法
> 而弗敢犯毆（也），法立而弗取廢（也）。□能自引以繩，然後知天
> 下而不惑矣。虛無刑（形），其䙡（智）冥冥，萬物之所從生。生有
> 害，……生必動，動有害，……動有事，事有害。曰逆，曰不稱，
> 不知所為用。〔註56〕

> 恒先之初，迥同大虛。虛同為一，恒一而止。濕濕夢夢，未有明晦。
> 神微周盈，精靜不熙（熙）。古未有以。萬物莫以。古元有刑（形），
> 大迥無名。……萬物得之以生，百事得之以成。人皆以之，莫知其
> 名。人皆用人，莫見其刑（形）。一者其號也，虛其舍也，無為其素
> 也，和其用也。是故上道高而不可察也，深而不可則（測）也。顯
> 明弗能為名，廣大弗能為刑（形），獨立不偶，萬物莫之能令。……
> 服此道者，是胃（謂）能精。明者固能察極，知人之所不能知，人
> 服人之所不能得。是胃（謂）察稽知極。聖王用此，天下服。無好
> 無亞（惡）。上用□□而民不麋（迷）惑。上虛下靜而道得其正。信
> 能無欲，可為民令。上信無事，則萬物周扁（遍），分之以其分，而
> 萬民不爭。授之以其名，而萬物自定。不為治勸；不為亂解（懈）。
> 廣大弗務，及也。深微弗索，得也。□為一而不化。得道之本，握
> 少以知多。得事之要，操正以政（正）畸（奇）。〔註57〕

《淮南子》曰：

> 夫道者，覆天載地，廓四方，柝八極，高不可際，深不可測，包裹
> 天地，稟受無形，原流泉浡，沖而徐盈，混混滑滑，濁而徐清。……
> 約而能張，幽而能明，弱而能強，柔而能剛。……由此觀之，得在
> 時，不在爭；治在道，不在聖。……法度刑罰，何足以致之也？是
> 故聖人內脩基本，而不外飾其末；保其精神，偃其智故。漠然無為
> 而無不為也，澹然無治也而無不治也。所謂無為者，不先物為也；
> 所謂無不為者，因物之所為；所謂無治者，不易自然也；所謂無不
> 治者，因物之相然也。萬物有所生，而獨知守其根；百事有所出，
> 而獨知守其門。故窮無窮，極無極，照物而不眩，響應而不乏，此

〔註56〕　見《黃帝四經・經法篇》。
〔註57〕　見《黃帝四經・道原篇》。

之謂天解。故得道者，志弱而事強。心虛而應當。所謂志弱而事強
者，柔竭安靜，藏於不敢，行於不能，恬然無慮，動不失時，與萬
物回周旋轉，不爲先唱，感而應之。〔註58〕

綜觀上述，可知此種無爲政治哲學，特主張「推自然之勢」，反對任己背道以
妄作，但亦非寂然不動，而是「不爲物先，不爲物後」、「因時應變」，一切循
理舉事。謂：道生萬物萬事已各賦予自然適應，尊重並固守此自然適應，絕
不強力改革更張、擾動多事，便自自然然合乎時宜，天下長治久安矣。總括
言之，黃老之治，推「因順自然」爲最高原則，「清靜簡易」爲國策方針，乃
以簡馭繁、以定馭亂、以易馭難也，故司馬談譽其「指約而易操，事少而功
多。」〔註59〕至於表現諸實際行政，殆以下列諸事項較常見：（1）減輕刑罰，
薄省賦斂；（2）省去干涉，自由放任；（3）因循先例，不妄變革；（4）安定
社會，偃武息兵；（5）天子節儉，恭謹自守。

漢初七十餘載，適值此種政治哲學盛行時期，君臣上下莫不奉黃老以爲
治。考諸史料，詳實可證，如：

沛公悉召諸縣父老、豪傑，謂曰：「父老苦秦苛法久矣，……與父老
約，法三章耳：殺人者死，傷人及盜抵罪。餘悉除秦法。」……秦
民大喜。爭持牛、羊酒食獻饗軍士，沛公又讓不受……民又益喜。
〔註60〕

高祖有天下，三邊外畔，大國之王雖稱蕃輔，臣節未盡，會高祖厭
苦軍事，亦有蕭、張之謀，故偃武一休息。〔註61〕

孝惠高后之時，海內得離戰國之苦，君臣俱欲無爲，故惠帝拱己，
高后女主制政，不出房闥，而天下晏然，刑罰罕用。〔註62〕

漢興之初，反秦之敝，與民休息，凡事簡易，禁網疏。〔註63〕

齊太倉令淳于公有罪當刑，詔獄逮徙繫長安。……其少女緹縈自傷
悲泣，遂隨其父至長安，上書，……書奏天子，天子憐悲其意，遂

〔註58〕見《淮南子·原道訓》。
〔註59〕見《史記·太史公自序》引司馬談〈論六家要旨〉。
〔註60〕見《漢書·高帝紀》。
〔註61〕見《史記·律書》。
〔註62〕見《漢書·高后紀》。
〔註63〕見《漢書·循吏傳》。

下曰：「……蓋聞有虞氏之時，畫衣冠異章服以爲僇，而民弗犯。何
洽之治也。今法有肉刑三，而姦不止，其咎安在？……今人有過，
教未施而刑已加焉，或欲改行爲善，而道亡繇至，朕甚憐之。夫刑
至斷支體，刻肌膚，終身不息，何其刑之痛而不德也？豈稱爲民父
之意哉？其除肉刑。」〔註64〕

孝文皇帝即位二十三年，宮室苑囿車騎無所增益，……嘗欲作露臺，
召匠計之，直百金。上曰：「百金，中人十家之產也，吾奉先帝宮室，
常恐羞之，何以臺爲？」身衣弋綈，所幸慎夫人衣不曳地，帷帳無
文繡，以示敦樸，爲天下先。治霸陵，皆瓦器，不得以金銀銅錫爲
飾，因其山，不起墳。〔註65〕

以上專舉帝王爲例，而當朝掌政之大臣亦不然也，最有名者，允推曹參與陳
平。《史記・曹相國世家》曰：

孝惠帝元年，除諸侯相國法，更以參爲齊丞相。參之相齊，齊七十
城。天下初定，悼惠王富於春秋，參盡召長老諸生，問所以安集百
姓，如齊故俗。諸儒以百數，言人人殊，參未知所定。聞膠西有蓋
公，善治黃老言，使人厚幣請之，既見蓋公，蓋公爲言治道貴清靜
而民自定，推此類具言之。參於是避正堂，舍蓋公焉，其治要用黃
老術，故相齊九年，齊國安集，大稱賢相。惠帝二年，蕭何卒。……
參代何爲漢相國，舉事無所變更，一遵蕭何約束。擇郡國吏木訥於
文辭，重厚長者，即召除爲丞相史。吏之言文刻深，欲務聲名者，
輒斥去之。日夜飲醇酒，卿大夫已下吏及賓客見參不事事，來者皆
欲有言。至者，參輒飲以醇酒，閒之，欲有所言，復飲之，醉而後
去，終莫得開說，以爲常。相舍後園近吏舍，吏舍日飲歌呼。從吏
惡之，無如之何，乃請參遊園中，聞吏醉歌呼，從吏幸相國召按之。
乃反取酒張坐飲，亦歌呼與相應和。參見人之有細過，專掩匿覆蓋
之，府中無事。……惠帝怪相國不治事，以爲「豈少朕與」？……
參免冠謝曰：「陛下自察聖武孰與高帝？」上曰：「朕乃安敢望先帝
乎！」曰：「陛下觀臣能孰與蕭何賢？」上曰：「君似不及也。」參
曰：「陛下言之是也。且高帝與蕭何定天下，法令既明，今陛下垂拱，

〔註64〕　見《漢書・刑法志》。
〔註65〕　見《漢書・文帝紀》。

> 參等守職，遵而勿失，不亦可乎？」惠帝曰：「善。君休矣！」參為
> 漢相國，出入三年。卒，諡懿侯。子窋代侯。百姓歌之曰：「蕭何為
> 法，顜若畫一：曹參代之，守而勿失。載其清淨，民以寧一。」

此即「蕭規曹隨」之所由出。據《史記・樂毅傳》，蓋公學於樂臣公，樂臣公
學於樂瑕公，樂瑕公學於毛翕公，毛翕公學於安期生，安期生學於河上丈人，
河上丈人乃首注老子之河上公是也，曹參之黃老學堪謂嫡傳。《史記・陳丞相
世家》又曰：

> 上（文帝）益明習國家事，朝而問右丞相勃曰：「天下一年決獄幾何？」
> 勃謝不知。問「天下一歲錢穀出入幾何？」勃又謝不知。……上亦
> 問左丞相平。平曰：「有主者。」上曰：「主者謂誰？」平曰：「陛下
> 即問決獄，責廷尉；問錢穀，責治粟內史。」上曰：「苟各有主者，
> 而君所主何事也？」平謝曰：「主臣！陛下不知其駑下，使待罪宰相，
> 上佐天子理陰陽，順四時，下育萬物之宜，外填撫四夷諸侯，內親
> 附百姓，使卿大夫各得任其職也。」上稱善。

陳平「好讀書，治黃帝、老子術」，〔註66〕惠帝崩，呂后連廢二少帝臨朝稱制，
斯時陳平為相，「不治事，日飲醇酒，戲婦人」，〔註67〕「不治事」，即遵行無
為治術。及文帝即位，陳平以周勃除諸呂功大，讓右丞相，自居勃下為左丞
相，其行政如故。而文帝皇后竇氏更尊信黃老，終其一生為后二十三年，為
皇太后十六年，為太皇太后六年，先後共四十五年，《史記・外戚世家》曰：

> 竇太后好黃帝、老子言，帝（景帝）及太子（武帝）、諸竇，不得不
> 讀黃帝、老子，尊其術。

於是「黃老之治」乃至於全盛焉。

　　至於黃老無為，所以大受漢初君臣上下推愛臻於鼎盛者，自有其背景因
素，茲由下述兩方面考察：

　　（1）環境因素：秦代十五年，行法家思想以為統治，一切從嚴苛，事事
準法令，為秦之政治典範，《史記・始皇本紀》曰：「繁刑嚴誅，吏治刻深，
賞罰不當，刑戮相望於道。」加以賦斂繁興，役民過度，百姓不堪負荷，孤
寡老弱不能相養，終於引發革命。經陳勝、吳廣，楚漢相持大戰以後，天下
初定，而死者未葬，傷者未起，戶口流失，經濟凋殘，此時方以離戰火之苦，

〔註66〕見《漢書・陳平傳》。
〔註67〕同註66。

久亂厭倦之人心，皆冀統一後之清簡安靜，最需要者莫先乎「反秦之敝，與民休息」，〔註68〕務休養生息，故「無為而治」之黃老治術應運而生，此乃大勢所趨，環境使然也。

（2）人材因素：漢高君臣，起於卑微，高祖出身農家，《史記‧高祖本紀》言高祖為亭長時：「常告歸之田，呂后與兩子居田中耨。」至於功臣將相，除張良五世相韓、張蒼秦御史、蕭何沛主吏掾、曹參秦時為獄掾外，盡是舊牖繩樞之子，甿隸遷徙之徒，如：周勃以織薄曲為生，常以吹簫給喪事；彭越常漁鉅野澤中為盜；韓信家貧無行，從人寄食；酈其食家貧落魄，無衣食業，為里門監；陳平為縣豪；灌嬰為睢陽販繒者。職是之故，此批時代英雄，一方雖具平民純樸憨直之本色，一方則缺乏創造之見識能力，能推翻舊政權，而於新帝國應有之開國規模則束手無策，處處存續秦舊，僅內斂秦法治之嚴苛，改採清靜而已，求保持現狀，而不蘄興革，「無為而治」，非徒配合其性格，抑且掩其拙劣，遂見崇於當政者，成為漢初之治國精神。

漢初，既然環境如彼而人才如斯，故黃老消極思潮披靡，保守勢力抬頭。尤其，天下已定之後，論功行賞，受爵封為列侯者：高祖百四十七人，惠帝三人，呂后十二人，孝文十人，共百七十二人。〔註69〕漢初四朝，領兵將領固悉屬功臣列侯，至施政治民之官，亦盡以功臣列侯為主要人選，內任則聚居京師，充塞朝廷，外派則為郡國守相，爵高功大，而且同功一體，利益與共，匯成勢力強大之政治集團，其影響之深鉅，顯而易見也。高祖崩，呂后與審食其謀盡族功臣，酈商已指出功臣集團之不可動搖，曰：

> 誠如此，天下危矣。陳平、灌嬰將十萬守滎陽，樊噲、周勃將二十萬定燕、代，此聞帝崩，諸將皆誅，必連兵還鄉以攻關中。大臣內叛，諸侯外反，亡可翹足而待也。〔註70〕

呂后欲王諸呂，厚結恩於功臣，然而呂后崩，列侯功臣旋即誅滅呂氏，文帝之立，即功臣集團深謀遠慮之結果也，《史記‧呂太后紀》曰：

〔註68〕同註63。

〔註69〕據《漢書‧高惠高后孝文功臣表》：高祖百四十七；另周呂、建成二人在外戚，羹頡、合陽、沛、德四人在王子，不計。孝惠三人。高后十二人，另扶柳、襄城、軹等十一人在外戚，沛、淯、信都等五人隨父，上邳、朱虛、東牟三人在王子，不計。文帝十人，另軹、鄔、周陽三人在外戚，管、營丘、營平等十四人在王子，不計。

〔註70〕同註60。

> 或曰：「齊悼惠王，高帝長子；今其適子為齊王，推本言之，高帝適長孫，可立也。」大臣皆曰：「呂氏以外家惡而幾危宗廟，亂功臣，今齊王母家駟鈞，駟鈞、惡人也；即立齊王，則復為呂氏。」欲立淮南王，以為少，母家又惡。迺曰：「代王方今高帝見子，最長，仁孝寬厚。太后家薄氏謹良，且立長故順，以仁孝聞於天下，便。」迺相與共陰使人召代王。

史文歷歷，則知功臣之擇立文帝，乃因「以善人則大臣安」，〔註71〕為己謀畫耳。故代君臣多猶豫，張武等議曰：

> 漢大臣皆故高帝時大將，習兵，多謀詐，此其屬意非止此也，特畏高帝、呂太后威耳。今已誅諸呂，新啑血京師，此以迎大王為名，實不可信。願大王稱疾毋往，以觀其變。〔註72〕

功臣之不可信任與其陰謀私利，可謂「司馬昭之心，路人皆知也」。

　　茲觀漢初至孝景元年，歷任之丞相：蕭何、曹參、王陵、陳平、審食其、呂產、周勃、灌嬰、張蒼、申屠嘉；除呂產為呂后外戚，無一非高祖大功臣，至申屠嘉為相，老臣始凋零略盡，而申屠嘉仍以材官蹶張之卑職，上居天下宰。景帝年間，繼任者：陶青、周亞夫、劉舍；亦概屬功臣子弟。武帝立，許昌、薛澤仍是功勳子嗣；直至公孫弘出，始以布衣為卿相也。〔註73〕整體言之，功臣集團根深盤結，勢力龐大，而尤以文帝朝最烈，蓋帝為彼等所立故也。文帝即位，除以代舊臣宋昌為衛將軍，鎮撫南北軍，以張武為郎中令，行殿中，以舅薄昭為車騎將軍外，其餘京師、宮庭宿衛武力，一概委任功臣。文官方面：陳平、周勃、灌嬰相繼任相；據《漢書・百官公卿表》，文帝朝三公計有：陳平、周勃、灌嬰、張蒼、圍、馮敬、申屠嘉、陶青。以上諸人，圍無考，陶青為開封侯陶舍之子，他皆高祖功臣也。至於武將方面：三年，命丞相灌嬰擊匈奴，棘蒲侯陳武（或作柴武）為大將軍擊濟北，昌侯盧卿、共侯盧罷師、甯侯魏遫、深澤侯趙將夜為將軍，屬祁侯繒賀將軍屯滎陽；四年，安丘侯張說為將軍，擊胡，出代；十四年，昌侯盧卿、隆慮侯周竈、甯

〔註71〕 《漢書・高五王傳》：「大臣議立齊王，皆曰：『……代王母家薄氏，君子長者，且代王，高帝子，於今見在，最為長。以子則順，以善人則大臣安。』於是大臣乃謀迎代王。」

〔註72〕 見《史記・文帝紀》。

〔註73〕 參見《漢書・百官公卿表》、周道濟《漢唐宰相制度》、《西漢君權與相權之關係》。

侯魏遬皆為將軍，東陽侯張相如為大將軍，皆擊匈奴；〔註74〕以上亦皆高祖所封。大氐自高祖十五年崩，至文帝前十五年，相距三十載矣，而所用百官公卿、領兵將軍，殆非高祖所封列侯功臣莫可也。抑有進者，列侯封臣鑒於諸呂之惡，竟備豫教訓帝外親。《史記·外戚世家》曰：

> 文帝竇皇后兄弟於文帝時富貴，家居長安。絳侯、灌將軍等曰：「吾屬不死，命且縣此兩人。兩人所出微，不可不為擇師傅賓客，又復效呂氏大事也。」於是乃選長者士之有節行者與居。竇長君、少君由此為退讓君子，不敢以尊貴驕人。

而文帝不僅尊寵誅呂擁立之功臣，凡高祖時功小未侯者亦多所賞賜也。前元年下詔：

> 列侯從高帝入蜀、漢中者六十八人，皆益封各三百戶，故吏二千石以上從高帝潁川守尊等十人食邑六百戶，淮陽守申徒嘉等十人五百戶，衛尉定等十人四百戶。〔註75〕

《史記·張丞相傳》亦曰：

> 孝文元年，舉故吏士二千石從高皇帝者，悉以為關內侯，食邑二十四人，而申屠嘉食邑五百戶。

按本紀三十人，傳二十四人，未知孰是，姑不論也。此等亦高祖功臣，其功不顯，積勞至二千石，今悉賜之爵邑；然則文帝恩結之心明矣，而功臣足以左右朝綱亦明矣。

依理言之，列侯為因論功而定封，是爵，無行政權，所食邑曰侯國，與縣同級，其分布主要於關東。高祖初封時，關中不設侯國，使與關東王國犬牙相錯，而列侯多留居長安任職，國家賜其宅第，所食邑稅轉輸長安以供費用。何故？欲列侯與侯國分離，人在關中，國在關東，一旦關東王國發難，列侯為保其侯國利益，不得不與中央戮力合作，景帝時吳楚七國反，長安列侯封君率行從軍旅，即其一證也。〔註76〕易言之，其作用基於：使關中功臣列侯勢力與關外諸侯王勢力制衡，便宜控馭也。然而列侯旅食京華，出將入相，時日既久，成幫結黨，反凌駕帝室，至文帝以代王入立，孤微，遂備受

〔註74〕以上參見《漢書·百官公卿表》、《漢書·高惠高后孝文功臣表》、《史記》〈文帝紀〉、〈漢興以來將相名臣年表〉、〈高祖功臣侯者年表〉。

〔註75〕同註72。

〔註76〕《漢書·貨殖傳》：「吳、楚兵之起，長安列侯封君行從軍旅。」

列侯功臣束縛，文帝欲有所舉措興作皆遭掣肘焉。

　　《史記・儒林傳》曰：「孝文帝本好刑名之言。」可見文帝非無爲主義者，文帝之大志在：革新制度，開國家規模。於是蓄意起用新人，聞賈誼師吳公學於李斯，延吳公而任賈誼，賈誼之謀劃主要爲兩方面：（1）建立漢王朝制度；（2）窮黜列侯功臣勢力。以上概深得帝心，顧前項與功臣集團思想對立，後項更直截傷及功臣利益。列侯功臣勃然怒，群起圍剿，文帝無奈何，抑己遷就功臣，賈誼遂遭貶謫外放。《漢書・禮樂志》曰：

> 至文帝時，賈誼以爲……，漢興至今二十餘年，宜定制度，興禮樂，然後諸侯軌道，百姓素樸，獄訟衰息。乃草具其儀，天子說焉，而大臣絳、灌之屬害之，故其議遂寢。

〈賈誼傳〉說之更詳，曰：

> 誼以爲漢興二十餘年，天下和洽，宜當改正朔，易服色制度，定官名，興禮樂，乃草具其儀法，色上黃，數用五，爲官名悉更，奏之。文帝謙讓未皇也。然諸法令所更定，及列侯就國，其說皆誼發之。於是天子議以誼任公卿之任。絳、灌、東陽侯、馮敬之屬盡害之，乃毀誼曰：「雒陽之人年少初學，專欲擅權，紛亂諸事。」於是天子後亦疏之，不用其議，以誼爲長沙王太傅。

「列侯就國」，即窮黜功臣集團勢力之具體辦法也，蓋列侯就國，首先免去官職，不能與聞朝政；離開中央，各自返回所食邑；實際行政權見奪，而且力量析散，必然失勢也。再者，列侯不治其國，無兵權，既就國則受制於地方長吏，一獄吏足以制之矣。〔註77〕「列侯就國」，堪稱爲分崩瓦解高祖功臣集團政治力量之最佳謀略也。文帝二年多十月，第一次頒遣列侯就國令，曰：

> 朕聞古者諸侯建國千餘，各守其地，以時入貢，民不勞苦，上下驩欣，靡有違德。今列侯多居長安，邑遠，吏卒給輸費苦，而列侯亦無繇教訓其民。其令列侯之國，爲吏及詔所止者，遣太子。〔註78〕

〔註77〕如周勃即一例也。《漢書・周勃傳》：周勃既免相就國：「歲餘、每河東守尉行縣至絳，絳侯勃自畏恐誅，常被甲，令家人持兵以見。其後人有上書告勃欲反，下廷尉，逮捕勃治之。勃恐，不知置辭。吏稍侵辱之。勃以千金與獄吏，獄吏迺書牘背示之，曰：『以公主爲證。』……勃既出，曰：『吾嘗將百萬軍，然安知獄吏之貴也。』」

〔註78〕同註65。

李奇曰：「爲吏，謂爲卿大夫者。詔所止，特以恩愛見留者。」〔註79〕則知文帝有所保留，未敢大肆放遣，然而功臣集團竟罔顧帝令，牽延年餘而不之國，三年冬十月，第二次遣令下達，並強行解除周勃之丞相職位，令其爲天下列侯表率。《漢書・文帝紀》載其事，曰：

> 詔曰：「前日詔遣列侯之國，辭未行。丞相，朕之所重，其爲朕率列
> 侯之國。」遂免丞相勃，遣就國。

由是觀之，賈誼之不遇，良有以也，此非僅止於積極有爲與保守無爲政治思想之對立耳，洵因涉及功臣集團之實質利害故也。文帝沈穩，二年、三年銳意精進，迭遭阻力，知功臣勢盛，欲速不達，乃苟隨功臣，貶謫賈誼，以安其心。惟帝屬意改革，志意已堅，遂時時思賈誼，垂問以國事。〈賈誼傳〉又曰：

> 文帝思誼，徵之。至，入見，上方受釐，坐宣室，上因感鬼神事，
> 而問鬼神之本，誼具道所以然之故。至夜半，文帝前席，既罷，曰：
> 「吾久不見賈生，自以爲過之，今不及也。」乃拜誼爲梁懷王太傅。
> 懷王，上少子，愛，而好書，故令誼傅之，數問以得失。

於是賈誼雖身居外藩爲傅，而「數上疏陳政事，多所欲匡建」，〔註80〕班孟堅行文至此，續之以〈治安策〉。茲考〈治安策〉論述層面甚廣，綜歸之則總以「反無爲」爲首務也。曰：

> 臣竊惟事勢，可爲痛哭者一，可爲流涕者二，可爲長太息者六，若
> 其它背理而傷道者，難遍以疏舉。進言者皆曰天下已安治矣，臣獨
> 以爲未也；曰安且治者，非愚即諛，皆非事實知治亂之體者也。夫
> 抱火厝之積薪之下，而寢其上，火未及燃，因謂之安；方今之勢，
> 何以異此？本末舛逆，首尾衡決，國制搶攘，非甚有紀，胡可謂治？
> 陛下何不壹令臣得孰數之於前？因陳治安之策，試詳擇焉！〔註81〕

所謂「進言者皆曰天下已安治矣」，乃抨擊功臣集團之黃老無爲政策也，而賈誼斥之曰：「非愚即諛」，其主張積極改革曾不稍變也。

　　晁錯出身太常，與賈誼同屬新起登進之秀異，而非功臣集團，其與功臣之對立，一如賈誼。文帝知其可任以大事，令侍太子，備未來之用也。凡錯所獻「上兵體三章」、「守邊備塞」、「勸農力本」、「徙民實邊」、「入粟拜爵」等，無

〔註79〕《漢書・文帝紀》注引李奇曰。
〔註80〕見《漢書・賈誼傳》。
〔註81〕同註80。

一不嘉許採行；前十五年舉賢良文學高第，復擢拔爲中大夫。唯獨削藩及更法令，文帝不敢盡聽，何者？蓋以賈誼爲前車之鑒也。《漢書·晁錯傳》曰：

> 後詔有司舉賢良文學士，錯在選中，上親策詔之。……時賈誼已死，對策者百餘人，唯錯爲高第，繇是遷中大夫。錯又言宜削諸侯事，及法令可更定者，書凡三十篇，孝文雖不盡聽，然奇其材。當是時，太子善錯計策，爰盎諸大功臣多不好錯。

「爰盎諸大功臣多不好錯」，其中消息，曉然若揭矣。晁錯斬死東市，即袁盎之讒謀也。爰盎者，《漢書·爰盎傳》曰：

> 爰盎字絲，其父楚人也；故爲群盜，徙安陵。高后時，盎爲呂祿舍人。孝文即位，盎兄噲任盎爲郎中。……及絳侯就國，人上書告以爲反，徵繫請室，諸公莫敢爲言，唯盎明絳侯無罪。絳侯得釋，盎頗有力。絳侯乃大與盎結交。……盎素不好鼂錯，錯所居坐，盎輒避；盎所居坐，錯亦避：兩人未嘗同堂語。

袁盎、小人耳，非高祖功臣列侯，夤緣外戚與門蔭以出身，呂氏倒，轉舵附尾於周勃，「絳侯大與盎結交」，此乃袁盎參與功臣集團之主因也。及景帝即位，任錯爲內史，遷御史大夫，正欲大事有爲，創業垂統。盎既與錯有隙，益深結功臣，多所置喙，推理可知。其實，晁錯之主要政敵非袁盎，仍是以丞相等爲首之功臣集團也。錯傳又曰：

> 景帝即位，以錯爲內史。錯數請間言事，輒聽，幸傾九卿，法令多所更定。丞相申屠嘉心弗便，力未有以傷。內史府居太上廟壖中、門東出，不便，錯乃穿門南出，鑿廟壖垣。丞相大怒，欲因此過爲奏請誅錯。錯聞之，即請間爲上言之。丞相奏事，因言錯擅鑿廟垣爲門，請下廷尉誅。上曰：「此非廟垣，乃壖中垣，不致於法。」丞相謝。罷朝，因怒謂長史曰：「吾當先斬以聞，乃先請，固誤。」丞相遂發病死。

〈申屠嘉傳〉亦曰：

> 嘉爲丞相五歲，文帝崩，孝景即位。二年，鼂錯爲內史，貴幸用事，諸法令多所請變更，議以適罰侵削諸侯。而丞相嘉自絀，所言不用，疾錯。錯爲內史，門東出，不便，更穿一門，南出。南出者，太上皇廟壖垣也。嘉聞錯穿宗廟垣，爲奏請誅錯。客有語錯，錯恐，夜入宮上謁，自歸上。至朝，嘉請誅內史錯。上曰：「錯所穿非眞廟垣，

乃外堧垣，故冗官居其中，且又我使爲之，錯無罪。」罷朝，嘉謂
長史曰：「吾悔不先斬錯乃請之，爲錯所賣。」至舍，因嘔血而死。
起自高祖，功臣集團即擁丞相爲領袖，蓋丞相名爲百官首，總領庶事，掌理
萬機，實際參決朝政。漢初丞相權大，丞相所請，靡有不聽，而且禮遇隆重，
特別優恤，如蕭何賜劍履上殿，入朝不趨，事奏不名；丞相進見，御坐爲起，
在輿爲下；丞相疾病，天子親問疾；既薨移居第中，親往弔唁。《漢書‧翟方
進傳》注云：「丞相有疾，皇帝法駕親至問疾，從西門入。即薨移居第中，車
駕往弔，賜棺、棺斂具，贈錢葬地，葬日公卿以下會葬焉。」至於內史，則
掌治京師，原屬地方政府，顧以所轄爲京畿，故雖爲外官，而又能參與朝政，
兼備內官性質。曾金聲曰：

> 遠在西周東周之際，部落之主族所在，即其宗廟所在。故周稱宗周，
> 魯稱宗魯。詩所謂「周宗既滅，靡所底止」者，即是說宗廟破毀之
> 後，沒有依歸的意義。因此，可知即在古代部落時代，對其宗廟所
> 在之地，必有特別之經營。由部落發展爲國家，則京都爲帝王所居，
> 陵園所在，事實上亦須有特殊之制度以與外郡相維制。又周代王政
> 多行於宗廟，宗廟爲史官所守，而內史最爲親近。宗廟近地，或即
> 爲內史之職掌，故秦因之以掌京師，至漢相因相革，遂開後代京畿
> 地方制度之初基。〔註82〕

內史最親，此乃就歷史發展論，鼎革之初仍以功臣列侯爲重，內史非權官。
茲考《漢書‧百官公卿表》所錄：周苛（高祖元年右遷御史大夫）、杜恬（高
祖五年任）、董赤（孝文前十四年任）、晁錯（孝景前元年任，二年右遷御史
大夫）；董赤無考，周苛爲高景侯，〔註83〕杜恬爲長脩平侯，亦皆高祖功臣也。
文、景以後，有意裁抑功臣列侯，相權漸移，而內史愈親，特有力且明白行
之者則自晁錯始，申屠嘉回顧開國以來丞相尊寵，相與比較，固宜銜憾嘔血
死也。

　　晁錯任內史一載，旋遷御史大夫，奪權之意益趨外顯也。蓋御史大夫，
掌副丞相，主司監察，不但百官過失可舉劾處分，並典法度、掌律令，理大

〔註82〕　見曾氏著《中國秦漢政治制度史》第四編、第三章。
〔註83〕　案周苛以內史從擊破秦，爲御史大夫，入漢，圍取諸侯，守滎陽，功比辟陽
　　　　侯，以罵項籍死事，高祖封其子周成爲高景侯，周苛實未受封，茲爲方便見
　　　　其出身，以高景侯稱之。

獄、治疑案、糾朝儀祭禮、糾州郡……云云。〔註84〕故《漢書‧薛宣傳》謂：「御史大夫內承本朝之風化，外佐丞相，統理天下。」按之史實，西漢四十三丞相中，由御史大夫遷補而來者，凡二十二人。〔註85〕因此之故，《通典》謂：「凡爲御史大夫者，多冀幸丞相物故，或且陰私相毀害，欲取而代之。」〔註86〕同理，漢初御史大夫權勢尚未鼎盛至此，矧多由功臣列侯居職。《漢書‧百官公卿表》所載，自周苛至晁錯共計十任，如下：

> 內史高陽侯周苛：高帝元年就職。
>
> 中尉汾陰悼侯周昌：高帝四年就職。
>
> 符璽御史江邑侯趙堯：高帝四年就職。
>
> 上黨守廣河懿侯任敖：呂后元年就職。
>
> 平陽侯曹窋：呂后四年就職。
>
> 淮南丞相北平侯張蒼：呂后八年就職。
>
> 典客馮敬：文帝七年就職。
>
> 淮陽守故安節侯申屠嘉：文帝前十六年就職。
>
> 開封侯陶青：文帝後二年就職。
>
> 內史晁錯：景帝前二年就職。

上十人，除馮敬、晁錯非侯，申屠嘉封於文帝，他七人具是高祖、呂后所封功臣列侯及其子嗣也。至於馮敬亦屬功臣黨羽，已見於〈賈誼傳〉，不贅。〔註87〕由是以觀，晁錯出任御史大夫，乃劉漢開基以降之第一人也。

〈晁錯傳〉又曰：

> 遷爲御史大夫，請諸侯之罪過，削其支郡。奏上，上令公卿列侯宗室雜議，莫敢難，獨竇嬰爭之，繇此與錯有隙。……後十餘日，吳楚七國俱反，以誅錯爲名。上與錯議出軍事，錯欲令上自將兵，而身居守。會竇嬰言爰盎，詔召入見，上方與錯調兵食。上問盎曰：「君嘗爲吳相，知吳臣田祿伯爲人虖？今吳楚反，於公意何如？」……

〔註84〕參見陳世材著《兩漢監察制度研究》，陶希聖、沈任遠《秦漢政治制度》等。

〔註85〕參見《漢書‧百官公卿表》，此二十二人爲：張蒼、申屠嘉、陶青、劉舍、衛綰、公孫弘、李蔡、石慶、王訴、楊敞、蔡義、魏相、丙吉、黃霸、于定國、韋玄成、匡衡、薛宣、朱博、王當、王嘉、孔光。

〔註86〕見《通典》卷二十四。

〔註87〕《漢書‧賈誼傳》：「於是天子議以誼任公卿之位，絳、灌、東陽侯、馮敬之屬盡害之。」

盎對曰：「願屛左右。」上屛人，獨錯在。盎曰：「臣所言，人臣不得知。」迺屛錯。錯趨避東箱，甚恨。上卒問盎，對曰：「吳楚相遺書，言高皇帝王子弟各有分地，今賊臣晁錯擅適諸侯，削奪之地，以故反名爲西共誅錯，復故地而罷。方今計，獨有斬錯，發使赦吳楚七國，復其故也，則兵可毋血刃而俱罷。」於是上默然，良久曰：「顧誠何如，吾不愛一人謝天下。」盎曰：「愚計出此，唯上孰計之。」迺拜盎爲太常，密裝治行。後十餘日，丞相青翟、中尉嘉、廷尉敺劾奏錯曰：「吳王反逆亡道，欲危宗廟，天下所當共誅。今御史大夫錯議曰：『兵數百萬，獨屬群臣，不可信，陛下不如自出臨兵，使錯居守。徐、僮之旁吳所未下者，可以予吳。』錯不稱陛下德信，欲疏群臣百姓，又欲以城邑予吳，亡臣子禮，大逆無道。錯當要斬，父母妻子同產無少長皆棄市。臣請論如法。」制曰：「可。」錯殊不知。乃使中尉召錯，紿載行市。錯衣朝衣斬東市。

〈袁盎傳〉亦曰：

盎素不好晁錯，錯所居坐，盎輒避；盎所居坐，錯亦避；兩人未嘗同堂語。及孝景即位，晁錯爲御史大夫，使吏案盎受吳王財物，抵辠，詔赦以爲庶人。吳楚反聞，錯謂丞史曰：「爰盎多受吳王金錢，專爲蔽匿，言不反。今果反，欲請治盎，宜知其計謀。」丞史曰：「事未發，治之有絕。今兵西向，治之何益！且盎不宜有謀。」錯猶與未決。人有告盎，盎恐，夜見竇嬰，爲言吳所以反，願至前，口對狀。嬰入言，上迺召盎。盎入見，竟言吳所以反，獨急斬錯以謝吳，吳可罷。上拜盎爲泰常，竇嬰爲大將軍。兩人素相善。是時，諸陵長安中賢大夫爭附兩人，車騎隨者日數百乘。

竇嬰之與晁錯反目，起於「公卿列侯宗室」與錯雜議弗勝，時高祖功臣領袖申屠嘉已弗勝而卒於前，竇嬰乃欲以外戚貴盛與晁錯頡頏。外戚、功臣（含功臣子嗣）、宗室，表面觀雖異塗，然自文帝擢用秀傑，掾史、文吏以及賢良文學，人才輩出，漸移朝權，早已因休戚利害，陰結成黨，概屬既有利益之貴族集團。職是之故，七國雖有討錯檄文，〔註88〕而錯則實死於中央集團之

〔註88〕　《史記·吳王濞傳》：「孝景帝三年正月甲子，初起兵於廣陵。西涉淮，因并楚兵。發使遺諸侯書曰：『吳王劉濞敬問膠西王、膠東王、菑川王、濟南王、趙王、楚王、淮南王、衡山王、盧江王、故長沙王子：幸教寡人！以漢有賊

手，非地方藩王之伐罪也。

　　綜括言之，西漢前葉，緣環境因素、人才匱乏，黃老無爲思想大盛，其後從龍功臣匯成朋黨，把持國綱，不欲更作，阻礙君權之獨立運作與人才仕進，並因長期自由放任，結果衍生無數流弊，內政、外交、經濟等諸方面罔知所適，漢室氣象無由開擘，於是積極有爲之士皆思奮發圖強，賈誼、晁錯即其代表也。故賈誼、晁錯乃遂與主政權貴水火於朝廷，賈誼外放，鬱鬱而終，晁錯用事，身首離異，此殆新興人士與夫功臣集團政治異派之爭競，實亦積極有爲與夫消極無爲思想異派之爭競也。

臣，無功天下，侵奪諸侯地，使吏劾繫訊治，以僇辱之爲故，不以諸侯人君禮遇劉氏骨肉，絕先帝功臣，進任姦宄，誑亂天下，欲危社稷。陛下多病志失，不能省察。欲舉兵誅之，謹聞教。……。』」

第七章　總　論

　　賈誼、晁錯政論思想之內容說明如前，撮其大要，蓋有下列諸事項宜留意焉：

　　一、賈誼、晁錯之政論思想，乃因應劉漢政局之環境需要而產生，乃高祖以來無爲政策之反動，武帝大一統事業之建立，端賴二人爲之掃除障礙、奠定礎石也。

　　二、賈誼、晁錯之政論思想，植基於雜家本質之學術思想，第賈誼儒主法輔，晁錯法主儒輔，互有同異。故賈誼體大，重總目標之策劃，其實行方法一奉儒家德禮教化爲圭臬，而翼以法家數術，改革手段較溫和，爲理想派改革家。晁錯思精，重逐一事件之處理，以法家刑賞爲主，而翼以儒家德教，改革手段較急切，爲實務派改革家。

　　三、有關藩國政論方面，賈誼欲「眾建」，此儒家「推親親之恩」之運用也；晁錯主「削藩」，此法家「以法割削」之制斷也。前者要在原有封土增加國數，冀多其國而析其力，故雖小之而不激變；後者則嚴峻王國法令，請罪訊治，強以裁割，故動一諸侯而變起。雖然，二人皆以集中君權爲專務，漢帝室之鞏固安定，賈誼、晁錯功勳最偉。

　　四、有關經濟政論方面，賈誼、晁錯皆建言崇本抑末，力主重農以提升農民地位。賈誼之儒家色彩較濃，堅持禮制教化，從富民與倫常道德立論；故其對策有：（1）勸農積貯；（2）禁止末作；（3）以禮範民；「勸農積貯」即重農，「禁止末作」即抑商，至於「以禮範民」則以德教治本救弊也。晁錯則富民而外，特強調益國，倡貴粟之要，入粟拜爵，以粟爲賞罰，期達致：（1）主用足；（2）民賦少；（3）勸農功之遠程理想，與夫足邊食、贍軍需之近程

目標。至於漢初幣制凌雜，文帝年間復許民私鑄，以黥罪禁盜僞，益形煩亂，賈誼上疏，主張：確立法錢，嚴禁廢幣；並收銅產爲國有，嚴禁私採；用根本解決之，說甚審諦；晁錯則謂貨幣物輕易藏，使盜賊逃亡得輕資有所勸，故欲明君貴五穀而賤錢幣；以上皆不外其重農政策之引申耳。第賈誼、晁錯之經濟政論雖儒法有別，然率爲現實社會經濟之反響也，於漢初無爲放任經濟政策所啓釁之流弊，感觸激烈，就文帝年間緣物力復甦衍生之貧富懸絕、農商對立，陳之痛切，則二人民本意識實無二致也。總而言之，賈誼、晁錯之經濟政論思想，兼承儒法，具主重農，無論農業理論、貨幣理論，大抵帶干涉主義，其本質不忘富民與教化，而實行方法則發揚法家富國強兵之精神。

　　五、有關邊防政論方面，漢初值匈奴強勢時期，胡寇嚴重，而自平城困辱以後，和親懷柔，奉幣輸財，大失上國尊威；賈誼、晁錯具擾憤悲情緒，欲有事於胡也。賈誼施「五餌」、「三表」之「耀蟬之術」，德化與利誘並進。晁錯則研析敵我，計劃縝密，以爲匈奴之長技三，中國之長技五，倡議：（1）擇將練卒備器；（2）蓄養戎馬；（3）以夷制夷；（4）徙民實邊。整體觀，賈誼之邊防政論貴尚熱情，尊華賤夷，有用夏蠻夷、德化四海之觀念；晁錯之邊防政論則貴尚務實，鉅細靡遺，精密而周詳，尤以「徙民實邊」、「以夷制夷」，成效彰著，雖賞罰爲用，而不失仁恕氣象也。

　　六、賈誼、晁錯積極有爲之政論思想，頗影響及於當代與後世之政策、政論。文帝間採賈誼藩國政論，析王國，徙帝子，於吳楚七國之亂，發揮深遠之戰略效用；又感賈誼疏，開籍田勸農桑；用晁錯經濟政論「入粟拜爵」，足食足兵，免民賦長達十餘年，並「徙民實邊」以堅強國防；凡此種種，於內政外務大有裨益焉。其後，弱藩、強邊、重農，遂成爲漢世諸帝之行政方針，影響深遠矣。

　　七、漢初至文、景，功臣集團朋黨當權，把持國綱，推尚「黃老無爲」爲政治哲學，消極保守，不欲更革。賈誼、晁錯之政論思想，則本諸儒、法，積極有爲，適與相反，加以二人出身士人，與功臣貴戚利害衝突，終至遭遇排擠，外放見殺，此殆新興士人與夫功臣集團政治異派之爭競，亦積極有爲與夫謂極無爲思想異派之爭競也。

附　錄

一、近人賈誼晁錯研究論文一覽表

1. 〈論匈奴的學術並及其前後的學者〉，戴君仁，《大陸雜誌》三十六卷四期。
2. 〈賈誼和晁錯的政治思想〉，黃師錦鋐，《東海大學學報》十八卷。
3. 〈論賈誼〉，牟宗三，《人生》二十三卷一期。
4. 〈賈誼思想的再發現〉，徐復觀，《大陸雜誌》五十一卷三期。
5. 〈賈誼思想的分析〉，姚璋，《光華大學半月刊》一卷二期。
6. 〈新書辨證〉，余嘉錫，《國學叢編》一期第六冊（古史辨第四冊）。
7. 〈賈誼學述三編〉，王更生，《林尹先生六秩誕辰論文集》。
8. 〈賈誼春秋左氏承傳考〉，王更生，《孔孟學報》三十五卷。
9. 〈救世愛國的少年賈誼〉，王更生，《中華文化復興月刊》十三卷八期。
10. 〈青年政論家賈誼〉，蔣君章，《幼獅學報》四卷二期。
11. 〈賈誼的政治思想和政策〉，賀凌虛，《思與言》四卷四期。
12. 〈賈誼眾建政策之思想背景〉，孫會文，《新時代》九卷六一七期。
13. 〈賈誼思想之研究〉，馮濟灝，《史化》第三期。
14. 〈賈子〈道術篇〉述義〉，孫德宣，《經世日報讀書週刊》一三期。
15. 〈賈誼論〉，賴福順，《簡牘學報》八期。
16. 〈賈誼及其作品析論〉，陳滿銘，《國文學報》九期。
17. 〈讀賈誼新書札記〉，陶小石，《制言》四十六期。
18. 〈與施之勉先生論賈誼鵩鳥賦「單閼之歲」〉，高平子，《大陸雜誌》十二卷一期。
19. 〈惜誓考〉，楊胤宗，《建設》十一卷八期。
20. 〈賈誼弔屈原賦箋評〉，楊胤宗，《人生》二十六卷四期。
21. 〈讀賈誼思想的再發現〉，施之勉，《大陸雜誌》五十二卷一期。

22. 〈賈誼研究〉，吳美慧，台大中文研究所碩士論文。

23. 〈賈誼研究〉，蔡尚志，政大中文研究所碩士論文。

24. 〈晁錯論貴粟疏誇飾論〉，楊鴻銘，《孔孟月刊》二十六卷八期。

25. 〈賈誼和他的作品〉，王季星，《東北人大學報》（社）1956 年，四期。

26. 〈關於賈誼「新書」版本的初步調查〉，中文系古典文獻教研室賈誼集整理小組，《北京大學學報》（社）1961 年，三期。

27. 〈北大古典文獻教研室探討賈誼思想和「新書」真偽問題〉，《人民日報》1961 年 10 月 5 日。

28. 〈關於賈誼新書真偽問題的探索〉，魏建功等，《北京大學學報》（社）1961 年，五期。

29. 〈論賈誼〉，吳則虞，《光明日報》1961 年 10 月 25 日。

30. 〈關於「賈子」的整理〉，彭炎乾，《甘肅師大學報》（社）1962 年，二期。

31. 〈賈誼和他的散文〉，胡念貽，《光明日報》1962 年 3 月 4 日。

32. 〈賈誼思想初探〉，陰法魯、陳鐵民，《北京大學學報》（社）1962 年，五期。

33. 〈北大古典文獻教研室部分教師和研究生繼續探討賈誼思想、考辨「新書」真偽〉，張慕勛，《光明日報》1962 年 8 月 2 日。

34. 〈試論賈誼和晁錯的政論文〉，朱碧松，《光明日報》1962 年 11 月 25 日。

35. 〈賈誼的哲學思想〉，馮友蘭，《北京大學學報》（社）1963 年，二期。

36. 〈論賈誼的唯物主義哲學思想〉，周英，《江漢學報》1963 年，二期。

37. 〈賈誼「過秦論」分篇考〉，孫欽善，《文史》第三輯，1963 年。

38. 〈讀賈誼傳〉，徐安懷，四川師院學報（社）1974 年，二期。

39. 〈反復辟反侵略的戰鬥檄文——讀賈誼的「治安策」〉，校大批判組，《蘭州大學學報》（社）1974 年，二期。

40. 〈論賈誼和「削藩」〉，周雙利，《吉林大學學報》（社）1974 年，三期。

41. 〈賈誼政治思想辨析〉，蔡博濤，《廣東師院學報》（社）1974 年，三期。

42. 〈論賈誼的法家思想〉，政教系評論組，《安徽師大學報》（社）1974 年，三期。

43. 〈論賈誼的「論積貯疏」〉，葛明，《開封師院學報》1974 年，三期。

44. 〈賈誼三題〉，嵐世，《南京師院學報》1974 年，三期。

45. 〈賈誼的法家思想——兼論法家路線在建立統一的中央集權封建國家過程中的作用〉，劉文義，《陝西師大學報》（社）1974 年，三期。

46. 〈賈誼是西漢堅持法家路線的政治家〉，萬倩予等，《南京大學學報》（社）1974 年，四期。

47. 〈賈誼對鞏固漢初封建中央集權的貢獻——讀「治安策」〉，淮明、川重，

《雲南大學學報》（社）1974 年，四期。

48. 〈論貫誼〉，石元，《北京師大學報》（社）1974 年，四期。

49. 〈論貫誼〉，梁效，《北京大學學報》（社）1974 年，四期。

50. 〈從「旱雲賦」看貫誼的「重農」思想〉，洪途，《文匯報》1974 年 11 月 23 日。

51. 〈評貫誼對秦漢階級鬥爭經驗的總結〉，紅宣，《解放日報》1974 年 11 月 26 日。

52. 〈鞏固新興地主階級專政的理論綱領——讀貫誼「治安策」〉，宮黎、馮華，《遼寧大學學報》（社）1975 年，二期。

53. 〈發展農業生產、鞏固新興政權——讀貫誼「論積貯疏」〉，經平，《安徽勞動大學學報》（社）1975 年，四期。

54. 〈讀貫誼的「治安策」〉，施丁，《學習與批判》1976 年，三期。

55. 〈「火」與「薪」的啓示——讀貫誼「治安策」〉，毛祖茂，《工農兵評論》1976 年，六期。

56. 〈貫誼是法家嗎？〉，姚澄宇，《南京師院學報》1977 年，四期。

57. 〈評貫誼〉，邵勤，《安徽師大學報》1977 年，四期。

58. 〈駁梁效對貫誼「集權」思想的歪曲〉，羅東升，《學術研究》1978 年，一期。

59. 〈略論貫誼的「民本」思想〉，羅東升，《華南師院學報》（社）1978 年，三期。

60. 〈貫誼的政治主張和哲學思想〉，楊善群，《哲學史論叢》1979 年。

61. 〈論漢初傑出的法家——晁錯〉，院大批判組，《廣東師院學報》（社）1974 年，二期。

62. 〈晁錯論〉，康民，《南京師院學報》1974 年，二期。

63. 〈晁錯「守邊勸農疏」評注〉，陝西省韓城縣燎原礦理論組，《西北大學學報》（社）1974 年，三期。

64. 〈讀「守邊備塞疏」〉，楊惠敏，《四川師院學報》（社）1974 年，三期。

65. 〈「論貴粟疏」讀後〉，倪汝偉，《河北大學學報》1974 年，三期。

66. 〈晁錯：「賢良對策」〉，鄭雲波，《南京大學學報》（社）1974 年，四期。

67. 〈談晁錯的「重農」思想——讀「論貴粟疏」〉，中文系七二○二班二組，《山西師院學報》1974 年，四期。

68. 〈晁錯的「重農」思想——讀「論貴粟疏」〉，張洪久、崔春華，《遼寧大學學報》（社）1974 年，六期。

69. 〈晁錯反復辟的鬥爭〉，康民，《人民日報》1974 年 7 月 23 日。

70. 〈一項打擊復辟勢力的重要措施——讀晁錯「論貴粟疏」〉，立公，《河南日報》1974 年 8 月 10 日。

71. 〈「重農貴粟」是西漢法家的一項重要經濟政策——讀晁錯「論貴粟疏」〉，楊慶余，《寧夏日報》1974 年 8 月 23 日。

72. 〈論晁錯〉，紅宣，《光明日報》1974 年 9 月 23 日。

73. 〈「貴粟」是發展農業生產的進步措施——讀晁錯的「論貴粟疏」〉，方青，《天津日報》1974 年 10 月 29 日。

74. 〈漢承秦制的一項重要措施——晁錯的「削藩」政策〉，吳渭，《寧夏日報》1974 年 11 月 3 日。

75. 〈法家晁錯的戰略思想——讀晁錯的「言兵事書」〉，田開，《人民日報》1974 年 11 月 21 日。

76. 〈堅持統一反對分裂——讀晁錯削藩的鬥爭〉，丁長舉、石寶獻，《河南日報》1974 年 12 月 15 日。

77. 〈論晁錯的「守邊備塞，勸農立本」的戰略思想〉，方興，《光明日報》1974 年 12 月 27 日。

78. 〈晁錯削藩與吳楚七國之亂〉，唐偉，《青海日報》1974 年 12 月 28 日。

79. 〈反復辟鬥爭的一個重要方面——讀晁錯「言兵事疏」「守邊勸農疏」〉，龐正清等，《陝西師大學報》（社）1975 年，一期。

80. 〈晁錯抗擊匈奴的戰略思想〉，解放軍某部九連理論組，《歷史研究》1975 年，一期。

81. 〈西漢傑出的法家政治家——晁錯〉，吉林大學「法家人物簡介」編寫組，《理論學習》1975 年，一、二期。

82. 〈晁錯「守邊勸農疏」注釋〉，廣西民族學院，《廣西民族學院學報》1975 年，二期。

83. 〈晁錯的重農思想——讀「論貴粟疏」〉，崔春華，《瀋陽日報》1975 年 3 月 3 日。

84. 〈發展經濟，鞏固政權——讀晁錯「論貴粟疏」〉，五二八七五部隊理論組，《歷史研究》1975 年，四期。

85. 〈研究晁錯及其著作的新成果〉，李然，《光明日報》1975 年 11 月 20 日。

86. 〈談晁錯「論貴粟疏」中的重農思想〉，北京衛戍區某部六連理論組，《光明日報》1975 年 12 月 18 日。

87. 〈西漢前期反復辟鬥爭的堅強戰士——晁錯〉，胡范澤，《福建師大學報》（社）1976 年，三期。

88. 〈介紹「晁錯及其著作」〉，戚齊文，《文匯報》1976 年 4 月 7 日。

89. 〈揭穿「四人幫」吹捧晁錯的險惡用心〉，李桂海，《光明日報》1978 年 2

月 23 日。

二、主要參考書目

（一）

1. 《史記》，司馬遷，鼎文書局。
2. 《漢書》，班固，鼎文書局。
3. 《後漢書》，范曄，鼎文書局。
4. 《前漢紀》，荀悦，藝文印書館。
5. 《西漢年紀》，王益，商務印書館。
6. 《資治通鑑》，司馬光，世界書局。
7. 《史記札記》，郭嵩燾，世界書局。
8. 《史記志疑》，梁玉繩，新文豐書局。
9. 《史記會注考證》，瀧川龜太郎，藝文印書館。
10. 《漢書辨疑》，錢大昭，商務印書館。
11. 《漢書管窺》，楊樹達，世界書局。
12. 《漢官儀》，應劭，商務印書館。
13. 《漢儀》，丁孚，商務印書館。
14. 《漢官舊儀》，衛宏，商務印書館。
15. 《漢官》，孫星衍，商務印書館。
16. 《漢官解詁》，王隆，商務印書館。
17. 《漢制考》，王應麟，商務印書館。
18. 《西漢會要》，徐天麟，世界書局。
19. 《東漢會要》，徐天麟，世界書局。
20. 《唐律疏議》，長孫無忌，商務書局。
21. 《漢律摭遺》，沈家本，商務書局。
22. 《通典》，杜佑，新興書局。
23. 《文獻通考》，馬端臨，新興書局。
24. 《歷代兵制》，陳傅良，廣文書局。
25. 《十七史商榷》，王鳴盛，廣文書局。
26. 《二十二史劄記》，趙翼，藝文印書館。
27. 《讀通鑑論》，王夫之，商務印書館。
28. 《全漢文》，嚴可均，世界書局。

29. 《賈子治要》，魏徵，商務印書館。

30. 《賈誼新書要語》，馬總，商務印書館。

31. 《新書》，盧文弨校，藝文印書館。

32. 《賈子次詁附賈子年表》，王耕心校，國立中央圖書館藏。

33. 《賈子新書札迻》，孫詒讓，世界書局。

34. 《賈子平議》，俞樾，商務印書館。

35. 《賈子斠補》，劉師培，華世書版社。

36. 《賈子新書校釋》，祁玉章，中國文化雜誌社。

37. 《賈子探微》，祁玉章，文匯印刷廠。

38. 《中國歷代思想家──賈誼》，王更生，商務印書館。

39. 《賈誼研究》，蔡延吉，文史哲出版社。

40. 《述學》，汪中，商務印書館。

41. 《讀諸子札記》，陶鴻慶，世界書局。

42. 《王函山房輯佚書》，馬國翰，中央出版社。

43. 《兩漢三國學案》，唐晏，世界書局。

44. 《漢魏博士題名考》，王國維，商務印書館。

45. 《兩漢經學今古平議》，錢穆，東大圖書公司。

46. 《中國經學史的基礎》，徐復觀，學生書局。

47. 《秦漢史》，開明書局。

48. 《秦漢史》，勞榦，中華文化出版委員會。

49. 《秦漢史》，錢穆，東大圖書公司。

50. 《秦漢史》，李源登，商務印書館。

51. 《秦漢史論稿》，邢義田，東大圖書公司。

52. 《漢王國與侯國之演變》，王恢，國立編輯館。

53. 《先秦兩漢歷史論文集》，李則芬，商務印書館。

54. 《漢史論集》，韓復智，文史哲出版社。

55. 《漢唐史論集》，傅樂成，聯經出版公司。

56. 《漢代邊疆史論集》，張春樹，食貨出版社。

57. 《兩漢政治思想》，王雲五，商務印書館。

58. 《兩漢政治思想論文集》，賀凌虛，五南出版社。

59. 《漢代政治論文集》，勞榦，藝文印書館。

60. 《秦漢政治制度》，陶希聖、沈任遠，商務印書館。

61. 《秦漢政治制度研究》，周道濟，商務印書館。

62. 《中國秦漢政治制度史》，曾金聲，啟業書局。

63. 《秦漢政治制度　研究》，鎌田重雄，日本學術振興會。

64. 《兩漢中央制度與法儒思想》，楊樹藩，商務印書館。

65. 《秦漢監察制度》，馬空群，商務印書館。

66. 《兩漢監察制度研究》，陳世材，商務印書館。

67. 《兩漢選士制度》，曾維垣，商務印書館。

68. 《周秦漢政治社會結構之研究》，徐復觀，學生書局。

69. 《先秦兩漢經濟史稿》，李劍農，華世出版社。

70. 《漢代社會經濟史研究》，宇都宮清吉，日本弘文堂。

71. 《兩漢的經濟思想》，韓復智，中國學術著作獎助委員會叢書之四十三。

72. 《西漢貨幣史初稿》，宋敘五，仲信出版社。

73. 《中國中古思想小史》，胡適，遠流出版社。

74. 《中國中古思想史長編》，胡適，遠流出版社。

75. 《中國中古哲學史要》，韓逋仙，正中書局。

76. 《中古思想史》，郭湛波，龍門書局。

77. 《漢代學術史略》，顧詰剛，啟業書局。

78. 《秦漢思想研究》，黃師錦鋐，學海出版社。

79. 《兩漢思想史》，徐復觀，學生書局。

80. 《兩漢哲學》，周紹賢，文景書局。

（二）

1. 《荀子集解》，王先謙，藝文印書館。

2. 《墨子閒詁》，孫詒讓，商務印書館。

3. 《老子》，王弼注，中華書局。

4. 《帛書老子》，河洛圖書公司。

5. 《黃帝四經》，河洛圖書公司。

6. 《莊子集釋》，郭慶藩，河洛圖書公司。

7. 《管子》，房玄齡注，中華書局。

8. 《商君書解詁》，朱師轍，世界書局。

9. 《商君書校釋》，陳啟天，商務印書館。

10. 《韓非子集解》，王先愼，世界書局。

11. 《韓非子集釋》，陳奇猷，世界書局。

12. 《慎子》，世界書局。

13. 《伊尹九主》，河洛圖書公司。

14. 《名家六書校詮》，王啓相，世界書局。

15. 《公孫龍子形名發微》，譚作民，世界書局。

16. 《呂氏春秋集釋》，許維遹，世界書局。

17. 《淮南子集釋》，劉文典，粹文堂。

18. 《春秋繁露義證》，蘇輿，河洛圖書公司。

19. 《鹽鐵論校注》，王利器，世界書局。

20. 《國史大綱》，錢穆，商務印書館。

21. 《中國史綱》，張蔭麟，正中書局。

22. 《中國通史》，傅樂成，大中國圖書公司。

23. 《中國政治思想史》，蕭公權，聯經出版社。

24. 《中國政治思想史》，陳中仁，商務印書館。

25. 《中國政治思想史》，陶希聖，食貨出版社。

26. 《中國政治思想史》，薩孟武，三民書局。

27. 《中國社會政治史》，薩孟武，三民書局。

28. 《中國法治思想史》，薩孟武，彥傅出版社。

29. 《中國法制史論略》，徐道鄰，正中書局。

30. 《中國政治制度史》，曾資生，龍門書局。

31. 《中國御史制度的沿革》，高一涵，商務印書館。

32. 《中國考試制度史》，沈兼士，商務印書館。

33. 《中國政治國防史》，李震，商務印書館。

34. 《中國古代兵器論叢》，楊泓，明文書局。

35. 《中國兵器史稿》，周緯，明文書局。

36. 《中國經濟原論》，王亞南，開陽社。

37. 《中國經濟問題探原》，翁之墉，正中書局。

38. 《中國經濟史研究》，鄭合成，古亭書屋。

39. 《中國經濟史》，馬持盈，商務印書館。

40. 《中國國民經濟史》，羅仲信，商務印書館。

41. 《中國上古經濟思想史》，唐慶增，古亭書屋。

42. 《中國經濟思想史》，侯家駒，中央文物供應社。

43. 《中國經濟思想史》，周金聲，自印本。

44. 《先秦儒家經濟思想與民生主義》，李玉彬，商務印書館。

45. 《先秦儒家自由經濟思想》，侯家駒，聯經出版社。

46. 《中國農業經濟史》，陳安仁，華世出版社。

47. 《中國農業史話》，明文書局。

48. 《中國商業史》，王孝通，商務印書館。

49. 《中國貨幣》，張惠信，三民書局。

50. 《中國財政制度史》，常乃惠，古亭書屋。

51. 《中國財政制度史》，陳秀夔，正中書局。

52. 《中國土地制度史》，王文中，國立編譯館。

53. 《中國土地制度史》，趙岡、陳鍾毅，聯經出版社。

54. 《中國田制史》，陳伯瀛，明文書局。

55. 《中國田制史》，陳登原，商務印書館。

56. 《經濟政策》，湯俊湘，三民書局。

57. 《貨幣學概要》，楊承厚，三民書局。

58. 《貨幣學原理》，林葭蕃，三民書局。

59. 《貨幣金融理論》，劉正義，三民書局。

60. 《中國哲學史》，馮友蘭，太平洋圖書公司。

61. 《中國哲學史》，勞思光，友聯出版社。

62. 《中國哲學十九講》，牟宗三，學生書局。

63. 《中國學術思想變遷之大勢》，梁啟超，中華書局。

64. 《中國古代思想史論》，李澤厚，谷風出版社。

65. 《學術與政治之間》，徐復觀，中央書局。

66. 《政道與治道》，牟宗三，學生書局。

67. 《論儒法合流》，張慶楨，中華文化出版委員會。

68. 《儒法思想論集》，王曉波，時報出版社。

69. 《中國法家概論》，陳啟天，中華書局。

70. 《中國哲學史資料選輯》，九思出版社。

71. 《中國哲學史史料學》，崧高書社。

72. 《古代北西中國》，姚大中，三民書局。

73. 《匈奴史》，左文舉，三民書局。

74. 《匈奴史論》，劉學銚，南天書局。

75. 《匈奴興亡之追蹤》，江鴻，商務印書館。

76. 《周秦漢魏諸子知見書》，嚴靈峰，正中書局。

77. 《僞書通考》，張心澂，明倫書局。

78. 《續僞書通考》，鄭良樹，學生書局。

79. 《今傳西漢史籍考》，王仁祿，中華書局。

80. 《居延漢簡考釋序目、考證、補正》（勞榦學術論文集甲編），勞榦，藝文印書館。

81. 《雲夢秦簡研究》，舒之梅等，帛書出版社。

（三）

1. 〈漢書補注辨正暨補遺〉，施之勉，《新亞學報》一卷二期、二卷一期。

2. 〈讀史記高祖功臣侯者年表〉，王恢，《書目季刊》十四卷三期。

3. 〈漢代經學之復興〉，程師旨雲，《孔孟學報》十四期。

4. 〈兩漢經學獨尊與經學諸問題的探討〉，李威熊，《孔孟學報》四二期。

5. 〈戰國秦漢間博士制度考〉，齊覺生，《政大學報》四期。

6. 〈西漢私學研究〉，余書麟，《師大學報》十一期（上）。

7. 〈漢高祖完成帝業的分析研究〉，芮和蒸，《政大學報》十期。

8. 〈一個內亂的分析——楚漢之爭〉，吳景超，《金陵學報》一卷二期。

9. 〈專制政體下開國功臣政治命運之分析〉，陳寬強，《中國歷代政治理論》。

10. 〈漢代侯國之演變〉，王恢，《書目季刊》十五卷二期。

11. 〈西漢侯國考〉，史念海，《禹貢》四卷二、五、九期。

12. 〈西漢異姓封侯之分析〉，陳良佐，《大陸雜誌》四十卷三期。

13. 〈西漢王國侯國制度之研究〉，陳進雄，政大歷史研究所碩士論文。

14. 〈西漢前期的削藩政策及其對政治之影響〉，洪神皆，《食貨》七卷三期。

15. 〈試論西漢時代列侯與政治之關係〉，廖伯源，《新亞學報》十四卷。

16. 〈漢代爵位制度試釋〉，廖伯源，《新亞學報》十卷一期（下）；十二卷。

17. 〈中國政治制度史略論〉，曾繁康，《政大學報》四期。

18. 〈西漢文官制度的比較研究〉，楊樹藩，《政大學報》五期。

19. 〈西漢君權與相權之關係〉，周道濟，《大陸雜誌》史學叢書，第一輯，第四冊。

20. 〈漢唐宰相制度〉，周道濟，政大政治研究所博士論文。

21. 〈御史制度 形成〉，櫻井芳，《東洋學報》二二卷二三期。

22. 〈西漢史監察制度的價值〉，張景涵，《中國歷代政治理論》。

23. 〈西漢監察制度與韓非思想〉，薩孟武，《社會科學論叢》，五輯。

24. 〈中國地方行政制度史〉，嚴耕望，《中研院史語所專刊》之四五。

25. 〈秦漢地方制度之研究〉，張治安，《政大學報》四三期。

26. 〈漢代郡國守相之權責〉，楊樹藩，《大陸雜誌》十五卷一期。

27. 〈中國古代家族之形成及其流變〉，王夢鷗，《政大學報》五期。

28. 〈西漢政權與社會勢力的交互作用〉，許倬雲，《中研院史語所集刊》三五本。

29. 〈兩漢社會階層及其交互關係〉，王文發，《師大歷史學報》七期。

30. 〈兩漢的馬政〉，昌彼得，《大陸雜誌》五卷三期。

31. 〈漢代的屯田與開邊〉，管東貫，《中研院史語所集刊》四五本一分。

32. 〈漢代以夷制夷政策〉，邢義田，台大歷史研究所碩士論文。

33. 〈漢代以夷制夷論〉，邢義田，《史原》五期。

34. 〈漢代的租稅制度〉，黃君默，《食貨》三卷七期。

35. 〈兩漢賦稅考〉，楊筠如，《中山大學語史所週刊》六集，六六期。

36. 〈西漢財政制度之一班〉，周簇溪，《食貨》三卷八期。

37. 〈漢代　徭役制度〉，西村元祐，《東洋史學學報》十二卷九期。

38. 〈漢代之徭役與人頭稅〉，范石軒，《食貨》三卷七期。

39. 〈漢文帝時入粟受爵政策之探討〉，宋敘五，《新亞書院學術年刊》十二期。

40. 〈西漢的災荒〉，方清河，《史原》七期。

41. 〈中古自然經濟〉，全漢昇，《中研院史語所集刊》十本。

42. 〈兩漢經濟問題的癥結〉，韓復智，《思與言》五卷四期。

43. 〈西漢物價的變動與經濟政策之關係〉，韓復智，《台大歷史學報》三期。

44. 〈漢初經濟發展的歷史背景〉，管東貫，《屈萬里先生七秩榮慶論文集》。

45. 〈由漢代的經濟變動說明兩漢的興亡〉，傅築夫，《文史雜誌》四卷五、六期。

46. 〈從貨幣制度看中國經濟的發展〉，全漢昇，《中國通史集論》。

47. 〈前漢貨幣問題之研究〉，王肇鼎，《中山大學語史所週刊》一集七期。

48. 〈兩漢貨幣蠡測〉，趙連發，《德明學報》二期。

49. 〈秦漢社會之土地制度與農業生產〉，許宏烋，《食貨》三卷七期。

50. 〈兩漢土地問題研究〉，鄒紀萬，台大歷史研究所碩士論文。

51. 〈中國文化的農本位精神〉，程兆熊，《建設》二、三、四期。

52. 〈我國重農輕商思想之研究〉，侯家駒，《建設》二卷二、三、四期。

53. 〈戰國秦漢重農輕商之理論與實際〉，谷霽光，《中國社會經濟史集刊》七期。

54. 〈西漢重農政策的理論與實際〉，王文發，《師大歷史學報》六期。

55. 〈西漢重農政策〉，粘舜權，《省立師專傳習》二期。

56. 〈西漢奴隸考〉，武伯綸，《食貨》一卷七期。

57. 〈漢代奴隸制度輯略〉，勞榦，《勞榦學術論文集》甲編。

58. 〈自戰國到漢末中國户口之增減〉，楊向奎，《禹貢》一卷一期。

59. 〈戰國秦漢三國人口述略〉，曹松葉，《中山大學語史所週刊》十集，一一九期。

60. 〈戰國至漢初人口變遷〉，管東貫，《中研院史語所集刊》五十本四分。

61. 〈漢初政治和先秦學術思想的關係〉，戴君仁，《廣文月刊》一卷一期。

62. 〈兩漢學術信仰及物質生活〉，勞榦，《中國通史集論》。

63. 〈漢初學術的新局面〉，李威熊，《中華學苑》二二期。

64. 〈秦漢的儒〉，沈剛伯，《大陸雜誌》三八卷九期。

65. 〈西漢之孔學〉，黃師錦鋐，《淡江學報》四期。

66. 〈西漢儒家禮制的本質〉，黃師錦鋐，《木鐸》九期。

67. 〈兩漢儒學研究〉，夏長樸，台大中文研究所碩士論文。

68. 〈兩漢之儒學〉，張慧芳，師大國文研究所碩士論文。

69. 〈漢法與漢儒〉，傅樂成，《台大傅斯年論文集》。

70. 〈西漢儒法思想之實際功能〉，杜奎英，《國科會研究報告》。

71. 〈漢初無為治術之研究〉，安志遠，《淡江學報》十三期。

72. 〈黃老思想在西漢〉，周紹賢，《政大學報》二六期。

73. 〈名家與西漢吏治〉，戴君仁，《文史哲學報》十期。

74. 〈匈奴民族及其文化〉，馮家昇，《禹貢》七卷五期。

75. 〈漢代匈奴人的社會組織與文化形態〉，文崇一，《邊疆文化論集》（二）。

76. 〈匈奴人的飲食〉，于景讓，《大陸雜誌》二卷三期。

77. 〈匈奴人的生計基礎〉，謝劍，《中研院民族所集刊》三二期。

78. 〈匈奴政治制度研究〉，謝劍，《中研院史語所集刊》四一本一、二分。

79. 〈胡騎考〉，潺磊，《中國邊政》四一期。

80. 〈兩漢之胡風〉，次弓，《史學年報》一卷一期。

81. 〈北亞游牧民族南侵各種原因的檢討〉，蕭啓慶，《中國通史集論》。

82. 〈從政治地理看胡人南下牧馬〉，沙學俊，《地理學論文集》。

83. 〈歐洲學者對匈奴之研究〉，姚從吾，《北大國學季刊》二卷三號。

84. 〈西漢與匈奴的和戰〉，傅啓學，《社會科學論叢》九輯。

85. 〈西漢與匈奴在西域爭戰之研究〉，郭光鋏，政大邊政研究所碩士論文。

86. 〈漢武帝撻伐匈奴〉，吳吟世，《中國國學》八期。